# 18세기 후반에서
# 19세기 초중반
# 가집의 전개

**김태웅** 金泰雄, Kim Tai-woong

국립경국대학교 국어교육과 교수. 성균관대학교 국문과 대학원에서 공부했다. 조선 후기 가집, 근현대 고시조 앤솔로지, 고전문학의 현대적 변용 등에 대해 연구 중이다. 가집 관련 논문으로 「20세기 초 가곡문화의 변모와 활자본 가집 편찬의 양상－〈대동풍아〉를 중심으로」, 「나손본 〈가사〉의 성격과 시가사적 의미」, 「18세기 후반~19세기 초중반 가곡문화의 변모와 가집 편찬의 양상」 등이 있다. 근현대 고시조 앤솔로지 관련 논문으로 「근현대 고시조 앤솔로지 편찬방법 연구(1)－〈고려시보〉 소재 고시조(古時調) 작품을 대상으로」, 「근현대 고시조 앤솔로지 편찬방법 연구(2)－『동아일보』 수록 고시조를 대상으로」, 「근현대 고시조 앤솔로지 편찬방법 연구(3)－『애송시조집』을 대상으로」 등이 있고, 고전문학의 현대적 변용 관련 논문으로 「대학생을 위한 고전시가 교육 사례 연구－김상용의 〈사랑이 거짓말이〉의 현대적 변용사례를 대상으로」, 「고전문학을 통한 음식문화 콘텐츠 연구－김천택본 『청구영언』 음식소재 작품을 대상으로」, 「〈처용설화〉의 현대적 변용을 통한 고전시가 교육사례 연구」 등이 있다.

**18세기 후반에서 19세기 초중반 가집의 전개**

초판발행 2025년 9월 10일

지은이 김태웅

펴낸이 박성모
펴낸곳 소명출판
출판등록 제1998-000017호
주소 06641 서울시 서초구 사임당로14길 15 서광빌딩 2층
전화 02-585-7840
팩스 02-585-7848
이메일 somyungbooks@daum.net
홈페이지 www.somyong.co.kr

ISBN 979-11-7549-001-7 93810
정가 18,000원



(재)한국연구원은 학술지원사업의 일환으로 연구비를 지급, 그 성과를 신진한국학연구총서로 출간하고 있음.

신진한국학
연구총서
003

# 18세기 후반에서 19세기 초중반 가집의 전개

김태웅
지음

The Development of Songbook
From the Late 18th Century to the Early to Mid-19th Century

## 책머리에

이 책은 18세기 후반에서 19세기 초중반 가집 중 '유동적 악곡'을 수록한 가집인 『병와가곡집』, 서울대본 『악부』, 『홍비부』 등을 대상으로 '유동적 악곡'에 대하여 고민하며 탐색한 연구의 결과물이다.

18세기 후반에서 19세기는 중세에서 근대를 준비해 가는 이행기로 사회적 변화가 문화에 미치는 파급력은 매우 컸다. 18세기 후반은 19세기를 준비하기 위해 많은 변화가 일어났다. 조선에서는 정조가 자급자족형 신도시를 건설 중이었고 문화적으로도 중흥기를 맞이했다. 이러한 이행기, 과도기적 특성과 문화적 중흥기적 특성이 '유동적 악곡'을 통해 가집에 나타나게 된다.

이를 확인하기 위해 18세기 후반 대표적인 가집인 『병와가곡집』, 19세기 초중반 가집인 서울대본 『악부』, 『홍비부』의 '특이 악곡'인 〈삭대엽〉, 〈율당대엽〉, '각조음'뿐만 아니라 이러한 '유동적 악곡'이 후대에는 어떻게 전승되었는지를 확인하기 위해 나손본 『가사』의 〈부조〉의 의미까지 살펴보았고, 그 결과 18세기 후반에서 19세기 초중반 가집에서 '유동적 악곡'은 보편적인 현상이었음을 밝혀냈다.

이 시기 가집을 연구하는 것은 각 가집마다의 특수성을 살펴보는 것에 그치지 않고 그 시기의 보편성까지 살펴봐야 한다. 그리고 보편성과 특수성을 바탕으로 조선 후기 가집사의 거시적이면서 미시적인 흐름을 살펴보는 것이 바로 조선 후기 가집사 연구의 궁극적인 지점이다. 이 책은 이러한 일련의 연구 과정을 통해 18세기 후반에서 19세기 초중반 가집의 전개 양상을 확인하고 당대의 가집 편찬의 의미와 편찬자의 시각을 되새겨 보고자 시도한 작은 결과물이다.

저자는 석사과정 때부터 가집 연구를 진행하였고 그 결과 석사논문 「가곡창 가집 『대동풍아』 연구」를 진행한 바 있고 박사 과정 때는 시각을 더 확장하여 18세기 후반에서 19세기 초중반 가집 연구를 진행해 왔고 그 결과로 「18세기 후반에서 19세기 초중반 가집의 전개양상 연구」를 제출한 바 있다. 2013년 8월에 학위논문을 쓴지 벌써 10년이 넘었는데 이제야 부족한 문구들을 약간 다듬고 이 논문의 가장 핵심이 되는 유동적 악곡이 후대에는 어떠한 양상으로 나타나는지를 연구한 「나손본 『가사』와 한글박물관본 『율보』 '유동적 악곡'('부조')의 의의」를 덧붙여 책으로 다시 엮어내게 되었다. 이 논의는 실증 일변도로 치우쳤다. 『병와가곡집』, 서울대본 『악부』, 『홍비부』의 유동적 악곡을 앞선 시기, 동시기, 후시기 가집에 어떠한 악곡으로 나타나는지를 비교하는 방법으로 연구가 진행된 탓도 있지만 학문적으로 많이 부족했기에 도달할 수 있는 성과가 이 정도에 머물 수밖에 없었다. 이를 보완하기 위해 유동적 악곡과 관련한 몇 편의 논의를 개진하여 이 시기 유동적 악곡이 보편적 현상임을 밝혀낸 것은 큰 의미가 있다.

그럼에도 불구하고 학위논문을 책으로 다시 엮어내는 것은 '유동적 악곡' 연구라는 실증적 성과를 학계에 공유하여 '가집', '가곡', '시조' 연구에 작은 도움이 되었으면 하는 바람에서다.

'학이시습지 불역열호學而時習之 不亦說乎.' 『논어』 「학이學而」 편에 나오는 말로 '배우면 기쁘나'가 중요한 대목이다. 저자는 '공부가 재미없으면 관두자'라는 말을 아침마다 되새긴다. 부족하지만, 선생님들로부터 큰 은혜를 입으며 공부했다. 이 부족한 글이 동학이나 후학에게 공부의 재미를 느끼게 할 밑거름이 될지도 모르기에 창피함을 무릅쓰고 한 편의 책으로 엮는다.

10년이 지난 지금 책을 수정하면서 다시 보니 단어와 문장에 오류가 너무 많다. 아직까지도 학문이 여물지 못해 조금 고치는 선에서 마무리하였다. 박사학위를 받고 10년이 지나니 몸도 마음도 나태해지는 시점에서 박사논문을 쓰기 위해 치열하고 즐겁게 공부하던 시절을 떠올리며 그때의 초심을 지속하겠다는 다짐을 했다는 것에 위안삼고 싶다.

이 책이 나오기까지 많은 분들의 가르침과 도움이 있었다. 우둔한 제자를 지도하시느라 마음고생 많으셨던 지도교수이신 김학성 선생님께 머리 숙여 감사드린다. 김학성 선생님의 올바른 가르침이 없었다면 불가능한 일이었다. 청출어람은 힘들겠지만 누가 되지 않도록 평생 노력해야겠다. 석사 1기 때 '진본『청구영언』' 수업을 통해 가집 연구의 길로 이끌어 주신 성무경 선생님께도 감사의 말씀을 올린다. 가집 연구를 어떻게 해야 하는지 직접 보여주시고 때로는 엄하게, 때로는 자상하게 지도해 주셔서 이 자리까지 올 수 있었다. 또한 박사논문 심사위원이시면서 항상 따뜻한 격려로 가집을 연구하는데 큰 힘이 되어 주시는 신경숙 선생님께 감사의 말씀을 올린다. 가집 연구 분야에서 후학들을 위해 선구자를 자처하며 험난한 길을 걷지 않으셨다면 연구를 지속하기 어려웠을 것이다. 이외에도 이루 언급할 수 없을 정도로 많은 선생님, 선배, 후배들의 도움을 받았다. 지면을 빌어 대신 감사하다는 말씀을 드린다.

마지막으로, 사랑하는 가족들에게 감사의 말을 전한다. 근면의 표본을 보여주신 아버지, 누구보다 현재의 내 모습을 사랑하고 지켜보실 하늘에 계신 어머니 그리고 세상에서 유일하게 사랑하는 그녀, 고마운 마음을 글로 다 담을 수가 없다. 지금 이 자리에서 끊임없이 연구하는 길이 이들이 베푼

사랑을 갚을 길이다.

한국연구원의 지원이 없었다면 저술 작업은 시작조차 힘들었을 것이다. 시작의 문을 열어주신 한국연구원의 김상원 원장님과 포기할까 고민할 때도 끝까지 독려하신 이승구 과장님께 감사드린다. 또한 이 책의 출판을 위해 수고해주신 소명출판의 관계자에게도 감사의 말씀을 드린다.

2025년 9월

김태웅 씀

## 차례

# 제1장

# 들어가며

## 1. 왜 '유동적 악곡'을 연구해야 하는가?

가집歌集은 가창歌唱과 음영吟詠을 전제로 편찬된 책으로 '문화 복합체'[1]로서의 성격을 가지고 있다. 1728년 김천택에 의해 『청구영언』이 편찬된 이후 약 200여 년 동안 약 150여 종 이상의 가곡창 가집이 전하고 있어 우리 시가 문학 특히 시조 문학 연구에 있어 가집이 큰 영향을 미친 것은 자명하다. '고전시가'라는 말에서 알 수 있듯 '시가詩歌'는 그 당대의 문학적 향유와 음악적 향유를 동시에 충족시켜왔고 이로 인해 가집은 그 하나하나가 특정 시대 가곡예술의 문화적 결을 함의하고 있다.

모산 심재완에 의해 이뤄진 가집의 실증적 연구[2]는 지금까지 시조 문학

---

1 가집은 시조와 가사만을 수록한 것이 아니라, 때로는 금보(琴譜)가 수록되기도 하고 때로는 무보(舞譜)가 수록되기도 한다. 따라서 가집은 단순한 선집이나 노래책이 아닌 풍류방의 '문화 복합체'라고 할 수 있다.

2 심재완, 『역대시조전서』, 세종문화사, 1972; 『시조의 문헌적 연구』, 세종문화사, 1972.

연구의 튼실한 토대가 되어주었다. 그런데 비록 이러한 실증적 연구가 문학 연구에 든든한 토대로 작용하기는 했지만 모든 시기 가집에 대한 연구가 그다지 활발하게 이뤄지지는 않았다.

왜냐하면 기존 가집 연구의 주된 관심이 『청구영언』, 『해동가요』, 『가곡원류』 등 3대大 가집을 중심으로 편찬 시기를 추정한다거나 원본을 확정하는 문제에 너무 집중한 결과 가집이 함의하고 있는 특정 시대의 가곡 문화 향유와 실상에 관한 조명이 함께 이루어지지 못했기 때문이다.

이러한 상황 속에서 최근에 이루어지고 있는 가집 연구는 가집 자체가 갖는 문화적 성격에 주목함으로써 가집 연구의 새로운 방향 전환을 모색하고 있다. 또한 새로운 가집의 발굴과 보고는 가집 연구가 새로운 단계로 접어들었음을 확인시켜주며 2012년에 고려대학교 민족문화연구원에서 발간된 『고시조대전』, 『고시조 문헌해제』는 가집에 대한 새로운 텍스트를 제공함으로써 보다 좋은 토대에서 연구가 진행될 수 있도록 큰 도움을 주고 있다.

하지만 시조도 작품이 많이 수록되지 않아 관심이 적은 '소가집小歌集'이나 가집 속에 등장하는 해명이 되지 않은 악곡이 다수 존재하고 있다. 아직 해결하지 못한 가집이나 악곡을 해명하는 것 또한 가집사歌集史를 이해하는 데 도움이 된다. 많은 연구자들이 현행 가곡의 악곡으로 옛 가집의 악곡을 연구하려는 경향이 있다. 현행 가곡과 비교하여 이전 시기의 가집들을 안 맞거나, 미흡하다거나, 아직 완성이 되지 않았다고 평가하지만 실상은 그렇지 않다. 그 가집이 나타내는 현상이 이 가집이 편찬된 시기에는 완성된 모습, 즉 그 당대의 실상을 가장 잘 나타내고 있다. 왜냐하면 각 가집은 편찬된 시기마다 그 시기의 특성을 함의하고 있기 때문이다.

대다수의 연구자들은 가집 체제가 『가곡원류』기[3]에 와서 완성됐다고 보는 경향이 있다. 물론 많은 이본의 존재와 현행 가곡과의 친밀성을 볼 때 이러한 시각 역시 틀리다고 볼 수는 없다. 다만, 문화라는 것은 한 가지 측면에만 국한되어서 발생하지 않으며 생성과 융성, 그리고 쇠퇴를 반복한다.

'가집'이라는 문화복합체 역시 이러한 과정을 되풀이했음은 쉽게 생각할 수 있다. 『가곡원류』로 귀결되기 위해 많은 '가집'들이 발생과 소멸을 반복했을 것이고 『가곡원류』와는 전혀 다른 '가집' 또한 존재했을 것이다. 이제 가집 연구에 있어서 『가곡원류』가 가곡창 가집의 정점이었다는 시각은 버려야 한다. 왜냐하면 가집이라는 것이 가지고 있는 특징은 단순하지 않기 때문이다. 가집은 '노래'이면서 '문학'이고 '풍류'이며 '문화'를 함의하고 있는 복합체이기 때문에 각 시기를 대표하는 가집이 존재하는 것이지 어느 때에 완성되거나 정점을 이룬다고 할 수 없다.

이렇듯 가집사歌集史가 시작된 김천택본 『청구영언』, 『해동가요』계 가집 등은 김천택金天澤과 김수장金壽長이라는 뛰어난 가객歌客에 의해 편찬되어 18세기 초중반을 대표하고, 『가곡원류』계 가집은 박효관朴孝寬, 안민영安玟英이라는 뛰어난 가객歌客에 의해 19세기 후반을 대표한다. 그러나 18세기 말에서 19세기 초반의 가집사歌集史에 대한 해명은 부족하다. 신경숙은 이러한 점에 문제를 제기하며 19세기의 가집사를 연구하였다.[4] 그의 연구는 기존에 제대로 연구되지 못한 부분을 정확하게 짚어 가집을 연구하는데 큰 도움을 준다. 특히 기존의 연구가 여창 가곡의 등장을 『가곡원류』기인 19세기 후반으로 인정하고 있었던 것에 대해 실증적인 고증을 통해 19세기 초

3 '『가곡원류』기'는 『가곡원류』계 가집이 많이 생성되던 19세기 후반을 지칭한다. 물론 이 시기에도 『가곡원류』계와는 다른 형태의 가집이 존재했음은 분명하다.

4 신경숙, 「조선 후기 여창가곡의 연구」, 고려대 박사논문, 1994; 『19세기 가집의 전개』, 계명문화사, 1994.

반에 여창 가곡이 이미 등장했음을 밝힌 것은 이 연구의 가장 큰 의의라고 할 수 있다.

이러한 19세기 가집의 연구에도 불구하고 이 시기 가집사에서 아직도 해결되지 못한 부분이 많다. 『청구영언』, 『해동가요』, 『가곡원류』에 대해서는 연구가 집중되다 보니 이 가집들은 많은 부분이 해결되었다.[5]

> 김수장金壽長 사후死後는 일정一定한 지도자指導者가 없고 가인歌人들은 들에 뛰어 나온 군양群羊과 같이 상호연락相互連絡을 잃고 창작創作의 자극刺戟이 영멸永滅하야 다만 종래從來의 작품作品을 다행多幸삼아 창곡唱曲 일방一方으로 나아갔다. 따라서 영정시대英正時代를 넘은 시가계詩歌界는 적막寂寞한 그것이었었고 창곡唱曲만이 점점漸漸 왕성旺盛하여졌다. 그럼으로 나는 순조조純祖朝에서 한국말년韓國末年에 이르는 백여년간百餘年間을 창곡왕성시대唱曲旺盛時代라 부르고자 한다.[6]

> 영조시대英祖時代를 지난 시조계時調界는 가극歌劇이 발흥勃興하고 창곡唱曲이 흥성寂寞하는 판에 심甚히 적막寂寞하야 하마트면 시조時調란 것을 세인世人이 잊어 버릴랴 할 때에 여기 박효관朴孝寬이 나타났다.[7]

> 다음 본서本書의 가집상歌集上 가치價値로 말하면 그 편찬編纂이 말년末年에 속屬한 관계상關係上 박효관朴孝寬 안민영安玟英과 수인數人의 근대작近代作을 수록收錄한 것이 다른 가집歌集에서는 구求할 수 없는 것이나, 그러나 몇 번이나 말한

5 물론 이 시기 가집 또한 단순하게 바라봐서는 안 되며 아직도 더 많은 연구가 지속되어야 한다.
6 조윤제, 『조선시가사강』, 박문출판사, 1937, 415면. 이하 일부 인용의 경우 가독성을 위해 원문의 한자어에 음가를 추가하고 현대어 맞춤법 및 띄어쓰기에 맞추어 표기하였다.
7 위의 책, 435면.

바와 같이 영조英祖 정조시대正祖時代 이후以後 창작계創作界는 부진不振한 상태狀態를 그냥 계속繼續하야 그 작가作家 작품作品이 극極히 희소稀少하고 겨우 박효관朴孝寬 안민영安玟英에 와서 약간若干의 작가作家 작품作品을 얻은 데에 지나지 몯하니 사실事實에 있어서는 그것도 특서特書할 만한 것이 없으며 역대歷代의 작품 수록作品收錄으로 말하면 그 양量에 있어 도로혀 청구영詠언에 양하讓여야 될 것이고 정확正確한 점點에 있어는 해동가요海東歌謠에 밑지 몯하였다. 따라서 본서本書의 가치價値가 될 것은 다만 가집편찬사상歌集編纂史上에 일사실一事實을 남겼다는 것과 작품作品에 창조唱調의 부호符號를 달아 창곡가唱曲家의 좋은 참고參考가 되었다는 것쯤일 것이다.[8]

조윤제는 순조조에서 대한 말년에 이르는 백여 년간을 '창곡왕성시대唱曲旺盛時代'라고 명명하고 있다.

18세기 말 이후 '가곡창'은 '시조창', '잡가' 등에 밀려 잊히다가 『가곡원류』기에 와서 겨우 그 세를 회복하게 되는 것으로 파악한다. 이것에 대해 최동원은 ① 이 시기는 많은 가집이 편찬되었고, ② 가집의 편찬이 실용적 측면을 위해, 즉 가곡창을 실연하기 위해 이뤄졌으며, ③ 가곡의 곡조가 이전 시기에 비해 훨씬 많이 늘어났으며, ④ 가객들이 모여 가단을 형성했다고 주장한다.[9] 이어 최동원은 조윤제와 마찬가지로 가곡의 쇠퇴한 이유로 민속악의 세가 왕성했기 때문이라고 결론 짓는다. 이에 대해 신경숙은 이러한 진단이 일부는 맞고 일부는 시각에 따라 다른 해석을 해야한다고 주장한다.[10] 음악적인 측면은 18세기보다 훨씬 더 활발한 창작을 보였기

8 위의 책, 444면.

9 최동원, 『고시조론』, 삼영사, 1980.

10 신경숙, 앞의 책, 9면.

때문에 가곡창의 쇠퇴가 빨리 오지 않았으며 창작 사설이 줄고 창곡이 왕성해졌다는 것 또한 최동원의 네 가지 근거에 의해 가곡계가 얼마나 활발했는지를 생각하면 이러한 시각이 잘못되었음을 확인할 수 있다. 이러한 문제의식에서 시작한 신경숙의 논의는 19세기 초반 가집사를 이해하는데 많은 도움이 된다. 그러나 아직도 해결하지 못한 부분 또한 많이 존재한다. 특히 18세기 말에서 19세기 초중반 가집의 연구는 활발하게 이뤄지지 못한 실정이기에 해결해야 할 부분이 많다.

따라서 이 글에서는 18세기 말에서 19세기 초중반 가집에서 해결되지 못한 악곡과 변이 양상을 통해 이 시기의 가집이 함의하고 있는 당대의 연행 양상과 가집의 전개를 살펴보려고 한다.

이 글의 목적은 18세기 후반에서 19세기 초중반 가집에 수록되어 있는 '특이 악곡'의 특성 및 그 악곡의 변이 양상을 살펴 가집사에서 이 시기 가집이 차지하고 있는 위상을 밝혀내는 것이다.

## 2. 어떤 가집을 어떻게 다룰 것인가?

18세기 말을 대표하는 가집으로 『병와가곡집』을 들 수 있다. 『병와가곡집』은 현존하는 가집 중 가장 많은 작품1109수를 수록하고 있는 가집이다. 편찬 연대에 있어서는 다른 논의[11]가 있으나 저자는 김학성의 견해를 따라 편찬

11 손완섭, 「고시조의 새자료-가곡집 〈여중락〉을 발견」, 영남일보, 1956.9.12.; 심재완, 「병와가곡집의 연구-문헌학적 고찰을 중심으로」, 『청구대학 창립 10주년 기념글집』, 청구대학, 1958; 강전섭, 「〈병와가곡집〉의 형성 연대」, 『천봉 이능우박사 칠순기념논총』, 도서출판 한일, 1990; 권영철, 『병와 이형상 연구』, 한국연구원, 1978; 김동준, 「악학습령고」, 『악합습령』, 동국대 한국학연구소, 1978; 김학성, 「조선 후기 시조집의 편찬과 국문시가의 동향」, 『한국고시가의 거시

연대는 병와 이형상1653~1733이 살아있을 때부터 편찬되어 죽은 후에도 계속 누군가에 의해 재편되어 18세기 말에 이르러서야 이 가집의 편찬이 끝났다고 본다. 따라서 이 가집은 18세기 전체를 조망할 수 있을 뿐만 아니라 18세기 후반의 대표적인 가집이라고 할 수 있다. 이러한 점은 이 가집의 편찬 연대를 18세기 후반으로 한정 짓는 연구자들에 있어서도 상통하는 측면이다.

따라서 『병와가곡집』을 분석하면 18세기 말 가집의 특징을 파악할 수 있다. 특히 『병와가곡집』에는 〈삭대엽〉이라는 악곡명이 등장하는데 이 악곡명은 이전 시기나 이후 시기에는 나타나지 않는 이 가집에만 나타나는 특이한 악곡이다. 『병와가곡집』의 다른 악곡들은 다 해명이 되었으나 이 악곡은 아직까지 해명이 되지 않았다.[12]

『병와가곡집』은 〈삭대엽〉 부분의 미해명으로 인해 가장 많은 작품수를 가지고 있는 가집임에도 불구하고 미해결 가집으로 남아 있다. 이 글에서는 『병와가곡집』의 〈삭대엽〉 부분을 주요 연구 대상으로 삼을 것이다. 왜냐하

---

적 탐구」, 집문당, 1997; 김학성, 「사설시조의 담당층 연구」, 『성균어문연구』 29집, 성균관대 국문학과, 1993; 김용찬, 「〈병와가곡집〉의 성격과 문학사적 위치」, 『교주 병와가곡집』, 월인, 2001; 김용찬, 「〈병와가곡집〉의 형성 연대에 대한 검토」, 『조선 후기 시가문학의 지형도』, 보고사, 2002.

12 이상원은 병와가곡집의 〈삭대엽〉에 실렸던 작품 중에서 절반이 다른 가집에서 〈율당삭대엽〉으로 나타난다는 점, 혹 그렇지 않은 작품의 경우도 우조와 계면조를 넘나들며 불린 악곡에 배속되었다는 점을 중요한 근거로 삼아 병와가곡집의 〈삭대엽〉은 〈반엽〉이라고 주장한 바 있다.(이상원, 「병와가곡집의 악곡 편제와 가곡사적 위상-삭대엽과 낙희조를 중심으로」, 『한국시가문화연구』 33, 한국시가문화학회, 2014) 이러한 주장은 일면 타당하다. 하지만 애매한 부분이 있다면 삭대엽=반엽이라고 단정할 필요는 없다. 왜냐하면 〈삭대엽〉을 육당본 청구영언과 비교하면 총 18수 중 2수만이 〈반엽〉으로 나타난다는 점은 〈삭대엽〉이 〈반엽〉이 아닐 수도 있다는 것을 보여주는 증거이기 때문이다. 이러한 실정이라면 〈삭대엽〉을 〈반엽〉으로 이해하기 보다는 '유동적 악곡'으로 이해하는 것이 더 합리적이다. 〈삭대엽〉이 육당본 청구영언에서 2수만이 남은 이유는 18세기 후반에서 19세기 초중반 유동적 악곡이었던 〈삭대엽〉이 체계가 정비된 육당본 『청구영언』에서는 다수의 곡들이 탈락한 채로 2수 정도만이 남게 되고 『가곡원류』에도 비슷한 수치를 갖게 되기 때문이다.(김태웅, 「18세기 후반에서 19세기 초중반 가곡문화의 변모와 가집 편찬의 양상」, 『국제어문』 72, 국제어문학회, 2017)

면 이 악곡의 의미를 해결한다면 18세기 후반과 19세기 초중반 가집들의 특성을 좀 더 정확하게 파악할 수 있기 때문이다.

기존 가집의 연구 방법은 가집을 해석하는데 있어 기초적인 토대를 마련했으나 그 가집이 가지고 있는 의미를 정확하게 파악하기 위해서는 새로운 연구 방법이 필요하다.

최근 김학성은 가집 연구의 시각과 방법에 대해, 가집에 드러나 있는 여러 정보들을 현상만으로 읽어내려 하는 단순 독해의 방법을 지양하고 그 현상 너머의 체계와 질서를 찾아내 이를 바탕으로 가집을 진단해 내는 징후발견적 독해로의 전환이 필요함을 주장한 바 있다.[13] 이러한 주장은 가집 연구에 있어 가집 텍스트가 가지고 있는 일차적 한계를 극복해내고자 한 연구 방법으로써 시사하는 바가 크다. 따라서 이 글에서는 이러한 연구 방법을 적극 활용하고자 한다.

이 글에서는 『병와가곡집』의 〈삭대엽〉을 면밀하게 분석할 것이다. 정확한 분석을 위해 우선, 『병와가곡집』보다 앞선 시기 가집에는 〈삭대엽〉이 어떠한 다른 악곡으로 나타났는지를 분석할 것이다. 그 다음으로 『병와가곡집』 이후 가집에는 어떠한 악곡으로 나타나는지를 살펴볼 것이다. 이러한 분석을 통해 나타나는 징후들은 18세기 후반에서 19세기 초중반의 가집들의 특성을 밝혀내는 단초를 제공해 준다. 또한 이러한 단초들은 이 시기 가집사를 정확하게 이해하는데 도움이 된다.

한편, 이러한 연구를 하기 위해서는 18세기 후반에서 19세기 초중반 편찬된 가집 중 『병와가곡집』의 〈삭대엽〉과 연관된 가집을 가려내는 것 또한

13 김학성, 「18세기 초 전환기 시조 양식의 전변과 장르 실현 양상」, 『한국시가연구』 23집, 한국시가학회, 2007, 278면.

중요하다. 그러나 이 시기의 가집들은 서발문이나 편찬자에 대한 기록이 전혀 없어 정확한 시기를 알기 어렵고 이러한 점이 이 시기 가집을 연구하는 데 장애물로 작용하고 있다.

김학성은 시조 수록 가집의 시대별 분류를 하였다.[14] 그는 시조를 수록한 문헌 가운데 가장 큰 난점은 홍재휴본『청구영언』, 서울대본『악부』, 『동국가사』, 『홍비부』, 『가보』, 『영언류초』 같이 편자나 편찬 연대를 확인할만한 관련 기록이 전혀 없는 가집들에 대한 연대추정이라고 하면서, 편찬 연대가 비교적 분명히 밝혀진 가집을 중심으로 하여 대비하되, 악곡에 대한 당대의 인식과 수록된 악곡의 종류 및 배열방식, 수록 작품의 사설 대비, '고악보'와의 대비 등을 중점 지표로 하여, 시조를 수록한 각종 가집을 다음과 같이 4개의 시대별 군집으로 나누었다.

<table>
<tr><th>시기</th><th colspan="3">가집군</th></tr>
<tr><td>제1기<br>17세기 후반<br>~18세기 초반</td><td colspan="3">『청진』</td></tr>
<tr><td rowspan="2">제2기<br>18C 중후반</td><td rowspan="2">만횡청류의 악곡명</td><td>유동</td><td>『청가』『해박』『해일』『해UC』<br>『해주』『청요』『시가』『청홍』</td></tr>
<tr><td>고정</td><td>『병가』</td></tr>
<tr><td rowspan="3">제3기<br>19세기 전반</td><td rowspan="3">우·계면</td><td>미확립</td><td>『청영』『청연』『고금』『영유』『동가』</td></tr>
<tr><td>과도기[15]</td><td>경대본『시조집』『근악』『동국』『악서』[16]</td></tr>
<tr><td>확립</td><td>『청육』『가보』『흥비부』『영언』</td></tr>
<tr><td rowspan="2">제4기<br>19세기 후반</td><td>가곡창</td><td colspan="2">『금옥총부』『가곡원류』계[17]『시요』『대동』</td></tr>
<tr><td>시조창</td><td colspan="2">『시조』『남태』『시여』『조사』『시요』[18]『시철가』</td></tr>
</table>

---

14 김학성, 「시조의 담론과 상호텍스트성」, 『한국시가의 담론과 미학』, 보고사, 2004.

15 김학성은 '과도기'라는 표현을 쓰지 않고 확립과 미확립을 기준으로 시기를 구분했으나, 이 글에서는 경대본『시조집』의 경우 '우조'와 '계면조'의 작품이 번갈아 수록하고 있고, 『동국가사』는 '우조'와 '계면조'라는 항목을 설정하고 분화되기 전의 모습을 보이며, 『근화악부』의 경우 주제별 분류 가집이기에 서두에 음악 기록을 통해 확립기라고 추정하는 점 등은 우·계면 확립기

이러한 시대구분은 타당한 측면이 많은데 따라서 저자 또한 김학성의 견해를 받아들여 이 시기 구분을 적극 활용하고자 한다. 이 구분에 따라 이 글에서는 『병와가곡집』을 중심으로 『병와가곡집』보다 앞선 시기의 가집으로 〈만횡청류〉의 악곡명이 유동적인 가집을, 서울대본 『악부』, 『동국가사』, 『홍비부』, 『영언』, 『가보』, 육당본 『청구영언』 등은 『병와가곡집』보다 이후 시기의 가집으로 나눠서 살펴볼 것이다. 『병와가곡집』 이후의 가집을 6개 정도로 한정하는 것은 이 가집들이 19세기 초중반 특징을 잘 나타내는 가집이기 때문이다. 이러한 특성은 2장에서 자세하게 설명할 것이다.

연구 대상 및 참고 대상 가집을 요약하면 다음과 같다.[19]

| 18세기 초중반 | 18세기 후반 | 19세기 초중반 | 19세기 후반 | 20세기 초반 |
|---|---|---|---|---|
| 김천택본 『청구영언』<br>『해동가요』 계열<br>『시가』<br>홍재휴본 『청구영언』<br>장서각본 『청구영언』<br>가람본 『청구영언』<br>가람본 『청구詠언』 | 『병와가곡집』 | 서울대본 『악부』<br>『동국가사』<br>『홍비부』<br>『가보』<br>『영언』<br>육당본 『청구영언』<br>경대본 『시조집』 | 『가곡원류』계 | 『대동풍아』 |

가집이 가지고 있는 체제하고는 다르기 때문에 '과도기'라는 표현을 사용했다.

16 김학성은 『악서』를 '우계면' 미확립 시기로 구분했으나 〈율당대엽〉이 있으나 우·계면으로 나눠서 가집에 수록한 것은 아니기 때문에 이 글에서는 '우계면' 과도기로 설정한다.

17 강경호는 "지금까지 '가곡원류'라는 용어는 여러 『가곡원류』 이본 가집들을 구분하지 않고 포괄적으로 통칭한 의미로 사용되었다. 그러나 이 용어는 실질적으로 존재하는 『가곡원류』의 개별 이본 가집에 대한 의미가 고려되지 않은 용어였다. (…중략…) 여러 가집들을 함께 지칭할 때는 '가곡원류계 가집'이라는 용어를 사용하도록 하고"라고 하였다.(「가곡원류계 가집의 편찬 특성과 전개 양상 연구」, 성균관대 박사논문, 2010, 1면, 주)1) 본 글에서도 여러 가집을 지칭할 때는 『가곡원류』계 가집이라는 용어를 사용할 것인데, 『여창가요록』과 『시가요곡』 또한 『가곡원류』계 가집에서 여창 부분을 말할 때는 포함시키도록 한다.

18 『시가요곡』의 경우 가곡창과 시조창이 함께 수록된 가집으로, 4기에서 가곡창과 시조창 항목에 모두 기재함.

19 연구 대상 가집은 홍재휴본 『청구영언』을 제외하고는 원본을 모두 볼 수 있는 가집이다. 홍재휴본 『청구영언』의 경우 『역대시조전서』와 『고시조대전』을 참고하여 재구성한 3차 자료를 활용하였다.

## 가집의 약칭은 다음과 같다.[20]

| | | | |
|---|---|---|---|
| 1. 『병와가곡집』 | 『병가(甁歌)』 | 24. 국악원본 『가곡원류』 | 『원국(源國)』 |
| 2. 김천택본 『청구영언』 | 『청김(靑김)』 | 25. 규장각본 『가곡원류』 | 『원규(源奎)』 |
| 3. 일석본 『해동가요』 | 『해일(海一)』 | 26. 하합본 『가곡원류』 | 『원하(源河)』 |
| 4. 주씨본 『해동가요』 | 『해주(海周)』 | 27. 육당본 『가곡원류』 | 『원육(源六)』 |
| 5. 『청구가요』 | 『청요(靑謠)』 | 28. 불란서본 『가곡원류』 | 『원불(源佛)』 |
| 6. 박씨본 『詩歌』 | 『시가(詩歌)』 | 29. 박씨본 『가곡원류』 | 『원박(源朴)』 |
| 7. 서울대본 『樂府』 | 『악서(樂서)』 | 30. 구황실본 『가곡원류』 | 『원황(源皇)』 |
| 8. 홍씨본 『청구영언』 | 『청홍(靑洪)』 | 31. 『해동악장』 | 『해악(海樂)』 |
| 9. 가람본 『청구영언』 | 『청가(靑가)』 | 32. 가람본 『가곡원류』 | 『원가(源가)』 |
| 10. 가람본 『청구詠언』 | 『청영(靑詠)』 | 33. 일석본 『가곡원류』 | 『원일(源一)』 |
| 11. 『동국가사』 | 『동국(東國)』 | 34. 『협률대성』 | 『협률(協律)』 |
| 12. 『고금가곡』 | 『고금(古今)』 | 35. 『화원악보』 | 『화악(花樂)』 |
| 13. 『근화악부』 | 『근악(槿樂)』 | 36. 동양문고본 『여창가요록』 | 『여요(女謠)』 |
| 14. 『삼죽사류』 | 『삼죽(三竹)』 | 37. 이혜구본 『녀창가요록』 | 『녀요』 |
| 15. 연민본 『청구영언』 | 『청연(靑淵)』 | 38. 『남훈태평가』 | 『남태(南太)』 |
| 16. 육당본 『청구영언』 | 『청육(靑六)』 | 39. 이씨본 『시여』 | 『시여(詩餘)』 |
| 17. 김익환본 『가보』 | 『가보(歌譜)』 | 40. 동양문고본 『가요』 | 『가요(歌謠)』 |
| 18. 『영언유초』 | 『영류(永類)』 | 41. 『시가요곡』 | 『시요(詩謠)』 |
| 19. 『흥비부』 | 『흥비(興比)』 | 42. 『대동풍아』 | 『대동(大東)』 |
| 20. 지씨본『시조』 | 『시조(時調)』 | 43. 『시철가』 | 『시철가』 |
| 21. 도남본『동가선』 | 『동가(東歌)』 | 44. 경북대 『시조강해』 | 『경대본(慶大本)』 |
| 22. 『조및사』 | 『조사(調詞)』 | 45. 규장각 『영언』 | 『영언(永言)』 |
| 23. 『금옥총부』 | 『금옥(金玉)』 | 46. 장서각본『청구영언』 | 『청장(靑藏)』 |

20 가집의 약칭은 타 가집의 악곡 변이 양상을 보기 위해 작품 아래에 변이상황을 제시할 때만 사용하고 본문에서는 가집의 명칭을 그대로 사용할 것이다.

제2장

# 18세기 후반 가집의 전개 양상

## 1. 18세기 후반~19세기 초 가집에 대한 시각

신경숙은 가집사를 세 단계로 나눠 설명했는데[1] 김천택의 『청구영언』과 김수장의 『해동가요』 계열로 대변되는 시기가 가집사에 있어서 첫 번째 시기라면 18세기 말에서 19세기 초는 가집사에 있어서 두 번째 시기로 볼 수 있다. 이 시기는 첫 번째 시기와 마찬가지로 가집 편찬에 있어 악곡별 분류를 하고 있는데 주요한 특징은 악곡들이 순서대로 모두 잘 갖추어지다가 특이한 악곡이 등장한다는 점이다.

『병와가곡집』의 경우 〈삭대엽〉이라는 특이한 악곡이 등장하며, 『동국가사』의 경우 〈삭엽〉과 〈계면조〉, 서울대본 『악부』의 경우 다른 가집에는 2~5수 정도의 작품을 수록하고 있는 〈율당삭엽〉에 무려 22수[2]나 되는 작

1 신경숙, 「시조 문헌 편찬의 역사—『청구영언』에서 『고시조대전』까지」, 『민족문화연구』 57호, 고려대 민족문화연구원, 2012.

2 신경숙은 서울대본 『악부』의 〈율당대엽〉의 작품수를 18수로 보고 있다.

품을 수록하고 있다.

이러한 악곡들은 이 시기 가집들을 파악하는데 어려움을 주고 있으며 또한 이것은 이 시기가 1단계 시기와는 변화된 상황을 유추할 수 있게 해준다. 간단히 설명하면 '악조, 악곡, 남녀창'의 변화가 이 시기에 시작되는 것이다.

악조의 경우는 '평조', '평조계면조', '우조', '우조계면조'라는 4개의 악조에서 변화가 생겨 '우조', '계면조'라는 2개의 악조로 고정화 현상이 일어나며, 악곡의 경우는 '우조'와 '계면조'의 정착에 따라 두 악조를 연결해 주는 반은 우조로 부르고 나머지 반은 계면조로 부르는 〈율당 삭대엽〉 즉 〈반엽〉이 새롭게 생성된다. 또한 1단계 시기 가장 대표적인 악곡인 〈이삭대엽〉에서 〈두거〉와 같은 파생곡이 발생하고, 남녀창에서 여창사설의 고정화 경향이 나타난다. 그런데, 문제는 이러한 경향이 점차적으로 발생한 것이 아니라 동시에 이루어졌다는 것에 있다.

이러한 복합적이고 급격한 변화 속에서 이 시기 가집들은 악곡명, 악곡 배치순서의 조정, 사설군의 재조합을 시급하게 시도하였고 이것이 이러한 특이한 악곡으로 나타난다. 그러나 기존 연구는 이러한 변화에 대해 미비, 불비, 불완전 등의 평가를 내리고 있으나 이것은 이 시기 가집의 실제를 무시한 채 『가곡원류』계의 완성된 형태의 시각 속에서 2번째 단계를 연구했기 때문에 나타난 현상이다. 가집이라는 것은 그 자체로 그 시기의 실제모습을 담고 있다. 즉, 이 시기 가집은 실상 그 시기의 모습을 가장 잘 담아내고 있다. 이것을 정확하게 파악하기 위해 아직까지 해명이 되지 않은 『병와가곡집』의 〈삭대엽〉을 꼼꼼하게 분석하도록 하겠다.

## 2. 18세기 후반 대표 가집 『병와가곡집』

『병와가곡집』 연구에 가장 큰 쟁점은 편찬 연대라고 할 수 있다. 병와 이형상 생전에 편찬되었다는 의견과 사후에 편찬되었다는 의견으로 크게 나뉘며, 구체적으로는 1728년 이후로 보는 견해,[3] 초고본은 숙종 말년경이며 김천택본 『청구영언』보다 1~2년 전으로 보는 견해,[4] 정조 연간으로 보는 견해,[5] 1790~1800년으로 보는 견해[6] 등이 있다.

현재 볼 수 있는 『병와가곡집』은 병와 이형상이 살던 시기에 편찬된 것은 아니다. 모산 심재완은 『병와가곡집』에 서술된 내용을 통해 『병와가곡집』의 편찬 연대가 영조대英祖代가 될 수 없음을 논했다. 그 이유는 첫째, 『병와가곡집』에는 작가 아래 연대기年代記에 "영종조운운英宗朝云云"이라 되어 있는데, 『해동가요』의 경우 "금조운운今朝云云"이라고 되어 있는 것과 비교하여 영조 9년에 죽은 병와 생존 시에는 영조라는 시호를 쓸 수 없기에 『병와가곡집』이 편찬될 수 없고, 둘째 『병와가곡집』에 '영종조英宗朝'로 기입된 작가가 16명[7]이 있는데, 연대를 고증할 수 있는 사람 중에서 조윤형, 조명리 등은 그 태어난 해가 병와의 사망 시기와 얼마 차이가 나지 않기 때문에 병와가 『병와가곡집』를 편찬한 것은 아니라는 것이다.

---

3 김동준, 「악합습령고」, 『악학습령』, 동국대 한국학연구소, 1978.

4 권영철, 『병와 이형상 연구』, 한국연구원, 1978.

5 심재완, 「병와가곡집의 연구–문헌학적 고찰을 중심으로」, 『청구대학 창립 10주년 기념 글집』, 청구대학교, 1958.

6 김용찬, 「〈병와가곡집〉의 성격과 문학사적 위치」, 『교주 병와가곡집』, 월인, 2001.

7 심재완은 『병와가곡집』에 영종조 인물이라고 기록된 박인로의 경우는 오기에 해당되므로 이를 제외하고 16명이라고 하였다. 그러나 박인로를 제외하더라도 17명이 영종조 인물로 등장하고 있는데, '윤유'가 제외된 것이다. 박인로를 제외한 나머지 인물을 열거하면 다음과 같다. 조현명, 조재호, 윤순, 조명리, 이정보, 장붕익, 윤유, 김기성, 박희서, 조윤형, 김중설, 김진태, 김수장, 박문욱, 김묵수, 김유기, 유세신.

심재완은 『병와가곡집』에 기록된 영조대의 작가 중 김우규, 김진태, 김중설 등의 작품발기跋記가 『해동가요』에 보인다각각 영조40, 42, 45년는 점, 그리고 조명리의 작품이 『병와가곡집』과 『해동가요』에 공통으로 실려 있다는 점을 근거로 들어 『병와가곡집』의 편찬시기가 『해동가요』의 편찬보수 사업기에서 크게 벗어나지 않았을 것이며, 더욱이 조윤형의 작품이 『병와가곡집』에만 실려 있는 점으로 미루어 보아 『해동가요』와 육당본 『청구영언』이 편찬된 사이인 정조 연간에 편찬되었음을 추정하고 있다.[8]

김학성[9]은 황충기의 『병와가곡집』에 대한 논의,[10] 즉 필체가 다른 3인이 전사한 것으로 조명리, 이정보 등 이형상보다 후대에 활약한 작품이 보이고, 체재가 정비되어 있지 않으며, 평민 가객 수가 24명이나 등장하고, 작가 표시에서 가두歌頭와 가미歌尾 기명記名이 뒤섞여 있는 등의 이유로 『병와가곡집』을 『악학습령』의 원본으로 볼 수 없으며 정조대에 전사된 것으로 보아야 한다는 황충기의 견해에 대하여, 이러한 지적이 옳다 하더라도 ① 현존 필사본 『악학습령』을 김천택본 『청구영언』 이래 다른 가집과 비교해 보면 〈중대엽〉〈초중대엽〉 7수, 〈이중대엽〉 5수, 〈삼중대엽〉 5수을 가장 많이 싣고 있다는 점, ② 18세기 이후 〈낙시조〉와 〈편락시조〉로 분화 변천한 〈낙희조〉라는 17세기 이전의 악곡명을 간직하고 있다는 점 등에서 현존 이형상의 가집이 후대정조시대인에 의해 가필·증보·왜곡, 오손되었다 하더라도 17세기의 원본 모습을 어느 정도 보존하고 있음을 인정해야 한다고 설명한다. 그리고

8 조윤형의 생몰 연대는 1725~1799인데, 정조가 즉위한 해는 1776년이다. 병와가 그의 작품을 수록했다고 하는 것은 무리라 하더라도 조윤형의 생몰 연대를 근거로 『병와가곡집』 편찬시기를 정조대로까지 내려잡을 수는 없다.

9 김학성, 「조선 후기 시조집의 편찬과 국문시가의 동향」, 『한국 고시가의 거시적 탐구』, 집문당, 1997.

10 황충기, 「악학습령고」, 『국어국문학』 87, 국어국문학회, 1982.

이를 뒷받침하는 것이 김천택본 『청구영언』에는 없고 『악학습령』 필사본에는 있는 시조 작품이 이형상의 『금속행용가곡』에 〈가효문可孝問〉, 〈낙산조樂山操〉, 〈협요격峽窯激〉 등의 제목으로 한역되어 있는 점이다. 이 밖에 『병와가곡집』에서 〈소용〉·〈만횡〉·〈낙희조〉·〈편삭대엽〉으로 악곡이 세분화되어 나타나는 것은 정조대에 수정·보완된 것으로 보이며, 원본에는 〈낙희조〉와 〈만횡〉 정도가 있었을 것으로 추정한다.

또한 김학성은 다른 논의[11]에서 〈낙희조〉와 〈낙시조〉의 풍도형용이 같아 이 두 악곡명을 동일한 것으로 보는 기존 논의에 문제를 제기하고 있다. 『병와가곡집』에만 보이는 〈낙희조〉樂戲調라는 악곡명의 풍도형용은 "㉠ 요풍탕일堯風湯日 화난춘성花爛春城, ㉡ 춘추풍우春秋風雨 초한건곤楚漢乾坤, ㉢ 낙락춘풍樂樂春風"인데, 이 중 ㉠과 ㉡은 일석본 『해동가요』와 육당본 『해동가요』의 〈낙시조〉와 〈편락시조〉의 풍도형용과 각각 일치하고 여기에 ㉢만 덧붙은 형태이므로 결국 〈낙희조〉와 〈낙시조〉가 동일하다고 하는 기존 논의에 대하여 다음과 같은 점을 근거로 제시하며 문제점을 지적하고 있다. 첫째, 〈낙희조〉와 〈낙시조〉의 풍도형용은 부분적으로 동일할 뿐이며, ㉢이 덧붙어 있는 것은 〈낙희조〉가 〈낙시조〉 이상으로 봄바람에 희희낙락하는 형용을 가지고 있기 때문일 것이라는 점, 둘째 곡조의 배열 순서에서 『악학습령』에서는 '〈삼삭대엽〉, 〈삭대엽〉, 〈소용〉, 〈만횡〉, 〈낙희조〉, 〈편삭대엽〉' 순으로 되어 있어 〈낙희조〉가 〈만횡〉 뒤에 나오지만, 일석본 『해동가요』와 육당본 『해동가요』, 김천택본 『청구영언』 등 다른 가집에는 〈낙시조〉가 〈만횡〉보다 앞에 배열되어 있어 서로 다른 악곡임을 알 수 있다는 점, 그리고 셋째, 『악학습령』 권두부 〈낙시조〉 항목의 주기注記에 "(〈낙시조〉

11 김학성, 「시조사의 전개와 낙시조」, 『한국 고시가의 거시적 탐구』, 집문당, 1997.

가) 악보 중에는 보이지 않으니 책에 넣다가 빠뜨린 것인지 아니면 책을 만들고 난 이후에 구하지 못해서 넣지 못한 것인가"라는 기록이 있는데, 이것이 이형상의 기록이든 아니면 후대의 원본 전사자의 기록이든 본문에 〈낙시조〉 항목을 두고 그 아래 여러 편의 작품을 수록하고도 이런 언급을 했다는 것은 〈낙희조〉와 〈낙시조〉를 다르게 인식하고 있었기 때문이라는 점 등을 언급하고 있다.

이어서 본격적으로 〈낙희조〉가 어떤 악곡인지 규명하는 작업을 하는데 먼저'낙희樂戱'라는 약호를 찾아볼 수 있는 두 자료를 언급하고 있다. ①가람본 『청구영언』에 실린 "어흠아 그 뉘옵신고……"라는 사설시조 뒤에 있는, 박후웅朴後雄이 과거에서부터 있어 왔던 〈낙희지곡樂戱之曲〉을 〈소용騷聳〉이라는 새로운 악곡으로 바꾸어 유행시켰다는 기록, ②가람본 『청구영언』의 "가슴에 궁글 둥시러케 뚧고……"라는 사설시조의 악곡 표시인 〈만대엽蔓大葉 낙희병초樂戱幷抄〉가 그것이다. ①의 기록을 통해서는 〈낙희지곡樂戱之曲〉이 〈소용〉 이전에 사설시조를 담아 부르던 고조古調였다는 점을, 그리고 ②의 악곡 표시를 통해서는 〈낙희지곡樂戱之曲〉이 가곡 중에서 가장 오래된 악곡인 〈만대엽〉의 변주곡으로 〈만대엽〉의 하나로 불렸다는 약호 구성만대엽+낙희병초을 보여준다는 점을 밝히고 있다. 이러한 내용을 근거로, 『악학습령』의 〈낙희조〉와 ①의 〈낙희지곡樂戱之曲〉이, 그리고 ②의 〈만대엽蔓大葉 낙희병초樂戱幷抄〉가 서로 관련이 있다고 볼 때, 〈낙희조〉는 이형상 이전 시대에 사설시조를 얹어 부르던 악곡이었다는 점을 논하고 있다. 이후 〈낙희지곡 낙희조〉은 김천택본 『청구영언』과 『해동가요』 시대에는 〈낙시조〉라는 새로운 악곡으로 변주되어 불리게 되는데, 그에 따라 풍도형용이 〈낙시조〉와 상당히 일치하게 기록되게 된다는 것이다. 따라서 〈낙시조〉와 〈낙희조〉

를 동일하게 보거나, 『악학습령』이 일석본 『해동가요』의 〈낙시조〉 항목 풍도형용을 베낀 것으로 보거나, 혹은 『악학습령』이 『해동가요』보다 나중에 된 가집이라는 견해를 보이는 황충기의 논의는 타당성을 인정받기 어렵다는 결론에 이른다.

아울러 『악학습령』이 김천택본 『청구영언』보다 앞서는 흔적을 두 가지 제시하고 있는데, 첫째 김천택본 『청구영언』보다 22년 앞서 나온 이형상의 『금속행용가곡今俗行用歌曲』에 한역되어 있는 작품을 가지고 비교해 보면 『악학습령』에는 실려 있지만 김천택본 『청구영언』에 실리지 않은 것이 무려 8수이나 김천택본 『청구영언』에 실린 것이 『악학습령』에 실리지 않은 것은 단 1수밖에 없어, 『악학습령』의 편자인 이형상 자신의 한역 가집에 있는 작품을 훨씬 더 많이 수록하고 있다는 점, 둘째 이형상의 시대에는 주류도 아니고 애호도 아닌 고조古調의 수록 작품 수가 『악학습령』에는 〈초중대엽〉 7수, 〈이중대엽〉 5수, 〈삼중대엽〉 5수, 〈북전〉 4수, 〈이북전〉 1수, 〈초삭대엽〉 11수로 비교적 풍부하게 싣고 있음에 반해 김천택본 『청구영언』에는 이것들을 각 1수씩만 구색을 갖추기 위해 싣고 있어 김천택본 『청구영언』 시대에는 고조들이 거의 사라졌음에도 그보다 훨씬 후인 정조대에 다시 필사되었음에도 불구하고 고조古調 수록에 이러한 차이를 보이는 것은 현존 『악학습령』이 김천택본 『청구영언』보다 앞선 흔적을 상당히 갖추고 있다는 점,[12] 셋째 다른 가집에 없는 유일한 고조古調인 〈낙희조〉를 『악학습령』에만 수록하고 있다는 점 등을 들고 있다.

김용찬[13]은 『병와가곡집』의 성격에 관한 기존 논의를 검토했는데 우선

---

12 『가곡원류』 이본 중 고조가 다수 채록되어 있는 것에 대해서는 『가곡원류』 시대에는 다시 잡요(雜謠)에 대항하는 정음(正音)을 되찾기 위해 복고풍인 고조(古調)를 회복하려는 노력으로 그러한 현상을 보이는 것이며, 양도 『악학습령』에 비해 적다고 설명하고 있다.

『병와가곡집』의 필체 문제에 있어 심재완은 3인의 필체로 보고, '악학습령樂學拾零'은 『악학편고樂學便考』의 미비점을 보완한 습유拾遺 또는 속편續篇이라 보이기에 시조집이라고 말할 수 없을 것이라며 강전섭의 견해[14]를 따른다.

또한 그는 『병와가곡집』의 편찬 시기에 대한 반성적 검토를 하는데 필체 문제를 거론하며 "후대인의 가필 여부라기보다는 오히려 방대한 양의 작품을 필사하기 위하여 2인 이상의 필력이 필요했고, 그러한 과정에서 서로 다른 필체가 나타나는 것"이라고 파악한다. 전반부의 각종 음악 기록오음도, 음절도 등이 타 가집과 비교하여 특이하다고 하며, 이러한 기록들이 『어은보』, 『양금신보』와 같은 금보琴譜[15]의 영향이라고 한다. 권두부의 4분류법에 의한 악곡 곡목 제시와 본문부의 곡조명만 제시된 상태에서 작품을 배열한 것이 서로 괴리를 보이고 있다는 점을 지적하고는, 이형상〈금속행용가곡〉의 경우 평조·우조·계면조로 일관되게 구분하고 있어 이 자료가 이형상의 저작일 수 없음을 논하고 있으며 이와 같은 4조에 의한 분류법은 19세기적 특성임을 말하고 있다. 그러나 금보에 있어서 4조에 의한 분류법은 17~18세기적 특징이다.

작품 배열 순서에 있어서도 작가 배열의 일관성이 다소 떨어지나 여타 가집과 유사하게, '열성어제-사대부 작가-여항 작가-기녀'의 순으로 작품을 배열하고 이후에 무명씨의 작품을 배열하고 있다. 하지만 ①기녀 작가 다음에 다른 작가의 작품이 있는 점, ② 무명씨 작품 수록 부분에서 추가로 기입한 듯한 작가의 이름이 보이는 점 등을 근거로 상당한 시일을 두고 가집이 편찬된 것으로 추정하고 있다. 그런데 문제는 상당한 시일이라는 점을

13 김용찬, 「『병와가곡집』의 형성연대에 대한 검토」, 『한국학연구』 7, 고려대 한국학연구소, 1995.
14 강전섭, 「〈병와가곡집〉의 형성연대」, 『천봉 이능우박사 칠순기념논총』, 도서출판 한일, 1990.
15 후에 가집이 금보로 전범화되어 정착되었다고 할 수 있다.

주목할 때 방대한 양이라고는 하나 두 사람 이상의 필력이 필요하지 않았을 가능성 또한 있기에 이렇게 단정짓는 것은 문제가 있다.

또한 가집 서두에 배치한 작가 목록을 통해 이러한 목록은 김천택본 『청구영언』에는 없다가 주씨본 『해동가요』에 보이는 점으로 미루어 주씨본 『해동가요』의 영향을 받았을 것이라고 추정한다.

풍도 형용에 있어서는 ① 위치에 있어 주씨본 『해동가요』와 육당본 『청구영언』에는 가집 앞부분에서 따로 처리가 되어 있으나 『병와가곡집』에서는 각 곡조의 작품 앞에 곡조명 다음에 협주로 처리하고 있으며, ② 풍도형용의 수가 주씨본 『해동가요』에는 14조목, 육당본 『청구영언』에는 16조목이 나타나지만 『병와가곡집』에는 13조목이 나타난다는 것을 통해 『병와가곡집』이 앞선 시대에 편찬된 것으로는 볼 수 없다고 하며 두 가지 근거를 들고 있다. 첫째로, 풍도형용의 기록으로 보아 『병와가곡집』의 〈낙희조〉는 주씨본 『해동가요』와 육당본 『청구영언』의 〈낙시조〉+〈편낙시조〉의 형태를 가지고 있다고 주장한다. 그러나 주씨본 『해동가요』와 육당본 『청구영언』의 〈낙시조〉와 〈편낙시조〉가 합쳐져 조목을 늘려야 한다는 것은 가집이 그 당대의 실상을 함의하고 있다는 점을 간과한 결과이다. 김용찬은 두 번째 근거로 다른 가집에서 볼 수 없는 〈삭대엽〉이 있다는 점을 들어 설명하고 있다.

이후 김학성의 〈낙희조〉 논의는 단순하게 풍도형용만을 통해서 추출한 주장이라고 비판하고 있다. 그는 작품을 통해 『병와가곡집』 〈낙희조〉 항목은 105수인데 대부분이 사설시조인데 반해 육당본 『청구영언』 〈우계락시조〉에는 모두 평시조7수가, 〈편삭대엽〉에는 7수의 사설시조만이 수록되며 또한 〈낙시조〉는 김천택본 『청구영언』에서부터 나타나는데 모두 평시조로 수록되어 있음을 확인하였다. 〈낙희조〉에 실린 작품은 대부분 사설시조인데 그것이 분화된 〈낙시조〉에는 평시조가 대부분이거나 혹은 작품 수가 오히려 적게 실려 있기에 실상에 맞지 않는다고 주장하고 있다.[16] 그러나 여기서 〈낙시조〉는 고조古調가 아닌 신조新調로 새로 악곡화된 작품이기 때문에 악곡 수가 줄거나 평시조 작품이 수록된 것으로 보는 것이 더 타당하다.

기존 논의를 통해 『병와가곡집』의 편찬 연대가 병와 이형상이 살아있을 당시에 편찬이 시작되었다고 주장하는 견해와 18세기 말에 편찬되었다는 견해가 있음을 알 수 있는데 이 두 견해의 주장이 일맥상통하는 점은 결국 **이 가집의 완성은 18세기 말**이라는 것이다. 이 가집이 18세기 이전에 시작되어 18세기 말에 완성이 되었든지 18세기 말에 가집이 편찬되었든지 간에 가집은 '**축적적 문화담론**'의 성격을 가지고 있기 때문에 70% 이상은 다른 가집과 공출현상을 가지고 있다. 따라서 다른 가집에는 나타나지 않는 악곡이나 작품을 분석하는 것이 그 가집의 특징, 즉 그 당대의 문화를 확인하는 방법이 된다.

---

16 송방송, 「한국 전통음악의 羽調論」, 『한국음악사 연구』 10집, 한국국악학회, 1980; 송방송, 『한국음악통사』, 일조각, 1984; 강전섭, 「병와 이형상의 한역가곡소고」, 『국어국문학』 102호, 국어국문학회, 1989.

## 3. 『병와가곡집』 〈삭대엽〉의 분화 양상

가집歌集은 가변적이다. 가변적이라는 것은 결국 현재적이라는 뜻이다. 가집은 조선시대의 노래를 모아놓은 책이라 과거의 모습을 담고 있으나 그 책이 편찬되었을 당시에는 가장 현재적 모습이다. 대다수의 가집 연구자들은 이러한 가집의 현재적인 모습에 집중했고 그 연구가 『청구영언』, 『해동가요』, 『가곡원류』 같은 삼대大 가집만이 주된 연구 대상이 되었다. 그러나 소가집이나 아직 해명이 되지 않은 악곡이 어떠한 의미를 갖는지를 연구하는 것 또한 가집사歌集史를 이해하는데 도움이 된다. 연구자들은 현행 가곡의 악곡으로 옛 가집의 악곡을 연구하려는 경향이 있다. 저자 또한 이러한 굴레에서 벗어나지 못하고 있다. 그러나 현행 가곡과 가집들이 존재했던 당대의 모습이 같을 수는 없다. 현재 전승되는 현행 가곡창과 18세기의 가집들의 연창 방식이 달랐음은 자명하다. 18세기 가집과 19세기 가집 그리고 20세기 가집을 비교해 보면 이러한 점을 쉽게 유추할 수 있다. 18세기 가집에만 수록되어 있는 작품이 있고 19세기가 되어야 나타나는 작품도 있고 19세기 가집에는 등장하지 않다가 20세기에 다시 등장하는 작품도 있다. 이렇듯 가집은 당대의 모습을 가장 잘 나타내는 것이다.

특히 18세기 후반에서 19세기 초중반은 가집사에 있어서 변화가 가장 큰 시기였다. 악조는 '평조', '평조계면조', '우조', '우조계면조'라는 4개의 악조에서 '우조', '계면조' 2개의 악조로 변화되고 악곡은 '우조'와 '계면조'의 정착에 따라 두 악조를 연결해 주는 '반우반계'인 〈반엽〉[17]이 생성된다.

---

17 〈반엽〉의 유래는 다음 장에서 자세하게 다룰 것이다. 이 책에서는 〈반엽〉의 역할을 하는 경우 거시적 틀에서는 〈반엽〉이라는 용어를 사용할 것이고, 원문을 그대로 표현하고자 할 때는 그 가집 고유의 명칭을 그대로 사용하도록 하겠다.

또한 사설시조를 얹어 부르는 〈만횡청류〉 내에서의 파생곡이 발생하고 남녀창에서 여창사설의 고정화 경향이 나타난다. 문제는 이러한 변화가 서서히 점차적으로 발생한 것이 아니라 이 시기 동시에 나타났다는 것에 있다. 기존 연구는 이러한 변화에 대해 '미비', '불비', '불완전' 등의 평가를 내리고 있다. 그러나 이 시기는 근대로 가는 이행기로 사회적 변화뿐만 아니라 예술적 측면에 있어서도 변화가 심했다.

이러한 18세기 후반에서 19세기 초중반 가집에도 이러한 사회적 분위기가 나타나는데 이 시기 파생곡이 가장 많이 발생하는 점을 예로 들 수 있다. 이 시기는 악곡의 변화가 가장 심했는데, 이것은 당대의 실상을 가장 잘 담아내고 있음을 보여주는 것이다.

왜냐하면 이 시기를 대표하는 가집들에는 현행 가곡의 기초가 되는 현상들이 드러나기 시작하거나, 현존하지 않는 악곡명들이 등장하고 있기 때문이다. 예를 들어 『병와가곡집』의 경우 모든 악곡이 해명되었으나 〈삭대엽〉은 해명되지 않았다. 이 악곡을 해명한다면 이 시기의 가집사적 의미를 찾을 수 있을 것으로 생각한다.

『병와가곡집』에 대한 기본적인 이해를 위해 우선 이 가집의 체제부터 살펴보기로 한다.

| 악곡 | 가번 | 작품수 |
|---|---|---|
| 〈초중대엽(初中大葉)〉 | 1~7 | 7수 |
| 〈이중대엽(二中大葉)〉 | 8~12 | 5수 |
| 〈삼중대엽(三中大葉)〉 | 13~17 | 5수 |
| 〈북전(北殿)〉 | 18~21 | 4수 |
| 〈이북전(二北殿)〉 | 22 | 1수 |
| 〈초삭대엽(初數大葉)〉 | 23~33 | 11수 |

| 악곡 | 가번 | 작품수 |
|---|---|---|
| 〈이삭대엽(二數大葉)〉 | 34~796 | 763수 |
| 〈삼삭대엽(三數大葉)〉 | 797~828 | 32수 |
| **〈삭대엽(數大葉)〉** | **829~846** | **18수** |
| 〈소용(騷聳)〉 | 847~851 | 5수 |
| 〈만횡(蔓橫)〉 | 852~965 | 114수 |
| 〈낙희조(樂戱調)〉 | 966~1069 | 104수 |
| 〈편삭대엽(編數大葉)〉 | 1,070~1,109 | 40수 |

『병와가곡집』의 체제는 위의 표와 같다. 가집에 있어 아직 '우조'와 '계면조'가 나타나지 않는 점을 볼 때 이 가집은 18세기 가집의 특징을 함의하고 있음을 알 수 있다. 이 체제에서 특이한 점은 모든 악곡은 해명이 되었으나[18] 〈삭대엽〉이라는 악곡명이다. 이 악곡명은 『병와가곡집』 이전 시기 가집에도 나타나지 않았으며 이후 가집에도 나타나지 않는 가집에 있어서는 『병와가곡집』에만 나타나는 유일한 악곡명이다. 이 가집에 수록된 곡조들은 우조와 계면조로 분화된 19세기 가집들과는 분명한 차이를 보이고 있다. 그러나 이 악곡은 김천택본 『청구영언』이나 『해동가요』 같은 18세기 가집이나 『가곡원류』 같은 19세기 후반 가집에도 등장하지 않는다. 이 악곡의 의미는 무엇일까? 『병와가곡집』의 편찬자는 이 악곡을 왜 수록했을까? 이 악곡을 해명하면 이 시기의 가집이 미비, 불비한 것이 아닌 것을 증

18 〈낙희조〉에 대해서 김학성은 『병와가곡집』의 〈낙희조〉가 〈편락시조〉를 포함한 〈낙시조〉의 '古調'이며 그것이 김천택본 『청구영언』 이후 가집에 〈낙시조〉라는 명칭으로 정착하였다(「시조사의 전개와 낙시조」, 『한국고시가의 거시적 탐구』, 집문당, 1997, 346~351면)고 주장하였고 김용찬은 『병와가곡집』의 〈낙희조〉는 〈낙시조〉와 〈낙시조〉의 변주곡인 〈편락시조〉를 합친 것(『교주 병와가곡집』, 2001, 30면)이라고 주장한다. 이상원은 〈낙희조〉는 그 위치가 18세기 가집들과 다르고 오히려 우조와 계면조의 분화를 반영한 19세기 가집과 일치한다는 점에서 우조와 계면조의 분화로 파생되기 시작한 〈우락〉, 〈계락〉, 〈얼락〉, 〈편락〉 등 '낙' 계열의 악곡들을 두루 포괄하는 것으로 해석(「병와가곡집의 악곡 편제와 가곡사적 위상–삭대엽과 〈낙희조〉를 중심으로」, 『한국시가문화연구』 33, 한국시가문화학회, 2014)한다.

명하는 열쇠가 될 것으로 생각한다.

이러한 의문을 해결하기 위해 『병와가곡집』의 〈삭대엽〉 부분을 정밀하게 분석하여 이 악곡이 의미하는 바를 탐지하고자 한다.

『병와가곡집』의 〈삭대엽〉 부분은 총 18수로 이 가집에 수록된 1099수에 비하면 매우 적은 양이지만 이 가집의 가변성을 해결하는데 가장 중요한 악곡으로 정확한 해명이 필요하다. 따라서 작품 18수를 분석하여 이전 시기 가집에는 어떠한 악곡으로 수록되었으며 『병와가곡집』에는 〈삭대엽〉으로, 이후 가집에는 어떤 악곡으로 변화되었는지를 살펴보고자 한다.

『병와가곡집』 〈삭대엽〉(18수) 수록 작품의 타 가집 수록 분포 현황

| 『병가(甁歌)』(18/1,109수) | 『가보(歌譜)』( 9/368수) | 『원동(源東)』( 8/454수) |
|---|---|---|
| 『청김(靑김)』( 7/ 580수) | 『영류(永類)』( 6/335수) | 『협률(協律)』(14/821수) |
| 『해일(海一)』(10/ 636수) | 『흥비(興比)』( 6/436수) | 『화락(花樂)』(10/651수) |
| 『해주(海周)』( 2/ 569수) | 『시조(時調)』( 4/125수) | 『여요(女謠)』( 5/182수) |
| 『청요(靑謠)』( 0/ 80수) | 『동가(東歌)』( 3/235수) | 『시요(詩謠)』( 3/146수) |
| 『시가(詩歌)』( 9/ 719수) | 『원국(源國)』(14/856수) | 『대동(大東)』( 6/316수) |
| 『악서(樂서)』( 8/ 499수) | 『원규(源奎)』(14/855수) | 『영언(永言)』(15/516수) |
| 『청홍(靑洪)』( 4/ 310수) | 『원하(源河)』(14/849수) | 『남태(南太)』( 4/224수) |
| 『청가(靑가)』( 9/ 707수) | 『원육(源六)』(14/725수) | 『시여(詩餘)』( 4/170수) |
| 『청영(靑詠)』( 7/ 596수) | 『원불(源佛)』(14/801수) | 『가요(歌謠)』( 2/ 99수) |
| 『동국(東國)』( 9/ 414수) | 『원박(源朴)』(13/725수) | 『시철가』( 0/ 97수) |
| 『고금(古今)』( 5/ 294수) | 『원황(源皇)』(13/713수) | 『조사(調詞)』( 1/ 70수) |
| 『근악(槿樂)』( 6/ 397수) | 『해악(海樂)』(14/874수) | |
| 『청연(靑淵)』( 5/ 257수) | 『원가(源가)』( 9/446수) | |
| 『청육(靑六)』( 5/ 999수) | 『원일(源一)』(10/738수) | |

『병와가곡집』 〈삭대엽〉 부분을 다른 가집과 공출 빈도를 나타내면 위의 표와 같다. 총 수록 작품 수에 비하면 매우 적은 수의 작품을 수록하고 있다. 『병와가곡집』의 경우 〈삭대엽〉은 1,109수 중 18수로 1.6%의 매우 적

은 작품을 수록하고 있다. 그러나 〈초중대엽〉 7수, 〈이중대엽〉 5수, 〈삼중대엽〉 5수, 〈북전〉 4수, 〈이북전〉 1수, 〈초삭대엽〉 11수, 〈소용〉 5수에 비해 많은 작품을 수록하고 있다. 〈삼삭대엽〉의 경우도 32수 정도만을 수록하고 있어, 763수를 수록하고 있는 〈이삭대엽〉과 114수의 〈만횡〉, 104수의 〈낙희조〉, 40수의 〈편삭대엽〉을 수록하고 있는 사설시조 부분을 제외하고는 수록 작품 수가 적다고 할 수는 없다. 이 시기가 〈이삭대엽〉과 사설시조에 많은 작품 수가 집중된 점에 비춰보면 18수라는 작품 수는 결코 적은 작품 수가 아니다.

특히 『병와가곡집』 보다 앞선 시기에 편찬된 것으로 파악되는 가집의 경우에는 총 18수 중에서 4~10수의 공출을 기록하고 있으며 19세기 초중반의 가집의 경우에는 5~9수의 공출을 기록하고 있어 전 시기의 공출에 있어 큰 차이가 없다. 그러나 『가곡원류』계에는 적게는 9수에서 많게는 14수가 수록되고 있어 〈삭대엽〉 작품이 전승이 잘 되었음을 알 수 있다. 더욱이 『남훈태평가』 같은 시조창 가집에도 4수라는 공출이 나타나 대중들에게도 어느 정도 인기가 있었고 지속되었던 작품임을 알 수 있다.

따라서 〈삭대엽〉 부분이 앞선 시기 가집에는 어떠한 악곡으로 나타났는지, 또한 이후 가집에는 어떠한 악곡으로 나타나는지를 살펴보면 이 악곡이 어떠한 특성을 가지고 있는지를 확인할 수 있다.

『병와가곡집』의 〈삭대엽〉 부분은 '삭대엽數大葉 운단주룡雲端走龍'이라는 풍도형용으로 시작되어 829번에서 846번에 속하며 총 18수의 작품을 수록하고 있다.

『병와가곡집』〈삭대엽〉 1

기러기 풀풀 다 나라드니 消息인들 뉘 젼ᄒᆞ리

愁心이 疊疊ᄒᆞ니 ᄌᆞᆷ이 오야 ᄭᅮᆷ 아니 ᄭᅱ랴

ᄎᆞᆯ하리 져 ᄃᆞᆯ이 되여 비최여나 보리라

서울대본『악부』〈栗暘大葉〉

기러기 풀풀 다 나라나이 消息인들 뉘 傳ᄒᆞ리

근심이 疊疊ᄒᆞ니 ᄌᆞᆷ이 와샤 ᄭᅮᆷ을 아니 ᄭᅮ랴

내 몸이 져 ᄃᆞᆯ 되야 님 겨신ᄃᆡ 빗최리라

『가보』〈셋재자ᄌᆞᆫᄒᆞᆫ엽계면〉

그러기 털털 다 나라가니 쇼식消息인들 뉘 젼傳ᄒᆞ랴

수심愁心이 쳡쳡疊ᄒᆞ니 잠이 와야 ᄭᅮᆷ을 ᄭᅮ제

잠좃ᄎᆞ 가져간 님을 ᄉᆡᆼ각ᄒᆞ야 무ᄉᆞᆷᄒᆞ리

『흥비부』 계면 〈삼삭대엽〉

기러기 풀풀 다 나라나니 消息인들 뉘 傳ᄒᆞ리

愁心은 疊疊ᄒᆞᆫ데 밤이 와야 ᄭᅮᆷ인들 아니 ᄭᅱ랴

千里에 님 이별ᄒᆞ고 잠 못 일어 ᄒᆞ노라

『영언』 계면 〈이삭대엽〉

기러기 풀풀 다 나라나니 消息인들 뉘 傳ᄒᆞ리

愁心이 疊疊ᄒᆞ니 잠이 오나ᄉᆞ ᄭᅮᆷ 아니 ᄭᅮ랴

잠가지 가져간 님이니 싱각ᄒᆞ여 무슴ᄒᆞ리

『甁歌』(829)數大葉, × / 『海一』(493)二數大葉 / 『樂서』(433)栗餳大葉 / 『靑詠』(427)三數大葉 / 『靑淵』(202) × / 『靑六』(411)界二數大葉 / 『源國』(463)蔓橫 / 『源奎』(462)蔓橫 / 『源河』(458)蔓橫 / 『源六』(440)蔓橫 / 『源佛』(442)蔓橫 / 『源朴』(449)蔓橫 / 『源皇』(444)蔓橫 / 『海樂』(452)蔓橫 / 『源가』(221)蔓橫 俗稱弄 / 『源一』(448/654)蔓橫/ × / 『協律』(446)蔓橫 / 『花樂』(472)蔓橫 / 『大東』(244)弄 / 異『永言』(244) [異文1]界面 二數大葉 / 異『가보』(140) [異文2] 셋재자즌ᄒᆞᆫ엽계면 / 異『흥비』(110) [異文3]界三數大葉 / 異『조사』(33) [異文4] × / 『永言』(244)界面二數大葉[19]

이 작품은 『병와가곡집』 829번에 수록된 〈삭대엽〉의 첫 번째 시조로 임에 대한 그리움을 애절하게 노래하고 있다. 다른 가집과 악곡을 비교해 볼 때 이 작품은 18세기 중반 가집으로 추정되는 일석본 『해동가요』에는 〈이삭대엽〉으로, 가람본 『청구詠언』에는 〈삼삭대엽〉으로 19세기 초반 가집인 서울대본 『악부』에는 〈율당대엽栗餳[20]大葉〉으로, 19세기 중반 가집인 육당본 『청구영언』과 『영언』에는 계면조 〈이삭대엽〉으로 나타나고, 19세기 후반 『가곡원류』계 가집에는 〈만횡〉으로, 20세기 초 가집인 『대동풍아』1908년 간행에는 '엇롱'으로 악곡이 나타난다. 또한 이 작품의 사설은 『병와가곡집』과 같은 사설, 『영언』과 같은 사설, 『가보』와 같은 사설, 『흥비부』와 같은 사설을 갖는 등 네 개의 사설로 변개가 되어 나타난다. 변개가 되는 경우

19 가집의 약칭(작품 번호) 악곡명, 작가를 나열한 것이다. 19세기 초중반 가집의 경우 고딕으로, 『가곡원류』계 가집의 경우 밑줄로 구분하였다. 'X' 표기는 악곡, 작가가 미상임을 의미한다.

20 일반적으로 반엽을 나타내는 용어로 '율당(栗糖)'이 쓰이나 서울대본 『악부』의 경우 '율당대엽(栗餳大葉)'으로 악곡이 기록되어 있는데 이 경우도 반엽을 나타낸다. '당(糖)'과 '당(餳)' 모두 '엿'을 나타내는 한자다.

악곡도 계면 〈이삭대엽〉이나 계면 〈삼삭대엽〉으로 나타나고 있다. 그런데 이러한 사설의 변화는 위에서 보는 것처럼 종장에서 변화가 나타난다. 사설의 변화가 악곡의 변화로까지 나타난 경우다.[21]

이 작품의 경우 〈이삭대엽〉이나 〈삼삭대엽〉으로 시작해서 〈삭대엽〉을 거쳐 종장의 작은 변화를 통해 〈반엽〉으로 악곡이 변화하거나, 종장에 전혀 다른 사설로 변개가 된 경우 계면조 〈삼삭대엽〉으로 변화한 후 후대에 가서는 〈만횡〉으로 나타나거나 〈엇롱〉으로 변화되었음을 알 수 있다.

『병와가곡집』은 '우조'와 '계면조'가 분화되려던 시기, 즉 가집에서 '우조'와 '계면조'로 나누어 수록하려던 시기에 편찬된 가집으로 결국 분화된 이후에는 처음에는 '우조'로 부르다가 '계면조'로 바꿔 부르는 〈반엽〉으로 나타나거나서울대본 『악부』, '계면조'로 나타나는『가보』, 『흥비부』, 『영언』, 육당본 『청구영언』 작품임을 알 수 있다.

『병와가곡집』 〈삭대엽〉 2

白雲이 이리나니 나무 긋치 흔덕인다

밀물에 東湖 가고 혈물에 西湖 가자

아희야 넌 그물 거더 셔리고 닷츨 들고 돗츨 놉히 다라스라

『甁歌』(830)數大葉, 尹善道 / 『海一』(162)[漁父歌五十二章]二數大葉, 尹善道 字約而 號孤山 仁祖朝參議 / 『海周』(167)二數大葉, 尹善道 / 『樂서』(439/93)栗饍

21 물론 악곡 변화가 먼저 일어난 뒤 사설이 변했을 수도 있다. 그러나 사설의 변화가 악곡 변화에 영향을 끼쳤든 악곡의 변화가 사설 변화에 영향을 끼쳤든 악곡과 사설이 서로 밀접하게 변화에 영향을 끼쳤다는 사실은 분명하다. 변화의 선후를 따지는 것은 애매한 측면이 있으나 각 가집의 사설과 악곡의 변화 양상을 통해 유추가 가능하다.

大葉/二數大葉, ×/尹善道 字約而 號孤山 仁祖朝參議 / 『靑洪』(285) [雜彙]二數大葉, × / 『靑六』(434)界二數大葉, × / 『歌譜』(181)계면 존자즌ᄒᆞᆫ엽, × / 『源國』(377)頭擧, × / 『源奎』(377)頭擧존자즌한입, × / 『源河』(370)頭擧존자즌한닙, × / 『源六』(366)頭擧, × / 『源佛』(368)頭擧, × / 『源朴』(365)頭擧존ᄌᆞ즌난입, × / 『源皇』(362)頭擧존ᄌᆞ즌ᄒᆞᆫ입, × / 『海樂』(367)頭擧존ᄌᆞ즌한닙, × / 『源一』(366)界頭擧, × / 『源東』(371)頭擧, × / 『協律』(362)界頭擧, × / 『花樂』(386)界頭擧, × / 異『가감』(138) [異文1]平詩調(평시됴) / 異『고유』(49) [異文2]×, 尹善道 / 『永言』(179)界面二數大葉, ×

이 작품은 〈삭대엽〉에 두 번째로 수록된 시조830번로 18세기 중후반 가집인 일석본 『해동가요』와 주씨본 『해동가요』, 홍씨본 『청구영언』에는 〈이삭대엽〉으로 19세기 초반 가집인 서울대본 『악부』는 〈율당대엽〉과 〈이삭대엽〉으로, 육당본 『청구영언』과 『영언』에는 계면조 〈이삭대엽〉으로 『가보』에는 〈존자즌한엽〉으로 19세기 후반 가집인 『가곡원류』계에는 〈두거〉로, 사설이 바뀐 『가곡보감』에는 '평시조'라는 시조창으로 나타난다.

고산 윤선도가 지은 이 작품은 20세기 초에 시조창으로까지 불린 점을 보면 매우 대중적이었음을 알 수 있다. 가집에 수록된 이후 처음에는 〈이삭대엽〉으로 불리다가 〈삭대엽〉을 거쳐 〈반엽〉이나 계면 〈이삭대엽〉, 또는 〈두거〉로 불리다가 결국 『가곡원류』기에는 〈두거〉라는 악곡으로 고정화되는 작품이다.

**『병와가곡집』 〈삭대엽〉 3**

이셩 져셩 다 지ᄂᆡ고 흐롱하롱 닌 일 업ᄂᆡ

功名도 어근버근 世事도 싱슝상슝

每日에 ᄒᆞᆫ 盞 두 盞 ᄒᆞ여 이렁저렁 ᄒᆞ리라

**일석본 『해동가요』 〈만삭대엽〉**

이슝 져슝 디진애 옵ᄉᆞ고 호롱 할옹 인일 업다

功名도 어근버근 世事도 싱슝상슝

每日에 長吟短唱ᄒᆞᆷ여 以酒爲樂ᄒᆞ오리라

『靑김』(329)[放浪][二數大葉] / 『甁歌』(831)數大葉, × / 『詩歌』(552)三數三葉 / **『樂서』(436)栗糖大葉** / 『靑洪』(251)[雜彙]二數大葉 / 『靑가』(348)二數大葉 / **『東國』(382)界面調** / 『古今』(180)[醉興]× / 『槿樂』(208)[취흥]× / 『靑淵』(58)× / 『靑六』(596)蔓橫 / **『興比』(34)栗糖數大葉** / 『源國』(163)栗糖數大葉 / 『源奎』(163)栗糖數大葉 / 『源河』(147)栗糖數大葉 / 『源六』(156)栗糖數大葉 / 『源佛』(156)栗糖數大葉 / 『源朴』(154)半舷數大葉 / 『源皇』(152)半舷數大葉 / 『海樂』(156)半舷數大葉 / 『源一』(160)羽栗糖數大葉 / 『源東』(154)栗糖數大葉 / 『協律』(153)羽栗糖數大葉 / 『花樂』(157)栗糖數大葉 / 異『해일』(627)[異文1]蔓數大葉 / 異『영류』(328)[異文2]× / **『永言』(80)半葉數葉 四章反界面**, ×

이 작품은 〈삭대엽〉에 세 번째로 수록된 시조831번로 18세기 초반 가집인 김천택본 『청구영언』에는 〈이삭대엽〉으로, 18세기 중후반 가집인 『시가』에는 〈삼삭삼엽〉으로, 홍씨본 『청구영언』과 가람본 『청구영언』에는 〈이삭대엽〉으로, 19세기 초중반 가집인 서울대본 『악부』, 『홍비부』, 『영언』에는 각각 〈반엽〉을 나타내는 〈율당대엽〉, 〈율당 삭대엽〉, 〈반엽삭엽〉

으로, 『동국가사』에는 〈계면조〉로, 육당본 『청구영언』은 〈만횡〉으로, 19세기 후반 가집인 『가곡원류』계는 〈율당 삭대엽〉으로 나타나며, 사설이 변개된 일석본 『해동가요』는 〈만삭대엽〉으로 나타나고 있다.

결국 이 작품은 〈이삭대엽〉으로 부르기 시작하여 사설이 변개된 경우에는 〈만삭대엽〉으로 부르기도 하나 〈삭대엽〉을 거쳐 19세기 초반 〈계면조〉나 〈반엽〉으로 부르다가 『가곡원류』기에 오면 〈반엽〉으로 고정된다.

**『병와가곡집』 〈삭대엽〉 4**

어리거든 ᄎᆡ 어리거나 밋치거든 ᄎᆡ 밋치거나
어리 듯 밋친 듯 아ᄂᆞᆫ 듯 모로ᄂᆞᆫ 듯
이런가 저런가 ᄒᆞ니 아모란 쥴 몰ᄂᆡ여라

『靑김』(331)[放浪][二數大葉], ×/『瓶歌』(832)數大葉, ×/『詩歌』(531)三數三葉, ×/『靑가』(349)二數大葉, ×/『靑詠』(254)二數大葉, 李鼎輔/『古今』(65)[慨世]×, ×/『槿樂』(69)[慨世]×, ×/『靑六』(481)界二數大葉, ×/『永類』(38)×, ×

이 작품은 〈삭대엽〉에 네 번째로 수록된 시조832번로 18세기 전반 가집인 김천택본 『청구영언』에는 〈이삭대엽〉으로, 18세기 중반 가집인 『시가』에는 〈삼삭삼엽〉, 가람본 『청구영언』에는 〈이삭대엽〉, 가람본 『청구詠언』에는 〈이삭대엽〉으로, 19세기 초반 가집인 육당본 『청구영언』에는 계면조 〈이삭대엽〉으로 나타나고 있다.

원래 〈이삭대엽〉이나 〈삼삭대엽〉으로 불리다가 '우조'와 '계면조'가 나타나는 시기에는 〈삭대엽〉으로 불리고, 우계면 고정화 시기에는 '계면조'

로 불린 작품이다. 그러나 이 작품은 가창으로 전승이 잘 이뤄지지 않은, 즉 육당본 『청구영언』에만 나타나고 19세기 초중반 가집이나 이후 가집에는 나타나지 않는 것으로 볼 때 가창으로서의 향유는 잘 되지 않은 작품이다.

『병와가곡집』 〈삭대엽〉 5

이러타 저러탄 말이 오로다 두리 슝슝
잇거나 사거나 깁흔 盞에 ᄀ둑 부어
每日에 醉키만 ᄒ고 ᄭᅵ지 말미 됴쾌라

『靑김』(330)[放浪][二數大葉] / 『甁歌』(833)數大葉, × / 『海一』(480)三數大葉 / 『詩歌』(532)三數三葉 / 『靑가』(350)二數大葉 / 『東國』(56)羽數葉 / 『靑六』(309)栗糖數葉 / 『歌譜』(173)존자즌 ᄒᆞᆫ엽 계면 / 『永類』(321) × / 『源國』(161)栗糖數大葉 / 『源奎』(161)栗糖數大葉 / 『源河』(145)栗糖數大葉 / 『源六』(154)栗糖數大葉 / 『源佛』(154)栗糖數大葉 / 『源朴』(152)半䶐數大葉 / 『源皇』(150)半䶐數大葉 / 『海樂』(154)半䶐數大葉 / 『源가』(104)栗糖數大葉 밤엿자즌한닙 / 『源一』(158)羽栗糖數大葉 / 『源東』(152)栗糖數大葉 / 『協律』(151)羽栗糖數大葉 / 『花樂』(155)栗糖數大葉 半䶐數大葉, 『永言』(81)半葉數葉 四章反界面

이 작품은 〈삭대엽〉에 다섯 번째로 수록된 시조833번로 18세기 초반 가집인 김천택본 『청구영언』에는 〈이삭대엽〉으로, 18세기 중반 가집인 일석본 『해동가요』에는 〈삼삭대엽〉으로, 『시가』에는 〈삼삭삼엽〉으로, 가람본 『청구영언』에는 〈이삭대엽〉으로, 19세기 초반 가집인 『동국가사』에는 우조 〈삭엽〉으로, 육당본 『청구영언』에는 〈율당삭엽〉으로, 『영언』에는 〈반엽삭엽〉, 『가보』에는 〈존자즌흔엽〉으로, 19세기 후반 『가곡원류』계 가집에는 〈율당 삭대엽〉으로 나타나고 있다.

결국, 처음에는 〈이삭대엽〉이나 〈삼삭대엽〉으로 불리다가 〈삭대엽〉을 거쳐 우조 〈삭엽〉, 〈두거〉, 〈반엽〉 등으로 불리고 『가곡원류』기에 〈반엽〉으로 악곡이 고정되어 나타난다.

**『병와가곡집』 〈삭대엽〉 6**

世事ㅣ 삼ᄀ올이라 허틀고 ᄆᆡ쳐세라
거귀여 드르치고 내 몰내라 ᄒᆞ고 지고
아희야 덩덕궁 부쳐라 이야지야 ᄒᆞ리라

『青김』(332)[放浪][二數大葉] / 『瓶歌』(834)數大葉, × / 『詩歌』(297)× / 『青洪』(250)[雜彙][二數大葉] / 『青가』(351)二數大葉 / 『權樂』(84)[慨世]× / 『青六』(454)界二數大葉

이 작품은 〈삭대엽〉에 여섯 번째로 수록된 시조834번로 18세기 전반 가집인 김천택본 『청구영언』에는 〈이삭대엽〉으로, 18세기 중반 가집인 홍씨본 『청구영언』에는 〈이삭대엽〉, 가람본 『청구영언』에는 〈이삭대엽〉으로, 19세기 초반 가집인 육당본 『청구영언』에는 계면조 〈이삭대엽〉으로 나타나고 있다.

처음에는 〈이삭대엽〉으로 불리다가 〈삭대엽〉을 거쳐 계면조 〈이삭대엽〉으로 불린 것으로 파악되는데 동시기 가집에는 육당본 『청구영언』에만 나타나고 후대에는 전승이 되지 않은 점을 볼 때 전승이 덜 된 작품으로 볼 수 있다.

『병와가곡집』 〈삭대엽〉 7

天地ᄂᆞᆫ 萬物之逆旅ㅣ오 光陰은 百代之過客이라

人生을 혜아리니 杳滄海之一粟이라

두어라 若夢浮生이 아니 놀고 어이리

『瓶歌』(835)數大葉, × / 『海一』(338)二數大葉 / 『詩歌』(480) × / 『樂서』(432) 栗餹數葉 / 『靑詠』(455)三數大葉 / 『東國』(309)界面調 / 『古今』(168)[讌飮] × / 『槿樂』(380)蔓橫淸 / 『靑淵』(65) × / 『靑六』(958)界二數大葉 / 『歌譜』(191)존자즌ᄒᆞᆫ엽 / 『永類』(166) × / 『時調』(85) × / 『東歌』(209)[慨]蔓興 / 『源國』(779(114))頭擧 / 『源奎』(778(114))頭擧존쟈즌한닙 / 『源河』(778)頭擧 / 『源六』(734(108))短數大葉 / 『源佛』(739(108))短數大葉 / 『源朴』(650(113))頭擧존ᄌᆞ즌ᄒᆞᆫ입 / 『源皇』(636(114))頭擧존ᄌᆞ즌ᄒᆞᆫ입 / 『海樂』(790(132))頭擧 / 『源가』(381(66))존ᄌᆞ즌한닙 / 『協律』(750(108))頭擧존ᄌᆞ즌한닙 / 『女謠』(112)존자즌한입 / 『南太』(168) × / 『詩餘』(147) × / 『歌謠』(7) × / 『詩謠』(41)존자지난엽 / 『大東』(208)界平調促數大葉 / 『永言』(270)蔓橫 半之只

이 작품은 〈삭대엽〉에 일곱 번째로 수록된 시조835번로 18세기 중반 가집인 일석본 『해동가요』에는 〈이삭대엽〉으로, 가람본 『청구詠언』에는 〈삼삭대엽〉으로, 19세기 초반 가집인 서울대본 『악부』에는 〈율당삭엽〉으로 『동국가사』에는 〈계면조〉로, 육당본 『청구영언』에는 여창 계면 〈이삭대엽〉으로 『가보』에는 계면 〈두거〉로 『영언』에는 〈만횡〉으로, 19세기 후반 가집인 『가곡원류』계, 『여창가요록』, 『시가요곡』은 여창 〈두거〉로, 20세기 초 가집인 『대동풍아』는 계평조 〈촉삭대엽〉으로 나타나고 있다.

처음에는 〈이삭대엽〉이나 〈삼삭대엽〉으로 불리다가 〈삭대엽〉을 거쳐 다시 〈계면조〉나 〈반엽〉, 〈두거〉, 여창 계면 〈이삭대엽〉 등으로 불리고 『가곡원류』기에 여창 〈두거〉로 고정되거나 계평조 〈두거〉 같은 다른 악조로 파생되어 부르기도 한다.

**『병와가곡집』 〈삭대엽〉 8**

西塞山前 白鷺飛ᄒᆞ고 桃花流水 鱖魚肥라

靑蒻笠 綠蓑衣로 斜風細雨에 不須歸라

이 後ᄂᆞᆫ 張志和 업스니 興 알 니 업세라

『甁歌』(836)數大葉, × / 『海一』(509/630)三數大葉/蔓數大葉 / 『靑詠』(443)三數大葉 / 『東國』(304)界面調 / 『靑六』(925)界二數大葉 / 『歌譜』(179)계면 존자즌ᄒᆞᆫ엽 / 『興比』(219)界面 / 『時調』(12)× / 『東歌』(193)三數大葉 / 『源國』(752(87))中擧 / 『源奎』(751(87))中擧즁허리드는쟈즌한닙 / 『源河』(746)中擧 / 『源六』(704(78))中擧 / 『源佛』(709(78))中擧 / 『源朴』(623(86))中擧즁허리드는ᄌᆞ진ᄒᆞᆫ입 / 『源皇』(609(87))中擧즁허리드는ᄌᆞ즌ᄒᆞᆫ입 / 『海樂』(760(102))中擧 / 『協律』(724(82))中擧 / 『女謠』(85)즁허리드ᄂᆞᆫ긴자즌한입 / 『南太』(19)× / 『詩餘』(15)× / 『詩謠』(30)듕허리 / 『大東』(175)羽平調中數大葉 / 異『시조』(8)× / 『永言』(467)女唱界面調[二數大葉], ×

이 작품은 〈삭대엽〉에 여덟 번째로 수록된 시조836번로 18세기 중반 가집인 일석본 『해동가요』에는 〈삼삭대엽〉과 〈만삭대엽〉으로, 가람본 『청구詠언』에는 〈삼삭대엽〉, 19세기 초중반 가집인 『동국가사』에는 〈계면조〉

로, 육당본 『청구영언』과 『영언』에는 여창 계면조 〈이삭대엽〉으로, 『가보』에 계면 〈존자즌ᄒᆞᆫ엽〉, 『흥비부』에는 〈계면〉으로 19세기 후반 가집인 『가곡원류』계, 『여창가요록』, 『시가요곡』에는 여창 〈중거〉로, 20세기 초 가집인 『대동풍아』에는 우평조 〈중삭대엽〉으로 나타나고 있다.

원래 〈삼삭대엽〉으로 불리다가 〈삭대엽〉을 거쳐 〈계면조〉나 여창 계면조 〈이삭대엽〉, 혹은 〈두거〉로 불리고 『가곡원류』기에 여창 〈중거〉로 고정화되거나 우평조 〈중삭대엽〉이라는 〈중거〉로 나타나는 것은 같으나 곡조가 다르게 나타나는 경우도 있다.

평조는 18세기 음악사에서 나타나는 곡조로 19세기 초반 우조와 계면조의 두 곡조로 고정이 되면서 사라지게 된다. 이러한 곡조가 20세기 초『대동풍아』에 다시 나타나는 것은 『병와가곡집』의 〈삭대엽〉처럼 변화된 시기에 나타나는 악곡과 관련이 있을 가능성이 높다.

『병와가곡집』 〈삭대엽〉 9

뒷뫼헤 쎄구름 씨고 압내에 비져 온다
ᄀᆞᆯ삿갓 숙이 쓰고 고기잡이 가자스라
아희야 날 볼 손 오시거든 긴 여흘노 ᄉᆞᆯ와라

『甁歌』(837)數大葉, × / 『청정』(294)三數大葉, ×

이 작품은 〈삭대엽〉에 아홉 번째로 수록된 시조작품837번으로 다른 가집에는 등장하지 않고 장서각본 『청구영언』[22]에만 등장하는 작품으로 〈삼삭

22 장서각본 『청구영언』은 최근 권순회 · 이상원에 의해 주해본이 출판되었다.(『청구영언 장서각

대엽〉으로 나타나고 있다. 가집 연구 방법 중 최소 수록 빈도를 확인하면 가집간의 친연성을 확인할 수 있다.[23]

이러한 연구 방법을 통해 『병와가곡집』의 〈삭대엽〉은 장서각본 『청구영언』과 친연성이 있음을 확인할 수 있다. 그런데 여기서 주목할 점은 장서각본 『청구영언』은 18세기 가집의 특징을 보여주는 전반부와 19세기 가집의 특징을 보여주는 후반부가 합쳐진 가곡창 가집이라는 것이다.[24] 장서각본 『청구영언』의 체제는 다음과 같다.

| | 악곡명 | 가번 | 작품수 |
|---|---|---|---|
| 전반부 | 초중대엽 | 1 | 1수 |
| | 이중대엽 | 2 | 1수 |
| | 삼중대엽 | 3 | 1수 |
| | 북전 | 4 | 1수 |
| | 이북전 | 5 | 1수 |
| | 초삭대엽 | 6 | 1수 |
| | 이삭대엽 | 7~211 | 205수 |
| | 삼삭대엽 | 212~219 | 8수 |
| | 낙희조 | 220~229 | 10수 |
| | 만횡 | 230~253 | 24수 |
| | 장진주 | 254~255 | 2수 |

본』, 한국학중앙연구원 출판부, 2021)

23 성무경은 "어떤 특정 가집에 대한 동시대적 가집의 친연성은 특정 몇 개의 가집에만 수록되어 있는 경우 더욱 잘 드러난다"고 논했다.(「가곡 가집, 『영언』의 문화적 도상」, 『고전문학연구』 23집, 한국고전문학회, 2003)

24 이상원, 「18세기 가집 편찬과 『청구영언 장서각본』의 위상」, 『한국시가연구』 14집, 한국시가학회, 2003.

| | 악곡명 | 가번 | 작품수 |
|---|---|---|---|
| 후반부 | 우조 초중대엽 | 256~257 | 2수 |
| | 우조 이중대엽 | 258~259 | 2수 |
| | 계면조 초중대엽 | 260 | 1수 |
| | 계면조 이중대엽 | 261 | 1수 |
| | 계면조 초삭대엽 | 262 | 1수 |
| | 계면조 이중대엽 | 263 | 1수 |
| | 계면조 초삭대엽 | 264~265 | 2수 |
| | 후정화 | 266 | 1수 |
| | 우조 계면조평조 이삭대엽 | 267~293 | 27수 |
| | 삼삭대엽 | 294~303 | 10수 |
| | 무명씨 | 304~454 | 151수 |
| | 국문간찰 | | |
| | 추록 | 455 | 1수 |

장서각본 『청구영언』에서 〈삼삭대엽〉에는 전반부와 후반부에 걸쳐 총 18수가 수록되어 있다. 전반부의 경우 기존 가집과 악곡을 살펴보면 최소한 하나 이상의 가집에 〈삼삭대엽〉이라는 악곡으로 수록되어 있는 것이 특징이다. 물론 대다수의 악곡에 〈삼삭대엽〉으로 나타나는 작품이 8수 중 6수나 나타나고 있어 주로 〈삼삭대엽〉으로 불리던 작품을 수록하고 있음을 확인할 수 있다. 그런데 후반부의 〈삼삭대엽〉에는 총 10수의 작품을 수록하고 있는데 다른 가집과의 악곡을 비교하면 294~297번까지 4수는 〈삼삭대엽〉으로 나타나지만 298~303번까지 6수는 사설시조를 수록하고 있다.

이것은 단순히 편찬자의 실수가 아니라 의미하는 것이 분명히 있다.

이 의미는 〈삼삭대엽〉 앞에 수록되어 있는 '우조계면조 평조' 〈이삭대엽〉이라는 악곡명을 주의 깊게 살펴보면 단초를 찾을 수 있다. 19세기의 가집의 특징은 '평조', '평조계면조', '우조', '우조계면조'의 네 개의 악조가

사용되던 18세기와 달리 '우조'와 '계면조'의 두 개의 악조로 고정화되는데 있다. 그런데 장서각본 『청구영언』의 후반부는 19세기 가집의 특징인 '우조'와 '계면조'로 작품을 나누고 있는데 반해 '우조·계면조·평조' 〈이삭대엽〉이라는 악곡은 '가합可合 악곡'[25]이다. 더욱이 바로 뒤 악곡인 〈삼삭대엽〉에 〈만횡청류〉로 불리던 사설시조가 포함되어 있다는 점으로 볼 때 이 부분의 악곡은 유동성을 가지고 있다.

결국 〈삭대엽〉 837번 작품은 장서각본 『청구영언』에는 294번에 수록된 작품으로 두 가집에만 수록되어 있어 친연성이 매우 높다고 할 수 있다. 따라서 장서각본 『청구영언』의 294번이 '가합可合 악곡'의 성격을 가지고 있음을 고려한다면 『병와가곡집』 〈삭대엽〉의 특징이 좀 더 명확해진다고 할 수 있다. 따라서 〈삭대엽〉은 기존의 〈이삭대엽〉이나 〈삼삭대엽〉이 아닌 다른 악곡명으로 가집에 수록된 것은 그 당대의 유동적 상황에 대처하는 편찬자의 모습을 나타내는 중요한 근거이다.

**『병와가곡집』 〈삭대엽〉 10**

岳陽樓에 올나 안ᄌᆞ 洞庭湖 七百里를 <u>四面으로</u> 둘너보니
落霞ᄂᆞᆫ 興孤鶩齊飛오 秋水ᄂᆞᆫ 共長天一色이로다
어즈버 滿江秋興이 數聲漁笛 ᄲᅮᆫ이로다

**서울대본 『악부』 〈율당대엽〉**

岳陽에 올나 안자 洞庭湖을 구버보니

25 '가합 악곡'에 관해서는 송안나의 논의를 참조하기 바란다.(송안나, 「18세기 말~19세기 초 歌集 편찬과 악곡 변화의 특징적 국면－가람본[청구詠언]을 대상으로」, 『한국시가연구』 37, 한국시가학회, 2014)

落霞 興孤鶩齊飛ᄒᆞ고 秋水ㅣ 共長天一色이로다

아마도 滿江秋興이 이 ᄲᅳᆫ인가 ᄒᆞ노라

『가보』〈존자즌ᄒᆞᆫ엽〉

독상악양루獨上岳陽樓ᄒᆞ니 동정호洞庭湖 칠빅리七百里라

락하落霞ᄂᆞᆫ 여고목지비與孤鶩齋飛ᄒᆞ고 츄슈秋水ᄂᆞᆫ 공장텬일ᄉᆡᆨ共長天一色이로다

한업슨 오쵸동남경吳楚東南景은 눈 ᄋᆞ릐 버렷더라

『甁歌』(838)數大葉, ×/『海一』(595)蔓數大葉/『樂서』(435)〈율당대엽〉/『靑가』(554)蔓大葉樂戱幷抄/『靑六』(349)界二數大葉/『興比』(103)界面助乙音/『源國』(389)頭擧/『源奎』(389)頭擧존자즌한입/『源河』(382)頭擧존자즌한닙/『源六』(377)頭擧/『源佛』(379)頭擧/『源朴』(377)頭擧존ᄌᆞ즌난입/『源皇』(374)頭擧존ᄌᆞ즌ᄒᆞᆫ입/『海樂』(379)頭擧존ᄌᆞ즌한닙/『源가』(192)界頭擧존쟈즌한닙/『源一』(378)界頭擧/『源東』(385)頭擧/『協律』(374)界頭擧/『花樂』(398)界頭擧/異『가보』(178)계면 존지즌ᄒᆞᆫ엽/異『시조』(49)×/異『남태』(94)×/異『시여』(130)×/『永言』(237)界面二數大葉, ×

이 작품은 〈삭대엽〉에 열 번째로 수록된 시조838번로 18세기 중반 가집인 일석본 『해동가요』에는 〈만삭대엽〉으로 가람본 『청구詠언』에는 〈만대엽낙희병초〉, 19세기 초반 가집인 서울대본 『악부』에는 〈율당대엽〉, 육당본 『청구영언』과 『영언』에는 계면조 〈이삭대엽〉, 『흥비부』에는 계면조 〈조을음〉, 종장이 변개된 사설이 『가보』에는 계면 〈두거〉로, 19세기 후반 가집인 『가곡원류』계는 계면조 〈두거〉로 악곡이 나타나고 있다.

이 작품은 처음에는 〈만삭대엽〉 같은 사설시조를 얹혀 부르는 악곡으로 부르다가 〈삭대엽〉을 거쳐 〈반엽〉이나 계면조 〈이삭대엽〉, 계면조 〈조을음〉, 계면 〈두거〉로 부르고 『가곡원류』기에 오면 계면조 〈두거〉로 부르게 된다. 또한 이 작품은 시조창 가집에도 수록되어 있어 가곡창 가집과 시조창 가집의 상호교섭[26]을 보여주며 이 또한 유동성의 근거가 될 수 있다.

**『병와가곡집』〈삭대엽〉 11**

壬戌之秋 七月旣望에 빅를 ㅌ고 金陵에 ㄴ려
손조 고기 낙가 고기 주고셔 술을 ㅅ니
오늘은 蘇東坡 업스니 놀 니 업셔 ㅎ노라

『甁歌』(839)數大葉, × / 『詩歌』(545)三數三葉 / 『古今』(95)[懷古]× / 『槿樂』(104)[懷古]× / 『靑淵』(32)× / 『靑六』(933)界二數大葉 / 『歌譜』(170)계면존자즌ᄒᆞᆫ엽 / 『永類』(329)× / 『興比』(243)界擧頭 / 『時調』(86)× / 『源國』(780(115))頭擧 / 『源奎』(779(115))頭擧존쟈즌한닙 / 『源河』(779)頭擧 / 『源六』(735(109))短數大葉 / 『源佛』(740(109))短數大葉 / 『源朴』(651(114))頭擧존ᄌᆞ즌ᄒᆞᆫ입 / 『源皇』(637(115))頭擧존ᄌᆞ즌ᄒᆞᆫ입 / 『海樂』(791(133))頭擧 / 『源가』(382(67))죤ᄌᆞ즌한닙 / 『協律』(751(109))頭擧존ᄌᆞ즌한닙 / 『女謠』(113)죤자즌한입 / 『南太』(173)× / 『詩餘』(88)× / 『歌謠』(32)× / 『詩謠』(43)계면죤자지난엽 / 『大東』(207)界平調促數大葉 / 『永言』(483)女唱界面調[二數大葉]

26 송안나, 「19세기 중·후반 시조창 가집과 가곡창 가집의 상호소통 양상 연구–『남훈태평가』와 그 이후 시조창 가집을 대상으로」, 성균관대 석사논문, 2008.

이 작품은 〈삭대엽〉에 열한 번째로 수록된 시조839번로 18세기 중반 가집인 『시가』에는 〈삼삭삼엽〉으로 19세기 초중반 가집인 육당본 『청구영언』과 『영언』에는 계면조 〈이삭대엽〉, 『가보』에는 계면 〈존자즌ᄒᆞᆫ엽〉, 『흥비부』에는 여창 계면조 〈거두〉로 19세기 중후반 가집인 『가곡원류』계와 『여창가요록』, 『시가요곡』에는 여창 계면 〈두거〉로, 20세기 초 가집인 『대동풍아』에는 계평조 〈촉삭대엽〉으로 나타나고 있다.

이 작품은 원래 〈삼삭대엽〉으로 부르다가 〈삭대엽〉을 거쳐 계면 〈이삭대엽〉이나 〈존자즌ᄒᆞᆫ엽〉이나 계면조 〈거두〉로 불리고 『가곡원류』기에는 여창 〈두거〉로 고정되어 나타나거나 계평조 〈촉삭대엽〉으로 악조를 바꿔 부르기도 한다.

또한 이 작품은 비슷한 유형의 악곡은 사설의 변화가 동일하게 나타나기도 한다는 것을 확인시켜 준다.

『병와가곡집』 〈삭대엽〉

오ᄂᆞᆯ은 蘇東坡 업ᄉᆞ니 놀 니 업서 ᄒᆞ노라

『가보』 〈존자즌ᄒᆞᆫ엽〉

지금至今에 소동파蘇東坡 업스니 놀니 업서 ᄒᆞ노라

『흥비부』 계거두

至今에 蘇東坡 업스니 놀 벗 업서 ᄒᆞ노라

육당본 『청구영언』 여창 〈이삭대엽〉

<u>그곳데</u> 蘇東坡ㅣ 업ᄉᆞ니 놀리 젹어 ᄒᆞ노라

국악원본 『가곡원류』 여창 〈두거〉

<u>지금에</u> 蘇東坡 업스니 놀니 뎍어 ᄒᆞ노라

『대동풍아』 界平調促數大葉 〈계면손자디난엽〉

<u>지금至今</u>에 쇼동파蘇東坡 업스니 놀리 젹어 ᄒᆞ노라

이 작품은 종장 첫 3음절이 '오늘은', '그곳데', '지금에'로 나타난다. '오늘은'의 경우는 〈삭대엽〉이라는 악곡으로 '그곳데'의 경우는 여창 계면 〈이삭대엽〉으로, '지금에'의 경우는 〈두거〉 계열의 악곡명으로 각 가집에 수록되어 있다. 이렇듯 이 작품은 종장 첫음절의 사설처럼 아주 짧은 부분도 악곡명에 영향을 끼칠 수 있음을 보여주는 예이다.

『병와가곡집』 〈삭대엽〉 12

青天 구름 박긔 놉히 ᄯᅥᆺᄂᆞᆫ 白松骨이

四方 千里를 咫尺만 너기ᄂᆞᆫᄃᆡ

엇더타 ᄉᆡ궁ᄎᆡ 두저 먹ᄂᆞᆫ 오리ᄂᆞᆫ 졔 집 門地方 넘나들기를 百千里만 너기ᄂᆞ니

『靑김』(495)蔓橫淸類 / 『瓶歌』(840)數大葉, ×/ 『海一』(606)蔓數大葉 / 『樂서』(437)栗糖大葉 / 『靑가』(524)蔓大葉 樂戱幷抄 / 『東國』(91)栗糖數葉 / 『靑六』(592)蔓橫 / 『歌譜』

(197)散落 / 『永類』(254)× / 『源國』(464)蔓橫 / 『源奎』(463)蔓橫 / 『源河』(459)蔓橫 / 『源六』(441)蔓橫 / 『源佛』(443)蔓橫 / 『源朴』(450)蔓橫 / 『源皇』(445)蔓橫 / 『海樂』(453)蔓橫 / 『源一』(449)蔓橫 / 『協律』(447)蔓橫 / 『花樂』(473)蔓橫 / 『永言』(271) 蔓橫 半之只, ×

이 작품은 〈삭대엽〉에 열두 번째로 수록된 시조840번로 18세기 전반 가집인 김천택본 『청구영언』에는 〈만횡청류〉로 18세기 중반 가집인 일석본 『해동가요』에는 〈만삭대엽〉으로, 가람본 『청구영언』에는 〈만대엽낙희병초〉로, 19세기 초중반 가집인 『동국가사』에는 〈율당삭엽〉으로 서울대본 『악부』에는 〈율당대엽〉으로, 육당본 『청구영언』과 『영언』에는 〈만횡〉으로, 『가보』에는 〈산락〉으로, 19세기 중후반 가집인 『가곡원류』계에는 〈만횡〉으로 나타나고 있다.

처음에는 사설시조를 얹혀 부르는 〈만횡청류〉나 〈만삭대엽〉으로 부르다가 〈삭대엽〉을 거쳐 〈반엽〉, 〈산락〉, 〈만횡〉으로 불리고 『가곡원류』기에 와서 〈만횡〉으로 고정되어 부르게 된다.

『병와가곡집』 〈삭대엽〉 13

건너셔ᄂᆞᆫ 손을 치고 집의셔ᄂᆞᆫ 들나 ᄒᆞᄂᆡ

門 닷고 드자ᄒᆞ랴 손치ᄂᆞᆫ ᄃᆡ 가자ᄒᆞ랴

ᄂᆡ 몸이 둘이 되오면 여긔져긔 가리라

『동국가사』 우조 〈삭엽〉

건너셔ᄂᆞᆫ 손을 치고 집의 셔ᄂᆞᆫ 들나ᄒᆞ네

門 ᄃᆞᆺ고 드ᄌᆞ하랴 손치는 ᄃᆡ로 가ᄌᆞᄒᆞ랴
이 몸이 明月이 되야 여긔 저긔 비최리라

『동국가사』〈계면조〉
건너셔는 손을 치고 집의 셔는 나를 어셔 들나 지축ᄒᆞᆫ다
門 닷고 드즘도 어렵고 날을 손치는듸를 가즘도 어려왜라
찰ᄒᆞ리 두 몸 되야셔 여긔 져긔 ᄒᆞ리라

『가보』〈편롱〉
건너셔는 숀을 훨훨 치고 집에셔는 문을 ᄃᆞᆺ고 들나ᄒᆞᄂᆡ
문 ᄃᆞᆺ고 드자ᄒᆞ랴 숀 치는 ᄃᆡ를 가ᄌᆞᄒᆞ랴
이몸이 호졉蝴蝶이 되여셔 오며 가며 ᄒᆞ과져라

『가보』〈긴송〉
건너셔는 숀을 훨훨 치고 집에셔는 문門을 닷고 들나ᄒᆞᄂᆡ
문 닷고 드ᄌᆞᄒᆞ랴 손치는 ᄃᆡ를 가ᄌᆞᄒᆞ랴
이몸이 호졉蝴蝶이 도야셔 오락가락 ᄒᆞ과져

『흥비부』〈율당 삭대엽〉
건너셔 숀을 헤고 집의셔는 들나ᄒᆞ네
门 닷고 드ᄌᆞᄒᆞ랴 숀헤느데 가ᄌᆞᄒᆞ랴
이 몸이 둘이 되여 예도제도 가리라

『瓶歌』(841)數大葉, × / 『詩歌』(396) × / 『靑가』(677)樂 / 『靑詠』(375)二數大葉 / 『東國』(75/311)羽數葉/界面調 / 『靑六』(535)界二數大葉 / 『興比』(33)栗糖數大葉 / 『源國』(836(171))界樂 / 『源奎』(835(171))界樂 / 『源河』(832)界樂 / 『源六』(784(158))界樂 / 『源佛』(785(154))界樂 / 『海樂』(852(194))界樂 / 『協律』(805(163))界樂 / 『女謠』(163)계락 / 異『歌譜』(249/319)편롱/界樂긴송 / 『永言』(273)蔓橫 半之只, ×

이 작품은 〈삭대엽〉에 열세 번째 수록된 시조작품841번으로 18세기 중반 가집인 가람본 『청구영언』에는 '낙'으로, 가람본 『청구詠언』에는 〈이삭대엽〉으로, 19세기 초중반 가집인 『동국가사』에는 〈우삭엽〉과 〈계면조〉로, 육당본 『청구영언』에는 계면조 〈이삭대엽〉으로, 『홍비부』에는 〈율당 삭대엽〉으로, 『영언』에는 〈만횡〉으로 19세기 중후반 가집인 『가곡원류』계와 『여창가요록』에는 〈계락〉으로, 종장 사설이 변이된 『가보』에는 〈편롱〉과 계락 〈긴송〉으로 나타나고 있다.

처음에는 〈낙〉이나 〈이삭대엽〉으로 불리다가 〈삭대엽〉을 거쳐 〈우삭엽〉, 〈계면조〉, 계면조 〈이삭대엽〉, 〈율당 삭대엽〉, 〈만횡〉, 〈편롱〉, 〈계락〉으로 불리고 『가곡원류』기에 오면 〈계락〉으로 불리게 된다. 이 작품의 경우 『동국가사』에는 '우조'와 '계면조'에 모두 수록되는데 종장 사설의 변이가 모두 나타난다. 이러한 점은 '우조'와 '계면조'로 고정화 현상이 되면서 과도기에 있는 가집인 『동국가사』의 경우 〈계면조〉의 사설은 '이몸이'가 아닌 '찰하리'로 변형되어 나타난다.

**『병와가곡집』〈삭대엽〉 14**

九月 九日 黃菊丹楓 三月 三日 李白桃紅
江湖에 술 잇고 洞庭에 秋月인 ᄌᆡ
白玉盃 千日酒 가지고 翫月長醉 ᄒᆞ리라

**『동국가사』〈율당삭엽〉**

三月三日 李白桃花 九月九日 黃菊丹楓
金樽에 술이 ᄋᆡᆨ고 洞庭에 秋月인졔
白玉盃 竹葉酒 다리고 翫月長醉 ᄒᆞ리라

**『흥비부』〈각조음〉**

黃菊丹楓 九月九日 梨白桃紅 三月三日
江湖에 슐이 ᄂᆡᆨ고 洞庭에 秋月이라
白玉盃 千日酒 가지고 翫月長醉 ᄒᆞ리라

**『시가요곡』〈편〉**

ᄉᆞᆷ월ᄉᆞᆷ일이 ᄇᆡᆨ도홍 구월구일 황국단풍
금쥰에 슐이 잇고 동정호에 달이로다
동ᄌᆞ야 잔ᄌᆞ로 부어라 취코 놀계

**『東國』(86)栗餹數葉, × / 『青六』(311)栗餹數葉,** × / 『時調』(13)×, × / 『調詞』(26) ×, × / 『源國』(162)栗糖數大葉, × / 『源奎』(162)栗糖數大葉, × / 『源河』(146)栗糖數大葉, × / 『源六』(155)栗糖數大葉, × / 『源佛』(155)栗糖數大葉, × / 『源朴』(153)

半詑數大葉, ×/『源皇』(151)半詑數大葉, ×/『海樂』(155)半詑數大葉, ×/『源가』(105)栗糖數大葉밤엿쟈즌한닙, ×/『源一』(159)羽栗糖數大葉, ×/『源東』(153)栗糖數大葉, ×/『協律』(152)羽栗糖數大葉, ×/『花樂』(156)栗糖數大葉, ×/『南太』(20)×, ×/『詩餘』(16)×, ×/異『시요』(111)[異文1]편, ×/異『병와가곡집』(842)[異文2]數大葉, ×/異『시가』(542)三數三葉, ×/異『청영』(264)二數大葉, 李鼎輔/異『흥비』(412)各調音, ×/『永言』(78)半葉數葉 四章反界面, ×

이 작품은 〈삭대엽〉에 열네 번째로 수록된 시조842번로 대다수 가집의 경우 '三月三日~'로 시작되는 작품과 달리 『병와가곡집』에는 사설의 변이가 거의 없이 앞구와 뒷구가 바뀌어 나타난다. 18세기 중반 가집인 『시가』는 '황국단풍~'으로 각구내에서 음보단위의 순서가 바뀌어 나타나며 악곡은 〈삼삭삭엽〉으로 나타난다. 18세기 중반 가집인 가람본 『청구詠언』에는 〈이삭대엽〉으로 19세기 초중반 가집인 『흥비부』에는 〈각조음〉으로 나타나고 있고, 19세기 말 가집인 『시가요곡』에는 〈편〉으로 나타나고 있다. 〈편〉은 시조창의 '편시조'를 밀하는 것으로 『시가요곡』의 경우에는 시조창 부분에 작품이 수록되어 있기 때문에 가곡창 가집과 달리 종장 사설에 많은 변이가 되어 나타난다. 대다수 가집에 수록된 작품을 보면 19세기 초중반인 『동국가사』, 육당본 『청구영언』, 『영언』에는 〈율당〉으로 『가곡원류』계에는 〈율당삭엽〉으로 나타나고 있다.

사설변이가 심하지 않은 이 작품은 발화의 순서가 약간 바뀌었을 뿐 내용적인 측면에서는 거의 변화가 없다. 이 작품은 〈삼삭대엽〉으로 부르다가 〈삭대엽〉을 거쳐 19세기 초부터 〈반엽〉으로 부르고 『가곡원류』기에 〈반엽〉으로 완전히 정착한 경우이다.

『병와가곡집』 〈삭대엽〉 15

쁴 업슨 손이 오난 늘 갓 버슨 主人이 나셔
녀나무 亭子에 박장긔 버려 노코
아희야 선 술 걸너라 외 안쥬ㅣ들 엇더리

『青김』(316)[野趣][二數大葉] / 『瓶歌』(843)數大葉, × / 『海一』(327)二數大葉 / 『詩歌』(447)× / 『青가』(333)二數大葉 / **『青六』(335)界二數大葉** / 『源國』(115)羽頭擧 / 『源奎』(115)羽頭擧존쟈즌한닙 / 『源河』(104)頭擧 / 『源六』(106)頭擧 / 『源佛』(106)頭擧 / 『源朴』(108)頭擧졸즈지난입 / 『源皇』(107)頭擧존즈지는입 / 『海樂』(111)頭擧 / 『源가』(76)羽頭擧존즈즌흔닙 / 『源一』(113)羽頭擧 / 『源東』(105)頭擧 / 『協律』(107)羽頭擧 / 『花樂』(109)羽頭擧 / **『永言』(44)二數大葉**

이 작품은 〈삭대엽〉에 열다섯 번째로 수록된 시조843번로 18세기 전반 가집인 김천택본 『청구영언』에는 〈이삭대엽〉으로, 18세기 중반 가집인 일석본 『해동가요』, 가람본 『청구영언』에는 〈이삭대엽〉으로 19세기 초중반 가집인 『영언』과 육당본 『청구영언』에는 각각 우조 〈이삭대엽〉과 계면조 〈이삭대엽〉으로, 19세기 중후반 가집인 『가곡원류』계에는 우조 〈두거〉로 나타나고 있다.

처음에는 〈이삭대엽〉으로 불리다가 〈삭대엽〉을 거쳐 편찬자의 기호에 따라 우조 〈이삭대엽〉이나 계면조 〈이삭대엽〉으로 불리고 『가곡원류』기에 오면 우조 〈두거〉로 불리게 된다.

『병와가곡집』〈삭대엽〉 16

ᄌᆞᄂᆡ 집의 술 익거든 부ᄃᆡ 날을 부로시소
草堂에 곳 픠거든 나도 자ᄂᆡ를 請하옵ᄉᆡ
百年덧 시름 업슬 일을 議論코져 ᄒᆞ노라

『青김』(208)[二數大葉], 逸老堂 / 『瓶歌』(844)數大葉, 金堉 / 『海一』(219)二數大葉, 金堉 字 號潛谷 孝庙朝右議政 / 『海周』(224)二數大葉, 金堉 / 『詩歌』(173)×, 金堉 字伯厚 號潛谷 淸風人 仁祖朝登第 官至領相 贈謚文貞公 試行三南大同法 / 『樂서』(48)二數大葉, 金堉 號潛谷孝廟拜相 / 『青洪』(178)[二數大葉], 金堉 字伯厚 號潛谷 孝庙朝領相 / 『青가』(180)二數大葉, 潛谷金堉 仁庙朝登第 官至領相 / 『青詠』(216)二數大葉, 潛谷金堉 孝宗朝領相 / 『東國』(307)界面調, 金堉 號潛谷孝宗時領相 / 『古今』(176)[醉興]×, × / 『槿樂』(203)[醉興]×, 金堉 / 『青淵』(66)×, 南溟 / 『青六』(189)羽二數大葉, 金堉 號潛谷 字伯原 淸風人 孝宗朝領相謚文貞 / 『歌譜』(189)계면 존자즌ᄒᆞᆫ엽, × / 『永類』(7)[五倫抄出]×, × / 『興比』(342)各調音, × / 『東歌』(106)[意]二數大葉, 金堉 號潛谷 孝庙朝領相 / 『源國』(415/803(138))頭擧/弄歌, 金堉 號潛谷 孝宗朝領相/× / 『源奎』(415/802(138))頭擧존자즌한입/弄歌, 金堉 號潛谷 孝宗朝領相/× / 『源河』(403/802)頭擧존자즌한닙/弄歌, 金堉 號潛谷 孝宗朝領相/× / 『源六』(401/754(128))頭擧/弄, 金堉 號潛谷 孝庙朝領相/× / 『源佛』(403/759(128))頭擧/弄歌, 金堉 號潛谷 孝庙朝領相/× / 『源朴』(401/674(137))頭擧존ᄌᆞ즌난입/弄歌, 金堉 號南谷/× / 『源皇』(398/660(138))頭擧존ᄌᆞ즌ᄒᆞᆫ입/弄歌, 金堉 號潛谷 孝宗朝領相/× / 『海樂』(405/817(159))頭擧존ᄌᆞ즌한닙/弄歌, 金堉 號潛谷 孝宗朝領相/× / 『源가』(206)界頭擧존쟈즌한닙, 金堉/ 『源一』(403)界頭擧, 金堉 孝宗時領相/ 『源東』(409)頭擧, ×/ 『協律』(400/774(132))界頭擧/弄歌, 金堉 號

潛谷 孝宗朝領相/× / 『花樂』(422)界頭擧, 金堉 / 『女謠』(134)존자즌한입, 金堉 / 『大東』(105)界二數數葉, 金堉 字伯原 號潛谷 領議政 文貞公 / 『永言』(242)界面二數大葉, ×

이 작품은 〈삭대엽〉에 열여섯 번째 수록된 시조844번으로 18세기 전반 가집인 김천택본 『청구영언』, 18세기 중반 가집인 일석본 『해동가요』, 주씨본 『해동가요』, 홍씨본 『청구영언』, 가람본 『청구영언』, 가람본 『청구詠언』에는 〈이삭대엽〉으로, 19세기 초중반 가집인 『동국가사』에는 〈계면조〉로, 서울대본 『악부』에는 〈이삭대엽〉으로 육당본 『청구영언』과 『영언』에는 각각 우조 〈이삭대엽〉과 계면조 〈이삭대엽〉으로, 『가보』에는 계면 〈존자즌ᄒᆞᆫ엽〉으로, 『홍비부』에는 〈각조음〉으로, 19세기 후반 가집인 『가곡원류』계는 계면조 〈두거〉와 여창의 경우는 〈농가〉로, 『여창가요록』은 계면 〈두거〉로, 20세기 초 가집인 『대동풍아』에는 계면조 〈이삭삭엽〉으로 나타나고 있다.

처음에는 〈이삭대엽〉으로 불리다가 〈삭대엽〉을 거쳐 19세기 초반에는 〈계면조〉나 〈이삭대엽〉, 우조 〈이삭대엽〉, 계면조 〈이삭대엽〉, 계면 〈두거〉, 〈각조음〉 등으로 불리고 『가곡원류』기에는 계면조 〈두거〉나 〈농가〉로 불리게 된다. 혹 20세기 초에는 다시계면조 〈이삭대엽〉으로 불리기도 한다.

**『병와가곡집』 〈삭대엽〉 17**

思郞도 ᄒᆞ엿노라 離別도 ᄒᆞ엿노라

雪月紗窓에 기ᄃᆞ려도 보와노라

前前에 이러든 주리 의외런가 ᄒᆞ노라

**일석본 『해동가요』 〈이삭대엽〉**

思郞도 ᄒᆞ엿노라 離別도 지내엿노라

雪月紗窓에 기들여도 보왓노라

前前에 괴든 思郞이 語爲런가 ᄒᆞ노라

**『시가요곡』 〈편〉**

사랑도 ᄒᆞ야 보고 니별도 ᄒᆞ얏노라

ᄉᆞ창젼 명월야의 기다려도 보앗노라

직금의 ᄉᆡ님을 거러두고 속을 몰나

『甁歌』(845)數大葉, × / 『海一』(386)二數大葉 / 異『시요』(126)편

이 작품은 〈삭대엽〉에 열일곱 번째로 수록된 시조845번로 18세기 중반 가집인 일석본 『해동가요』에는 〈이삭대엽〉으로, 종장 사설이 변이된 19세기 후반 가집인 『시가요곡』에는 〈편〉으로 악곡이 나타나고 있다.

처음에는 〈이삭대엽〉으로 불리다가일석본 『해동가요』 사설이 약간 변개되어 〈삭대엽〉으로 불리고 종장 사설이 완전히 변이가 된 후에는 〈편〉으로 부르게 된다.

바로 다음 시기인 19세기 초중반 가집이나 『가곡원류』계에 전승이 되지 않은 작품으로 편찬자나 그가 향유했던 문화권에서 불리던 노래로 추정된다.

**『병와가곡집』 〈삭대엽〉 18**

花山에 春日暖이오 綠柳에 鶯亂啼라

多情 好音은 못내 드러 ᄒᆞᄂᆞᆫ ᄎᆞ의

門前에 繫柳 青驄은 欲去長嘶 ᄒᆞ더라

『흥비부』〈계면조〉

花間에 春日喚이오 綠柳에 鶯亂啼라

四時佳興을 못 미드러 ᄒᆞ든 ᄎᆞ에

夕陽에 계류青驄이 欲去長嘶 ᄒᆞ드라

『瓶歌』(846)數大葉, × / 『樂서』(322)二數大葉, × / 『青詠』(376)二數大葉, × / 『東國』(147)界面調, × / 『青六』(374)界二數大葉, × / 『歌譜』(335)계락(界樂)둘재자즌한닙계면, × / 『源國』(172)二數大葉, × / 『源奎』(172)二數大葉, × / 『源河』(156)二數大葉, × / 『源六』(165)二數大葉, × / 『源佛』(165)二數大葉, × / 『源朴』(162)二數大葉, × / 『源皇』(160)二數大葉, × / 『海樂』(166)二數大葉, × / 『源가』(111)界二數大葉, × / 『源一』(168)界二數大葉, × / 『源東』(163)二數大葉, × / 『協律』(161)界二數大葉, × / 『花樂』(166)界二數大葉, × / 『大東』(45)羽二數數葉, 李後白 號 青蓮 左贊成 文清公 / 異『흥비』(235)界面, × / 『永言』(99)界面二數大葉, ×

이 작품은 〈삭대엽〉에 열여덟 번째로 수록된 마지막 시조846번로 18세기 중후반 가집인 가람본 『청구詠언』에는 〈이삭대엽〉으로, 19세기 초중반 가집인 서울대본 『악부』에는 〈이삭대엽〉으로, 『동국가사』에는 〈계면조〉로, 육당본 『청구영언』과 『영언』에는 계면조 〈이삭대엽〉으로, 『가보』에는 〈계락 둘재자즌한닙계면〉으로, 19세기 후반 가집인 『가곡원류』계는 계면조 〈이삭대엽〉으로, 20세기 초 가집인 『대동풍아』에는 우평조 〈이삭삭엽〉으로 나타나고 있으며 사설이 변이된 『홍비부』에는 여창 〈계면〉으로 나타나고 있다.

처음에는 〈이삭대엽〉으로 불리다가 〈삭대엽〉을 거쳐 〈계면조〉, 계면조 〈이삭대엽〉이나 여창 '계면'으로 불리고 『가곡원류』계에서는 계면조 〈이삭대엽〉으로 불리게 되며 20세기 초에는 우평조 〈이삭대엽〉으로 불리기도 한다.

이 작품은 『홍비부』는 이본 작품으로 사설이 변개되어 나타나는데 내용적 변화는 거의 없다. 단지 초장 처음이 '화산'에서 '화간'으로, 중장의 '다정호음'이 '사시가홍'으로, '못내드러'가 '못미드러'로 바뀌어 있는 정도이다. 종장의 경우 첫 3음절의 사설이 『병와가곡집』과 서울대본 『악부』처럼 '문전'으로 나타나는 경우와 이 두 가집을 제외한 다른 가집에는 모두 '석양에'로 나타나 두 가지 버전으로 불렸다는 것을 알 수 있다.

지금까지 『병와가곡집』 〈삭대엽〉 부분을 면밀하게 분석해 보았다. 이 부분을 표로 정리하면 다음과 같다.

| 18세기 | 『병가』 〈삭대엽〉 | 19세기 초중반 | 『가곡원류』계 | 20세기 초 |
|---|---|---|---|---|
| 이삭대엽<br>삼삭대엽 | 829 "기러기 풀풀 다 나라드니" | 반엽<br>계면 삼삭대엽<br>계면 이삭대엽 | 만횡 | 엇롱 |
| 이삭대엽 | 830 "白雲이 이러나니" | 반엽<br>계면 이삭대엽<br>계면 두거 | 계면 두거 | 평시조(시조창) |
| 이삭대엽<br>삼삭대엽<br>만삭대엽 | 831 "이셩 져셩 다 지ᄂᆡ고" | 반엽<br>계면조<br>만횡 | 반엽 | 가창으로<br>전승되지 않음 |
| 이삭대엽<br>삼삭대엽 | 832 "어리거든 치 어리거나" | 계면 이삭대엽 | 가창으로 전승되지 않음 | |
| 이삭대엽<br>삼삭대엽 | 833 "이러타 저러탄 말이" | 우조 삭엽<br>반엽 | 반엽 | 가창으로<br>전승되지 않음 |
| 이삭대엽 | 834 "世事ㅣ 삼ᄀᆞ올이라" | 계면 이삭대엽 | 가창으로 전승되지 않음 | |

| 18세기 | 『병가』〈삭대엽〉 | 19세기 초중반 | 『가곡원류』계 | 20세기 초 |
|---|---|---|---|---|
| 이삭대엽<br>삼삭대엽 | 835 "天地ᄂᆞᆫ 萬物之逆旅ㅣ오" | 반엽<br>계면조<br>여창 계면 이삭대엽<br>계면 두거<br>만횡 | 여창 계면 두거 | 계평조 측삭대엽 |
| 삼삭대엽<br>만삭대엽 | 836 "西塞山前 白鷺飛ᄒᆞ고" | 계면조<br>여창 계면 이삭대엽<br>계면 두거<br>계면 | 여창 계면 중거 | 우평조 중삭대엽 |
| 삼삭대엽 | 837 "뒷뫼헤 ᄯᅦ구름 ᄭᅵ고" | 가창으로 전승되지 않음 | | |
| 만삭대엽<br>만대엽낙희병초 | 838 "岳陽樓에 올나 안ᄌᆞ" | 반엽<br>계면 이삭대엽<br>계면 두거<br>계면 조을음 | 계면 두거 | 가창으로<br>전승되지 않음 |
| 삼삭대엽 | 839 "壬戌之秋 七月旣望에" | 계면 이삭대엽<br>계면 두거<br>여창 계면 두거 | 여창 계면 두거 | 계평조 측삭대엽 |
| 만횡청류<br>만삭대엽<br>만대엽낙희병초 | 840 "靑天 구름 밧긔" | 반엽<br>만횡<br>산락 | 만횡 | 가창으로<br>전승되지 않음 |
| 낙<br>이삭대엽 | 841 "건너셔ᄂᆞᆫ 손을 치고" | 우삭엽 / 계면조<br>계면 이삭대엽<br>반엽<br>만횡<br>편롱<br>계락 긴송 | 계락 | 가창으로<br>전승되지 않음 |
| 이삭대엽<br>삼삭대엽 | 842 "九月 九日 黃菊丹楓" | 반엽<br>각조음 | 반엽 | 편(시조) |
| 이삭대엽 | 843 "ᄯᅴ 업슨 손이 오난 ᄂᆞᆯ" | 우조 이삭대엽<br>계면 이삭대엽 | 우조 두거 | 가창으로<br>전승되지 않음 |
| 이삭대엽 | 844 "ᄌᆞᄂᆡ 집의 술 익거든" | 이삭대엽<br>계면조<br>우조 이삭대엽<br>계면 이삭대엽<br>계면 두거<br>각조음 | 계면조 두거<br>여창 농가 | 계면 이삭대엽 |
| 이삭대엽 | 845 "思郞도 ᄒᆞ엿노라" | 가창으로 전승되지 않음 | | 편(시조) |

| 18세기 | 『병가』〈삭대엽〉 | 19세기 초중반 | 『가곡원류』계 | 20세기 초 |
|---|---|---|---|---|
| 이삭대엽 | 846 "花山에 春日暖이오" | 이삭대엽<br>계면조<br>계면 이삭대엽<br>계면 | 계면 이삭대엽 | 우평조 이삭대엽 |

이렇듯 『병와가곡집』의 〈삭대엽〉은 이전 시기에 〈이삭대엽〉이나 〈삼삭대엽〉으로 혹은 〈만삭대엽〉이나 〈만대엽낙희병초〉만횡(농)과 낙의 가합(可合) 악곡로 불리던 작품이 '우조'와 '계면조'의 고정화 현상이 나타나던 19세기에는 〈반엽〉이나 〈두거〉, 혹은 '우조'와 '계면조'로 파생되어 나타나며 간혹 여창으로 전승되는 것을 알 수 있다. 이것은 『병와가곡집』이 최종 편찬된 18세기 말에 이미 19세기 초반의 파생곡들에 대한 변화가 감지되고 있음을 뜻한다. 『병와가곡집』의 편찬자는 기존의 작품 중 악곡의 변화가 흔들리던 즉, 유동적 악곡의 경우 기존에는 없던 새로운 악곡명을 만들어 수록한 것으로 판단된다.

〈삭대엽〉에 대한 명칭은 '초, 이, 삼삭대엽' 등에 대한 결정이 유보된, 혹은 그 어느 것으로라도 불러도 되는 악곡이다. 이에 대해 김용찬은 '운단주용雲端走龍'의 구체적 풍도형용이 있다는 점을 들어 송방송의 견해에 따라 제4의 삭대엽 변주곡으로 파악하고 있다. 즉, 『병와가곡집』의 〈삭대엽〉 항목에 대하여 김용찬은 "음악사에서 18세기 초부터 〈초·이·삼삭대엽〉 이외에 〈삭대엽〉 제4의 변주곡이 출현하였음을 보고하고 있는데, 본 가집에 등장하는 〈삭대엽〉이 그것을 실증하고 있는 것으로 여겨진다."[27]라고 함으로써 제4의 변주곡으로 〈삭대엽〉을 이해하고 있다.

〈삭대엽〉을 제4의 변주곡으로 보는 견해는 일견 정확한 진단일 수도 있

27 김용찬, 『교주 병와가곡집』, 월인, 30면.

으나 이것은 18세기 초 잠시 보이다가 18세기 중반이면 이미 사라진 악곡이다.[28] 따라서 4의 변주곡 보다는 유동적 악곡으로 이해해야 한다. 왜냐하면 4의 변주곡이었다면 〈삭대엽〉이라는 표현 대신에 〈사삭대엽〉이라는 표현을 썼을 가능성이 높기 때문이다. 또한 앞서 살펴본 것처럼 여러 가지 악곡으로 다양하게 전승되지 않고 하나의 악곡으로 전승되었을 가능성이 높다. 따라서 『병와가곡집』의 〈삭대엽〉을 '〈삭대엽〉 제4'라는 새로운 변주곡의 등장으로 이해하기 보다는 〈초삭대엽〉, 〈이삭대엽〉, 〈삼삭대엽〉의 어느 특정 악곡으로 고정되지도 않으며 또한 다른 악곡으로 변화될 조짐을 보이는 '유동적 악곡'으로 〈삭대엽〉을 이해해야 한다. 또한 이러한 악곡의 특징은 이 가집의 편찬자나 향유층이 향유하며 가창하던 현장의 역동성을 보여준다는 것이다.

이 논의와 관련하여 박씨본 『해동가요』에는 〈접소용삭대엽가합자초집接騷聳數大葉可合者抄集〉이라는 항목에 11수의 작품을 수록하고 있는데, 혹 이 〈삭대엽〉도 『병와가곡집』의 〈삭대엽〉과 관련이 있을 가능성이 높진 않을까? 박씨본 『해동가요』의 〈접소용**삭대엽**가합자초집〉에 관한 논의는 이은성[29]에 의해 이뤄진 바 있다.

이 견해에 의하면 『해박海朴』의 〈접소용삭대엽가합자초집〉은 〈소용騷聳〉과 〈삼삭대엽三數大葉〉을 순서대로 모아놓은 항목이다. 가곡 한바탕을 연행할 때 〈삼삭대엽〉 다음에 〈소용〉을 부르는데, 〈삼삭대엽〉이 초장만 높은 음으로 내는 악곡적 특질을 지니는 것에 비해, 〈소용〉은 떠들썩하고 높다

---

28 이에 대해서는 김영운의 논의를 참고할 것.(『가곡연창형식의 역사적 전개양상』, 민속원, 2005, 76~91면)

29 이은성, 「『해동가요(박씨본)』 '무명씨부'의 편찬 특성」, 『제168회 전국대회 발표집』, 한국어문교육연구회, 2007.11.

는 악곡의 명칭처럼 초장에서부터 5장까지 계속 고음을 내며 그 속도도 매우 빠르다며 결국, 이는 〈소용〉과 〈삼삭대엽〉 사이의 밀접한 관련성을 보여준다는 것이다. 『해박』에서 이들 두 악곡에 해당하는 작품들을 모아서 함께 수록한 이유는 이렇듯 두 악곡의 성질이 비슷하기 때문으로 보인다는 것이다.

이어서 그는 '그런데 왜 이 항목에서는 삼삭대엽-소용이 아니라, 소용-삼삭대엽 순서로 작품을 배열했을까?'라고 의문을 제기한다. 왜냐하면 가집 편제에서 악곡의 배열은 편가의 순서와 일치하는 것이 일반적이라는 점을 고려하면 다소 이해가 가지 않는 부분이기 때문이다. 이후 이러한 현상이 나타나는 이유는 『해박』이 편찬되던 시기 〈소용〉이 편가에 완전히 정착하지 못했기 때문이라고 주장한다.

> 하나의 악곡이 새로 생겨나 편가의 정식악곡으로 자리매김하기까지는 일정 기간이 필요하다. 하지만 이 시기에 새로 생겨난 악곡인 소용騷聳은 편가에서 삼삭대엽三數大葉 다음으로 위치가 고정되지 않고, 삼삭대엽三數大葉을 전후로 한 편가의 후반부에서 불려졌던 것으로 추정된다. 이는 『경대본 시조집』에서도 소용騷聳이 삼삭대엽三數大葉 앞에 배치된 것이나, 『해일海一』에서 편락시조編樂時調와 만삭대엽蔓數大葉 사이에 배치되는 현상 등을 통해서도 짐작할 수 있다. 따라서 『해박海朴』의 〈접소용삭대엽가합자초집接騷聳數大葉可合者抄集〉 항목은 편집상의 불완전성을 보여주는 것이 아니라, 오히려 새로운 악곡을 바로 받아들이며 역동적으로 변모해 가던 18세기 중반 가곡 연행 실상을 여실히 반영하고 있다고 할 수 있다.[30]

30 이은성, 앞의 글, 97면.

이렇듯 박씨본 『해동가요』의 〈접소용삭대엽가합자초집〉 부분이 18세기 중반 가곡 연행 실상을 반영하기 때문에 후대의 편가 방식과 달리 〈삼삭대엽〉과 〈소용〉의 위치가 다르게 있음을 알 수 있다. 또한 '가합可合'이라는 표현은 이 자체로 이 악곡이 '유동적'임을 나타낸다고 할 수 있다. 결국, 『병와가곡집』의 〈삭대엽〉 부분 역시 18세기 후반 가곡 연행 실상을 반영하고 있는 '유동적 악곡'임을 알 수 있다.

『병와가곡집』의 〈삭대엽〉의 악곡을 분석해 보면 몇 가지 특징을 파악할 수 있다. 단순하게 보면 18세기 초중반 가집인 김천택본 『청구영언』과 일석본 『해동가요』, 『시가』, 가람본 『청구영언』의 경우에는 주로 〈이삭대엽〉이나 〈삼삭대엽〉으로, 일부는 농계통인 〈만삭대엽〉 혹은 〈만대엽낙희병초〉로 나타나고, 18세기 중 후반에서 19세기 초기 가집인 서울대본 『악부』의 경우에는 〈율당대엽〉이나 〈이삭대엽〉, 『동국가사』에는 〈계면조〉나 〈율당삭엽〉, 『흥비부』에는 〈계면〉, 〈율당〉, 〈조을음〉으로, 19세기 초중반 가집인 육당본 『가곡원류』에는 계면조 〈이삭대엽〉으로 19세기 후반 가집인 『가곡원류』계에는 〈두거〉, 〈율당삭엽〉, 〈만횡〉이나 여창으로 나타나고 있다.

이러한 단순독해를 '징후발견적 독해'로 전환해 살펴보면 『병와가곡집』의 〈삭대엽〉 부분의 규칙을 크게 네 가지로 정리할 수 있다. ①앞 선 시기에는 〈이삭대엽〉과 〈삼삭대엽〉 혹은 〈만삭대엽〉이나 〈만대엽낙희병초〉로 불리던 노래라는 점, ②동시기 가집18세기 말에서 19세기 초의 경우 〈반엽〉서울대본 『악부』, 『동국가사』, 『흥비부』, 『영언』, 〈두거〉『동국가사』, 『가보』, 『흥비부』, 〈계면조〉『동국가사』[31], 『흥비부』, 〈조을음〉·〈각조음〉『흥비부』 등으로 불리던 노래라는 점, ③바로

31 『병와가곡집』의 〈삭대엽〉과 『동국가사』와 공출하는 경우 중 〈계면조〉와는 6수(831, 835, 836, 841, 844, 846), 우조 〈삭엽〉과는 2수(833, 841), 〈율당삭엽〉과는 2수(840, 842)이다. 특히 『동국가사』의 〈계면조〉, 우조 〈삭엽〉과 7수(841번 작품은 중복)나 공출하고 있는 점을 보면

다음 시기19세기 중반의 경우 주로 계면조 〈이삭대엽〉육당본 『청구영언』으로 불리던 노래라는 점, ④19세기 후반의 경우 주로 〈반엽〉이나 〈두거〉, 〈계면조〉, 〈여창〉으로 불리던 노래라는 점으로 나눌 수 있다.

이러한 규칙을 다시 정리하면 『병와가곡집』의 〈삭대엽〉 부분은 이전 시기18세기 초중반에는 〈이삭대엽〉과 〈삼삭대엽〉 혹은 〈만삭대엽〉이나 〈만대엽낙희병초〉로 불리던 노래가 바로 이후 시기인 19세기 초중반에는 〈율당삭엽〉, 〈두거〉, 〈계면조〉 등으로 불리게 된다. 이러한 규칙은 이 악곡 자체를 그 당대의 흐름 속에서 이해할 때 의미하는 바를 정확하게 파악할 수 있다.

『병와가곡집』의 〈삭대엽〉 부분이 앞선 시기에 〈농〉 계통인 〈만대엽낙희병초〉로 불린 것에 주목할 필요가 있다. 〈만대엽낙희병초〉는 〈만횡〉과 〈낙〉의 가합可合 악곡이다. 가합이라는 의미는 분화가 일어나기 전 포괄적 개념으로 이해할 수 있다. 이전 시기에 이미 '유동적'이던 악곡에 속해 있던 작품이 『병와가곡집』에서도 '유동적 악곡'에 포함되어 나타나는 현상이라고 할 수 있다.

최근 이상원은 병와가곡집의 〈삭대엽〉에 실렸던 작품 중에서 절반이 다른 가집에서 〈율당삭대엽〉으로 나타난다는 점, 혹 그렇지 않은 작품의 경우도 우조와 계면조를 넘나들며 불린 악곡에 배속되었다는 점을 중요한 근거로 삼아 『병와가곡집』의 〈삭대엽〉은 〈반엽〉이라고 주장한 바 있다.[32]

이러한 주장은 일면 타당하다. 하지만 애매한 부분이 있다면 〈삭대엽〉=〈반엽〉이라고 단정할 필요는 없다. 왜냐하면 〈삭대엽〉을 육당본 『청구영언

〈삭대엽〉, 우조 〈삭엽〉, 〈계면조〉는 유동적 악곡으로 이해할 수 있으면 동시기 가집에 이러한 현상이 비슷하게 나타나는 것은 이 시기 가집의 보편적인 특징임을 알 수 있다. 『동국가사』의 유동적 악곡에 대한 논의는 저자의 논문을 참고하기 바란다.(「18세기 후반~19세기 초 가집(歌集) 편찬과 [동국가사]의 가치」, 『한국시가연구』 37, 한국시가학회, 2014)

32 이상원, 「병와가곡집의 악곡 편제와 가곡사적 위상」, 『고시가연구』 33, 한국고시가문학회, 2014.

』과 비교하면 총 18수 중 2수[33]만이 〈반엽〉으로 나타난다는 점은 〈삭대엽〉이 〈반엽〉이 아닐 수도 있다는 것을 보여주는 증거이기 때문이다. 이러한 실정이라면 〈삭대엽〉을 〈반엽〉으로 이해하기보다는 '유동적 악곡'으로 이해하는 것이 더 합리적이다. 〈삭대엽〉이 육당본『청구영언』에서 2수만이 남은 이유는 18세기 후반에서 19세기 초중반 유동적 악곡이었던 〈삭대엽〉이 체계가 정비된 육당본『청구영언』에서는 다수의 곡들이 탈락한 채로 2수 정도만이 남게 되고『가곡원류』계 가집에도 비슷한 수치를 갖게 되기 때문이다.

따라서 〈삭대엽〉이 〈반엽〉으로 보기에 애매한 면이 있다고 한다면 〈반엽〉으로 확정하기보다는 '유동적 악곡'으로 보는 것이 타당해 보인다.[34]『병와가곡집』의 편찬자는 음악적으로 매우 미감이 매우 뛰어난 사람으로 그 당대의 음악적 변화를 정확하게 이해했을 가능성이 높고 그러한 변화의 양상을 가집에 담았음에 틀림없다. 그렇기에 〈삭대엽〉이라는 기존에 없는 악곡을 만들어 아직 악곡이 정해지지 않거나 변화의 자장 안에 들어가 있는 작품을 '유동적 악곡'안에 수록한 것으로 판단된다.

결국 〈삭대엽〉과 같은 유동적 악곡의 특징은 현장의 역동성을 드러내고 있다는 점이다. 왜냐하면 이것은 당대의 음악적 변화를 고스란히 드러내는 징표이기에 그 가집에 향유되던 곳이나 향유자들의 모습을 함의하고 있기 때문이다.[35]

19세기 초중반 가집에 등장하는 〈반엽〉이나 〈두거〉 등은 아직 악곡이

---

33 평시조가 아닌 사설시조를 주로 수록하는 〈만횡〉으로 나타나는 831, 840번과 육당본『청구영언』뿐만 아니라 동시기 가집에는 나타나지 않는 837, 845번 등 4작품을 제외한 14수에서 2수가 〈반엽〉으로 나타난다.

34 이상원의 주장이 틀리다고 말하는 것이 아니라 애매한 상황이라면 악곡의 확정보다는 '유동적 악곡'으로 명하는 것이 더 좋은 것이 아닐지 제안하는 것이다.

35 김태웅,「18세기 후반에서 19세기 초중반 가곡문화의 변모와 가집 편찬의 양상」,『국제어문』72, 국제어문학회, 2017, 285~288면.

확정되지 않은 '유동적 악곡'이다. 18세기 후반은 다양한 변화가 일어나는 19세기 초중반을 준비하는 과도기적 시기이다. 이러한 당대의 흐름을 이해한다면 〈삭대엽〉을 '유동적 악곡'으로 이해하는 것은 무리가 없어 보인다.

제3장

# 19세기 초중반 가집의 전개 양상

## 1. 반엽의 발생과 가집의 전개－서울대본 『악부』[1]를 중심으로

### 1) 반엽의 발생과 가집에 반영

『병와가곡집』 〈삭대엽〉의 가장 큰 특징은 이 악곡이 다음 시기 가집, 즉 19세기 초중반의 가집에서는 〈반엽〉으로 나타나는데 있다.[2]

우선 〈반엽〉이라는 악곡의 유래와 의미에 대해서 살펴보자.[3] 〈반엽〉을 나타내는 곡이 최초로 출현한 곳은 『삼죽금보三竹琴譜』1841년로 〈우롱〉 아래 ‘밤엿자진ᄒᆞᆫ입’이란 용어가 쓰여 있다. 〈반엽〉의 한자어는 〈율당삭대엽〉으로 이 한자의 순우리말은 ‘밤엿자즌한입’이다. 〈반엽〉이란 용어가 처음 사용된 곳은 『서금가곡』1884년 추정인데 여기서는 〈반엽半葉〉이 아닌 〈반엽返葉〉

1 서울대본 『악부』 가집 전체에 대한 연구는 저자의 논문(「19세기 초반 가집 서울대본 『악부』의 성격과 시가사적 의미」, 『우리어문연구』 54, 우리어문학회, 2016)을 참조하기 바란다.

2 18수 중 8수가 『병와가곡집』 바로 뒷 시기인 19세기 초중반 가집에 〈반엽〉의 형태로 나타난다.

3 반엽에 대한 음악학적 연구는 신혜선에 의해 이뤄진 바 있다.(「반엽 연구－19세기 20세기 가집을 중심으로」, 한국교원대 석사논문, 2010)

으로 쓰이고 있다. 따라서 반엽이란 명칭은 『서금가곡』에서 먼저 사용하였고 곡조는 『삼죽금보』에서 먼저 쓰였음을 알 수 있다. 그러나 〈반엽〉이란 용어와 동의어同義語로 쓰인 〈율당〉이란 용어까지 고려한다면 명칭 자체보다 곡조의 출현은 그보다 앞서 19세기 초반으로 추정된다.

『삼죽금보』는 연창 형식의 실제를 보여주는 '우조'와 '계면조'의 악조 이름이 있는 금보琴譜로 〈우롱〉은 전체가 '우조'로 되어 있는 곡으로 3장까지가 〈반엽〉과 동일하고 4, 5장을 계면조로 바꾸지 않고 계속 우조로 부르는 노래이다. 이 제목 아래 '밤엿자즌ᄒᆞᆫ닙'이란 이름이 보일 뿐 아니라 그 아래 〈반엽〉을 부르기 위한 음악적 설명을 주[4]로 달아 〈우롱〉을 〈반엽〉으로도 부를 수 있었다는 것을 알 수 있다. 〈우롱〉은 현재 남창 우롱 '삼월삼일' 1곡이 남아 있고 남창 〈반엽〉 '삼월삼일'과 노랫말이 같다.[5]

> 가곡의 하나. 우조에서 시작하여 중간에서 계면조로 바뀌는 악곡. 선법으로 따지면 반우반계에 해당한다. 남창 가곡에서는 반엇 삭대엽, 율당 삭대엽, 밤엿삭대엽이라고도 한다.[6]

〈반엽〉은 반은 '우조', 반은 '계면조'로 되어 있는 곡이라는 뜻이다. 그래서 현재 반엽의 악조를 '반우반계조'라 한다. 〈반엽〉을 뜻하는 명칭에는 '바꾸다'라는 뜻의 〈반엽返葉〉『서금가곡』을 사용하기도 하였고, 계면조로 돌아간다는 뜻의 〈회계삭대엽回界數大葉〉『금옥총부』이란 말을 사용한 경우도 있다.

---

4 自三章出去界面二大葉則 直用界面曲調 而更不用中音以下.(「삼죽금보」, 『한국음악학자료총서』 33, 국립국악원, 1998, 139면)

5 김영운, 『가곡연창형식의 역사적 전개양상』, 민속원, 2005, 180~182면.

6 변미혜 외, 『국악 용어 편수 자료집』 I, 민속원, 2008, 271~272면.

또 〈뒤집는우됴〉『가곡보감』라는 용어도 사용한 가집을 볼 수 있는데 이를 보더라도 '우조'를 '계면조'로 뒤집는다는 뜻을 분명히 보여주고 있어 '반우반계면조'의 악조의 모습이 뚜렷이 보인다.

그렇다면 〈반엽〉이라는 용어는 어떻게 발생한 것일까? 대다수의 가집에서는 〈반엽〉이 〈밤엿〉으로 나타난다. 밤엿은 밤톨만큼씩 동그랗게 만들어 깨를 묻힌 엿으로 '율당栗糖'으로 불렸다. 장사훈은 〈율당 삭대엽〉은 밤, 엿, 삭대엽을 억지로 한자로 표기한 것으로 〈밤엿삭대엽〉은 〈반엇삭대엽〉이 잘못 전승된 것이며 〈반엇〉이 또 바뀌어 〈반엽〉으로 변한 것이라고 주장한다.

18세기 가집이 '영언계'와 '가창계'[7]의 통합가집으로 편찬된 것과 달리 19세기에는 악조와 곡목 중심의 '가창계' 가집으로 편찬 방식이 바뀌게 되는데 19세기 전반 가집부터 〈반엽〉의 명칭이 보이기 시작한다. 가집에서 가장 많이 쓰이는 반엽 용어는 〈율당삭대엽〉으로 『가곡원류』계 가집에서 나타나며 〈반엇삭대엽〉, 〈율당대엽〉 등으로 나타난다.

〈반엽〉이 수록된 가집으로는 19세기 초중반 가집인 서울대본 『악부』, 『동국가사』, 『흥비부』, 『가보』, 『영언』, 육당본 『청구영언』 등이 있고 19세기 후반에는 『가곡원류』계 가집『승평곡』, 『금옥총부』, 『여창가요록』, 『시가요곡』이 있으며, 20세기 초는 『대동풍아』와 『가곡보감』 등이 있다.

이렇듯 19세기 초반에 등장한 〈반엽〉은 대다수의 가집에는 5수가 넘지 않는 작품수를 가지고 있다. 그러나 서울대본 『악부』에는 22수라는 매우 많은 작품을 수록하고 있다. 이렇게 많은 작품이 수록된 이유가 무엇일까?

---

7 김학성은 홍만종의 『청구영언』과 『이원신보』의 서문(序文)을 분석하여 전자는 가기(歌妓) 없이도 혼자서 읊조리는 음송(吟誦) 방식으로 향유하는 '영언(永言)', 후자는 악공의 반주와 기녀의 전문적인 '창(唱)'으로 향유하는 작품을 모은 것으로 이해했다.(「시조의 향유전통과 홍만종의 가집편찬」, 『고전문학연구』 34, 한국고전문학회, 2008) 이 글에서는 이를 활용하여 가집의 향유전통은 '영언계'와 '가창계'로 구분하기로 한다.

서울대본 『악부』의 〈율당대엽〉 부분의 분석을 통해 이러한 문제에 대한 해답을 찾아 이 시기 가집사를 이해하려고 한다.

### 2) 서울대본 『악부』의 반엽 〈율당대엽〉

2장에서 『병와가곡집』의 〈삭대엽〉 부분을 개괄적으로 분석한 결과 총 18수의 작품 중 서울대본 『악부』와 8수가 공출하는데 8수 중 6수가 서울대본 『악부』에는 〈율당대엽栗糖大葉〉으로 나타나고 나머지 2수는 〈이삭대엽二數大葉〉으로 나타난다.[8] 이렇듯 서울대본 『악부』의 〈율당대엽〉과 『병와가곡집』의 〈삭대엽〉은 친연성이 매우 높음을 알 수 있다. 이러한 점이 연구 대상에 있는 19세기 초중반 7개의 가집 중 서울대본 『악부』를 살펴보는 이유가 된다.

서울대본 『악부』는 다른 가집에 비해 〈율당대엽〉에 무려 22수의 작품을 수록하고 있는 것이 특징이다. 이러한 악곡의 6수가 『병와가곡집』의 〈삭대엽〉과 공출829, 830, 831, 835, 838, 840번하는 현상은 특이하다고 할 수 있다. 물론 22수 중 6수는 적은 수일 수 있지만 『병와가곡집』의 〈삭대엽〉이라는 악곡이 갖는 특수한 상황에서 이 숫자는 결코 작은 수가 아니다. 『병와가곡집』의 측면에서 총 18수 중 8수는 1/3이 넘는 매우 큰 숫자이며 서울대본 『악부』의 〈율당대엽〉의 5수만 보더라도 1/3에 해당하는 매우 높은 수라고 할 수 있다.

서울대본 『악부』는 『해동가요』 계열, 『병와가곡집』과 친연성이 매우 높은 가집이다. 편찬 시기는 우조와 계면조의 구분 의식을 알 수 있는 〈율당

---

8 『병와가곡집』의 830번의 경우 서울대본 『악부』에서는 93번, 439번 작품으로 각각 〈이삭대엽〉과 〈율당대엽〉으로 나타난다.

대엽〉을 수록하고 있는 점, 12가사인 〈백구사〉가 실려 있는 점 등을 통해 『병와가곡집』보다 약간 늦은 19세기 초 정도로 추정할 수 있다.[9]

서울대본 『악부』의 작품 수록 현황을 보면 다음과 같다.

| 악곡 | 작품 번호 | 작품수 |
|---|---|---|
| 초중대엽 | 1~3 | 3수 |
| 이중대엽 | 4~5 | 2수 |
| 삼중대엽 | 6 | 1수 |
| 북전 | 7~8 | 2수 |
| 초수대엽 | 9~11 | 3수 |
| 이수대엽 | 12~391 | 380수 |
| 삼수대엽 | 392~420 | 29수 |
| 후대추록 | 421~422 | 2수 |
| 소용 | 423~426 | 4수 |
| 후대추록 | 427~430 | 4수 |
| **율당대엽** | **431~452** | **22수[10]** |
| 후대추록 | 453~454 | 2수 |
| 농가 | 455~499 | 45수 |
| 백구사 | | |
| 후대추록 | 500 | 1수 |

위의 표에서 가장 큰 특징은 〈율당대엽〉의 존재이다. 〈율당대엽〉의 존재는 우조와 계면조에 따라 작품을 수록했음을 의미한다. 그러나 이 가집에는 우조와 계면조라는 용어가 어디에도 나타나지 않으며 〈율당대엽〉 이후에도 〈농가〉만이 나타날 뿐이다. 이러한 현상이 나타나는 이유는 무엇인가?

9 이상원, 『고시조 문헌해제』, 고려대 민족문화연구원, 2012, 78면.

10 이상원은 〈율당대엽〉이 끝난 후 면을 달리하여 4수의 작품이 수록되었는데 3수가 이 가집에만 수록되었다는 점, 마지막 1수는 여타 가집에 수록된 것과 종장사설이 변이되어 나타난 점을 들어 〈율당대엽〉의 작품수를 18수로 봤으나(앞의 책, 77면) 저자는 면을 달리 한다거나 이 가집에만 수록되었다는 이유로 〈율당대엽〉이 아니라고 하는 것은 재고의 여지가 있다고 생각해 〈율당대엽〉을 22수로 보고자 한다.

> 원래부터 불완전한 구성으로 편찬되었을 가능성과 이 부분에 상당수의 낙장이 있을 가능성 중 하나일 터인데 현재로서는 어느 한편으로 단정하기가 쉽지 않다. 율당대엽에 지나치게 많은 작품이 수록되어 있다는 점, 율당대엽이 끝나고 면을 달리하여 수록된 4수의 작품이 대부분 이 가집에만 수록된 것이라는 점이 판단을 어렵게 만들고 있다.[11]

이상원의 이러한 주장은 정확한 진단일 수 있다. 그러나 불완전한 구성은 아니다. 불완전하다는 것은 현재 '완성된 편가'의 관점에서 불완전하다는 것이지 서울대본 『악부』가 향유되던 곳이나 편찬되었을 당시에는 불완전한 모습이 연행의 실제 모습일 수 있다. 서울대본 『악부』의 불완전성을 나타내고 있는 〈율당대엽〉 작품을 면밀히 분석하면 이 악곡의 특성을 파악할 수 있다.

서울대본 『악부』에서 〈율당대엽〉은 500수 중 22수라는 작품을 수록하고 있다. 총 작품수에서 4%에 해당하는 매우 적은 작품수지만 〈이삭대엽〉380수과 〈삼삭대엽〉29수 그리고 〈농가〉45수를 제외하고 가장 높은 작품수를 수록하고 있다.

따라서 이 부분에서는 서울대본 『악부』의 〈율당대엽〉 부분을 좀 더 면밀하게 검토하기로 한다. 타 가집 수록 분포 현황은 다음과 같다.

서울대본 『악부』 〈율당대엽〉(22수) 수록 작품의 타 가집 수록 분포 현황

| 『병가』(14/1,109수) | 『가보』(8/368수) | 『원동』(5/454수) |
|---|---|---|
| 『청김』(6/580수) | 『영유』(6/335수) | 『협률』(13/821수) |

11 이상원, 앞의 책, 77면.

| | | |
|---|---|---|
| 『해일』(11/636수) | 『홍비』(9/436수) | 『화락』(10/651수) |
| 『해주』(2/569수) | 『시조』(1/125수) | 『여요』(4/182수) |
| 『청요』(0/80수) | 『동가』(3/235수) | 『시요』(2/146수) |
| 『시가』(7/719수) | 『원국』(13/856수) | 『대동』(6/316수) |
| 『악서』(22/499수) | 『원규』(13/855수) | 『영언』(15/516수) |
| 『청홍』(3/310수) | 『원하』(13/849수) | 『남태』(5/224수) |
| 『청가』(10/707수) | 『원육』(13/725수) | 『시여』(4/170수) |
| 『청영』(9/596수) | 『원불』(13/801수) | 『가요』(3/99수) |
| 『동국』(11/414수) | 『원박』(13/725수) | 『시철가』(0/97수) |
| 『고금』(4/294수) | 『원황』(12/713수) | 『조사』(2/70수) |
| 『근악』(5/397수) | 『해악』(13/874수) | |
| 『청연』(9/257수) | 『원가』(8/446수) | |
| 『청육』(17/999수) | 『원일』(10/738수) | |

서울대본 『악부』의 〈율당대엽〉의 타 가집 공출 현황을 보면 18세기 말 가집부터 20세기 초 가집에 이르기까지 대다수의 가집에 수록되어 있다. 특히 시조창 가집에도 5수 정도를 수록하고 있어, 이 부분 작품들이 18세기부터 어느 정도 인기가 있던 작품이었음을 알 수 있다. 특히 동시기 가집인 『홍비부』, 『동국가사』, 육당본 『청구영언』, 『영언』 등에는 10수가 넘는 공출현황을 보이고 있어 19세기 초중반, 가곡원류기에도 많이 불리던 작품임을 알 수 있다.

그런데 왜 서울대본 『악부』에는 22수라는 매우 많은 작품을 〈반엽〉이라는 악곡에 수록한 것일까? 이것은 당대의 가창현실을 반영한 것으로 봐야 한다. 이러한 현상을 좀 더 정확하게 확인하기 위해 〈율당대엽〉의 작품을 면밀하게 분석하도록 하겠다.

서울대본 『악부』에는 〈반엽〉의 명칭으로 〈율당대엽〉이라는 용어를 사용하며 모두 22수의 작품을 수록하고 있다. 그 가운데 앞서 『병와가곡집』의

〈삭대엽〉 부분에서 분석한 6수432, 433, 435, 436, 437, 439번의 작품을 제외하고 검토해 보기로 한다.

**서울대본 『악부』 〈율당대엽〉 1**

太公의 고기 낙던 낙대 긴 줄 ᄆᆡ여 압내예 ᄂᆞ려

銀鱗玉尺을 버들움에 쒜여 들고 나니

杏花村 酒家에 모든 벗님네ᄂᆞᆫ 더대온다 ᄒᆞ더라

『海一』(581)蔓横大葉, × / 『樂서』(431)栗糖大葉, × / 『青詠』(350)二數大葉, × / 『東國』(305)界面調, × / 『青淵』(247)×, ×/ 『青六』(347)界二數大葉, × / 『歌譜』(188)존자즌ᄒᆞᆫ엽, × / 『興比』(100)界助乙音, × / 『東歌』(161)[詠]二數大葉, × / 『源國』(391)頭擧, 朴後雄 / 『大東』(146)界二數數葉, 失名氏 / 『永言』(203)界面二數大葉, × / 『青精』(270)羽調桂面調平調 二數大葉, ×

〈율당대엽〉의 첫 번째 작품431번으로 18세기 중반 가집인 일석본 『해동가요』에는 〈만횡대엽〉으로, 가람본 『청구詠언』에는 〈이삭대엽〉으로, 19세기 초중반 가집인 『동국가사』에는 〈**계면조**〉로, 육당본 『청구영언』과 『영언』에는 **계면조** 〈이삭대엽〉으로, 『가보』에는 〈존자즌ᄒᆞᆫ엽〉으로, 『흥비부』에는 **계면조** 〈조을음〉으로, 『동가선』에는 〈이삭대엽〉으로, 19세기 중후반 가집인 『가곡원류』계에는 **계면조** 〈두거〉로, 20세기 초 가집인 『대동풍아』에는 **계면조** 〈이삭대엽〉으로 나타나고 있다.

이 작품의 경우 서울대본 『악부』를 향유하던 곳에서는 〈반엽〉곡으로 불렸으나 다른 곳에서는 '계면조'로 불렸던 것으로 보인다.

서울대본 『악부』 〈율당대엽〉 4

두고 가는 의 안과 보내고 잇는 의 안과

두고 가는 이는 雪擁藍關에 馬不前쓴이여니와

보내고 잇는 의 안은 芳草 年年에 恨不窮인가 ᄒᆞ노라

『青김』(468)蔓横清類 / 『瓶歌』(859)蔓横, × / 『海一』(591)蔓數大葉 / 『詩歌』(347)× / 『樂서』(434)栗饄數葉 / 『青洪』(308)蔓横 / 『青가』(689)樂 / 『青詠』(441)三數大葉 / 『青六』(595)蔓横 / 『歌譜』(323)[솔낭이]界樂 / 『永類』(253)× / 『源國』(469)蔓横 / 『大東』(254)羽樂 / 『永言』(275)蔓横 半之只

〈율당대엽〉의 4번째 작품434번으로 18세기 전반 가집인 김천택본 『청구영언』에는 〈만횡청류〉로, 18세기 중반 가집인 일석본 『해동가요』에는 〈만삭대엽〉으로, 홍씨본 『청구영언』과 가람본 『청구영언』에는 〈만횡〉으로, 가람본 『청구詠언』에는 〈삼삭대엽〉으로, 18세기 후반 가집인 『병와가곡집』에는 〈만횡〉으로, 19세기 초중반 가집인 육당본 『청구영언』과 『영언』에는 〈만횡〉으로, 『가보』에는 여창 〈계락〉으로, 19세기 후반 가집인 『가곡원류』계에는 대다수 〈만횡〉으로 『해동악장』은 다른 『가곡원류』계와 달리 〈이삭대엽〉으로, 20세기 초 가집인 『대동풍아』에는 〈우락〉으로 악곡이 나타나고 있다.

이 작품의 경우 노랫말이 사설시조형으로 되어 있어 일관되게 악곡은 〈만횡〉으로 불려져 왔음을 알 수 있고 서울대본 『악부』에서 〈반엽〉곡으로 발탁되었음을 알 수 있다.

**서울대본 『악부』 〈율당대엽〉 8**

靑치마 ᄒᆞᆫ 환영의 쏠연 紫的 長옷 뒤여 ᄇᆞ릴연이
엇그졔 날 속이고 ᄯᅩ 눌을 마자 속이려 ᄒᆞ고
夕陽에 ᄀᆞ는 허리를 한들한들 ᄒᆞᄂᆞ니

『樂서』(438)栗糖大葉, × / 『甁歌』(1105)編數大葉, × / 『東國』(320)界面調, × / 『靑淵』(187)×, × / 『靑六』(594)蔓橫, × / 『永類』(247)×, × / 『興比』(112)界三數大葉후려부르는거시라, × / 『源國』(462)蔓橫, × / 『源奎』(461)蔓橫, × / 『源河』(457)蔓橫, × / 『源六』(439)蔓橫, × / 『源佛』(441)蔓橫, × / 『源朴』(448)蔓橫, × / 『海樂』(451)蔓橫, × / 『源一』(447)蔓橫, × / 『協律』(445)蔓橫, × / 『花樂』(474)蔓橫俗稱弄, × / 異『해주』(555)×, 金壽長 / 『永言』(349)弄, × / 『知音』(227)以下界蔓橫 俗稱半弄, ×

〈율당대엽〉의 8번째 작품438번으로 18세기 말 가집인 『병와가곡집』에는 〈편삭대엽〉으로, 19세기 초중반 가집인 『동국가사』에는 〈계면조〉로, 『흥비부』에는 계면조 〈삼삭대엽후 후려부르는거시리〉로, 육당본 『청구영언』에는 〈만횡〉으로, 『영언』에는 〈농〉으로 19세기 후반 가집인 『가곡원류』계에는 〈만횡〉으로 악곡이 나타나는데 여기서 주목할 것은 『지음』의 악곡이다. 『지음』에는 〈계만횡〉이라는 악곡명 뒤에 속칭 반농이라는 표기가 있어, 처음에는 〈삼삭대엽〉처럼 부르다가 2장 이하는 농으로 부른다는 〈반지기半只其〉와 같음을 뜻하는데 결국 두 개의 곡조를 합친 것으로 〈우조〉와 〈계면조〉의 두 곡조가 나타나는 〈반엽〉과 일맥상통한다고 할 수 있다.

서울대본 『악부』 〈율당대엽〉 9

白雲이 니러 나고 나모 닙히 움즉인다
밀물에 東湖 가고 혈물에란 西湖가서
兒孩야 건그물 거두ᄉᆞ려 댓글 것고 돗ᄎᆞᆯ 놉히 다라라

〈율당대엽〉의 9번째 작품439번으로 서울대본 『악부』에만 수록된 작품으로 이 시기에 새로 창작된 작품으로 〈반엽〉의 가변적인 성격을 보여준다. 가집에 나타나는 〈반엽〉을 분석해보면 때로는 기존에 부르던 작품을 〈반엽〉으로 바꿔 부르기도 하지만 이렇게 그 당대에 처음으로 부르던 곡 또한 존재한다. 이것은 서울대본 『악부』를 향유하던 향유층에서는 반엽곡이 많이 필요했음을 확인시켜 주는 것으로 당대 가창의 현장성을 반영한 것으로 볼 수 있다.

서울대본 『악부』 〈율당대엽〉 10

한 손에 막대 들고 또 ᄒᆞᆫ 손에 가싀 들고
늙ᄂᆞᆫ 길 가싀로 막고 오ᄂᆞᆫ 白髮 막대로 치려터니
白髮이 졔 몬져 알고 즈럼길노 오더라

『甁歌』(47)二數大葉, 禹倬 / 『海一』(578)蔓數大葉, × / 『樂서』(440)栗糖大葉, × / 『靑가』(436)二數大葉, × / 『靑詠』(424)三數大葉, × / 『東國』(315)界面調, × / 『靑六』(34)羽二數大葉, 禹倬 / 『歌譜』(54)존자즌ᄒᆞᆫ엽, × / 『東歌』(27)二數大葉, 禹倬 高麗忠烈王時 監察 / 『源國』(804(139))弄歌, × / 『源奎』(803(139))弄歌, × / 『源河』(803(146))弄歌, × / 『源六』(755(129))弄, 禹倬 高麗祭酒 通性理之學 / 『源佛』

(760(129))弄歌, 禹倬 高麗祭酒 / 『源朴』(675(138))弄歌, × / 『源皇』(661(139))弄歌, × / 『海樂』(818(160))弄歌, × / 『協律』(775(133))弄歌, × / 『女謠』(135)존자즌한입, × / 『南太』(136)×, × / 『詩餘』(141)×, × / 『永言』(188)界面二數大葉, ×

〈율당대엽〉의 10번째 작품440번으로 18세기 중반 가집인 『해동가요』에는 〈만삭대엽〉으로, 18세기 후반 가집인 가람본 『청구영언』과 『병와가곡집』에는 〈이삭대엽〉으로, 가람본 『청구詠언』에는 〈삼삭대엽〉으로, 19세기 초중반 가집인 『동국가사』에는 〈계면조〉로, 육당본 『청구영언』과 『영언』에는 각각 우조 〈이삭대엽〉과 계면조 〈이삭대엽〉으로, 『가보』에는 〈존자즌ᄒᆞᆫ엽〉으로, 『가곡원류』계에는 여창 〈농가〉로, 『여창가요록』에는 〈죤자즌한입〉으로 악곡이 나타나고 있다.

서울대본 『악부』 〈율당대엽〉 11

東山 昨日雨에 老謝와 바독 두고

草堂 今夜月에 謫仙을 난나 酒一斗 詩百篇이라

來日은 陌上青樓에 杜陵豪 邯鄲妓과 큰 못거지 ᄒᆞ리라

『青김』(469)蔓橫清類 / 『瓶歌』(878)蔓横 / 『海一』(593)蔓數大葉 / 『詩歌』(402)× / 『樂서』(441)栗餹大葉 / 『青가』(663)編數弄抄 / 『青詠』(440/596)三數大葉/蔓横 / 『青淵』(151)× / 『青六』(827)言樂 / 『永類』(270)× / 『興比』(101)界面助乙音 / 『源國』(614)旕樂 / 『源奎』(613)旕樂 / 『源河』(605)旕樂 / 『源六』(553)旕樂 / 『源佛』(555)旕樂 / 『源朴』(487)羽樂 / 『源皇』(482)羽樂 / 『海樂』(598)羽樂 / 『源가』(287)羽樂[다음에 지르는낙시됴있음] / 『源一』(583)旕樂 / 『協律』(594)旕樂 /

『花樂』(608)蒞樂 / 『南太』(73) × / 異『調詞』(72)긔름 / 『永言』(342)弄

〈율당대엽〉의 11번째 작품441번으로 18세기 전반 가집인 김천택본 『청구영언』에는 〈만횡청류〉로, 18세기 중반 가집인 일석본 『해동가요』에는 〈만삭대엽〉으로, 18세기 중후반 가집인 가람본 『청구영언』에는 〈편삭농초〉로, 가람본 『청구詠언』에는 〈삼삭대엽〉과 〈만횡〉으로, 『병와가곡집』에는 〈만횡〉으로, 19세기 초중반 가집인 육당본 『청구영언』에는 〈언락〉으로, 『영언』에는 〈농〉으로 『흥비부』에는 계면조 〈조을음〉으로, 19세기 중후반 가집인 『가곡원류』계에는 〈우락〉이나 〈엇락〉으로 악곡이 나타나고 있다.

서울대본 『악부』 〈율당대엽〉 12

男 ᄒᆞ여 片紙 傳치 말며 當身이 제오다면

남이 남의 일을 못 일과져 ᄒᆞ랴만은

남 ᄒᆞ여 傳ᄒᆞᆫ 片紙이 일쫑말쫑 ᄒᆞ여라

『甁歌』(743)二數大葉, × / 『樂서』(442)栗饍大葉, × / 『靑詠』(87)二數大葉, × / 『靑淵』(179) ×, 白湖 / 『靑六』(310/915)栗糖數葉/栗糖數葉, × / × / 『歌譜』(60)밤엇자즌ᄒᆞᆫ엽, × / 『興比』(32/216)栗糖數大葉/羽調, × / × / 『源國』(719(54))栗糖數大葉, × / 『源奎』(718(54))栗糖數大葉, × / 『源河』(709)栗糖數大葉, × / 『源六』(674(48))栗糖數大葉, × / 『源佛』(679(48))栗糖數大葉, × / 『源朴』(583(46))栗糖數大葉, × / 『源皇』(569(47))栗糖數大葉, × / 『海樂』(713(55))栗糖數大葉, × / 『源가』(349(34))밤엿ᄌᆞ즌ᄒᆞᆫ닙, × / 『協律』(690(48))栗糖數大葉或稱半數葹大葉, × / 『女謠』(49)밤엿ᄌᆞ진한입, × / 『詩謠』(20)밤얏자지난엽, × / 『大東』(184)羽平調半

葉, × / 『永言』(82)半葉數葉 四章反界面, ×

〈율당대엽〉의 12번째 작품442번으로 18세기 중후반 가집인 가람본 『청구詠언』과 『병와가곡집』에는 〈이삭대엽〉으로 19세기 초중반 가집인 육당본 『청구영언』에는 〈율당삭엽〉과 여창 〈율당삭엽〉으로, 『가보』, 『영언』에도 〈반엽〉으로, 『흥비부』는 〈율당삭대엽〉과 〈우조〉로, 19세기 중후반 가집인 『가곡원류』계와 『여창가요록』, 그리고 『시가요곡』도 〈반엽〉으로, 20세기 초 가집인 『대동풍아』는 우평조 〈반엽〉으로 악곡이 나타나고 있다.

이 작품은 처음에는 〈이삭대엽〉으로 부르다가 19세기 초반 〈반엽〉으로 부르기 시작하여 20세기 초까지〈반엽〉으로 부른 작품이다. 한번 악곡이 정착되면 이후 가집에도 같은 악곡으로 부르는 것은 일반적 현상이다. 〈반엽〉의 경우 다른 가집에서는 5수 정도의 적은 작품이 수록되어 있는 것과는 달리 서울대본 『악부』의 경우 22수라는 매우 많은 작품을 수록하고 있어 〈반엽〉곡으로서의 의미를 의심받고 있다. 그러나 이 작품의 경우 서울대본 『악부』와 동시기에도 〈반엽〉으로, 이후 시기에도 〈반엽〉으로 악곡이 나타나고 있어, 서울대본 『악부』의 〈율당대엽〉이 〈반엽〉임을 나타내는 증거이다.

**서울대본 『악부』 〈율당대엽〉 13**

가마귀 거무나 다나 ᄒᆡ오리 희나 다나
황새 다리 기나 다나 올ᄒᆡ 다리 자르나 다나
世上에 黑白 長短은 나도 몰나 ᄒᆞ노라

『甁歌』(855)蔓橫 / 『海一』(587)蔓數大葉 / 『樂서』(443)栗糖大葉 / 『青洪』

(298)蔓橫 / 『靑가』(674)編樂幷抄 / 『東國』(342)界面調 / 『古今』(80)[寓風]× / 『槿樂』(386)蔓橫淸 / 『靑淵』(163)× / 『靑六』(677)弄 / 『永言』(301)弄

〈율당대엽〉의 13번째 작품443번으로 18세기 중반 가집인 일석본 『해동가요』에는 〈만삭대엽〉으로, 홍씨본 『청구영언』에는 〈만횡〉으로, 가람본 『청구영언』에는 〈편낙병초〉로 19세기 초중반 가집인 『동국가사』에는 〈계면조〉로, 육당본 『청구영언』과 『영언』에는 〈농〉으로 악곡이 나타나고 있다.

18세기에 〈편낙병초〉라는 가합可合악곡으로 나타난다는 것은 〈반엽〉곡이 많이 필요했던 가창의 현장성을 반영한 것으로 포괄에서 다시 분화되는 과정 속에서 아직 어느 악곡에도 속하지 않은 작품을 당대의 가창의 흐름 속에 〈반엽〉곡으로 편입시킨 것이다.

서울대본 『악부』 〈율당대엽〉 14

우리 들니 後生ᄒᆞ여 네 나 되고 내 너 되야
ᄂᆡ 너 그려 긋던 ᄋᆡ를 너도 날 그려 긋쳐 보면
이生에 내 셜워ᄒᆞ던 줄 너도 알가 ᄒᆞ노라

『甁歌』(582)二數大葉, × / 『海一』(429)二數大葉 / 『詩歌』(353/433)× / 『樂서』(444)栗餹大葉 / 『靑가』(433)二數大葉 / 『靑詠』(382)二數大葉 / 『東國』(306)界面調 / 『槿樂』(263)[離恨]× / 『靑淵』(23)× / 『靑六』(600/951)蔓橫/界二數大葉 / 『歌譜』(61)봄엇자즌ᄒᆞᆫ엽 / 『興比』(98/263)界面 助乙音/弄 / 『源國』(374/801(136))頭擧/弄歌 / 『源奎』(374/800(136))頭擧존자즌한입/弄歌 / 『源河』(367/800)頭擧존자즌한닙/弄歌 / 『源

六』(360/752(126))頭擧/弄 / 『源佛』(362/757(126))頭擧/弄歌 / 『源朴』(362/672(135))頭擧존즈즌난입/弄歌 / 『源皇』(359/658(136))頭擧존즈즌ᄒᆞᆫ입/弄歌 / 『海樂』(364/815(157))頭擧존즈즌한닙/弄歌 / 『源가』(184/399(84))界頭擧존쟈즌한닙/弄歌 / 『源一』(362/670)界頭擧/× / 『源東』(366)頭擧 / 『協律』(359/772(130)) 界頭擧존쟈즌한닙/弄歌 / 『花樂』(383)界頭擧 / 『女謠』(132)죤자즌한입 / 『南太』(175)× / 『詩餘』(149)× / 『歌謠』(87)× / 『永言』(182)界面二數大葉, ×

〈율당대엽〉의 14번째 작품444번으로 18세기 중후반 가집인 일석본 『해동가요』, 『병와가곡집』, 가람본 『청구영언』, 가람본 『청구詠언』에는 〈이삭대엽〉으로 19세기 초중반 가집인 『동국가사』에는 〈계면조〉로, 육당본 『청구영언』에는 〈만횡〉과 계면조 〈이삭대엽〉으로, 『영언』에는 계면조 〈이삭대엽〉으로 『가보』에는 〈븜엇자즌ᄒᆞᆫ엽〉으로, 『흥비부』에는 계면 〈조을음〉과 〈농〉으로, 19세기 중후반 가집인 『가곡원류』계는 남창의 경우에는 〈두거〉로 여창의 경우는 〈농가〉로, 『여창가요록』은 〈두거〉로 악곡이 나타나고 있다.

이 작품은 원래 〈이삭대엽〉으로 불리다가 19세기 초중반에는 〈이삭대엽〉으로 불리거나 〈반엽〉으로 불리게 된다. 결국 18세기 악곡을 따르거나 당대의 가창의 현장에 따라 〈반엽〉으로 불리는 것이다. 또한 『흥비부』의 경우 계면 〈조을음〉으로 나타나는데 이 악곡의 경우 또한 아직 정착되지 않은 악곡으로 볼 수 있다. 이러한 현상이 결국 서울대본 『악부』의 〈반엽〉 부분 또한 아직 악곡이 확정되지 않은 작품을 수록한 부분인 것을 추정할 수 있게 해준다.

**서울대본 『악부』 〈율당대엽〉 15**

積雪이 다 녹아지되 봄 소식을 모로더니

歸鴻은 得意天空濶이오 臥柳는 生心水動搖ㅣ로다

아희야 새 술 걸너라 봄 마지 ᄒᆞ리라

『海周』(516)二數大葉, 金壽長 / 『樂서』(445)栗餹大葉, × / **『青六』(417)界二數大葉, ×** / **『興比』(102)界面助乙音, ×** / 『調詞』(30)×, × / 『源國』(399)頭擧, × / 『源奎』(399)頭擧존자즌한입, × / 『源河』(392)頭擧존자즌한닙, × / 『源六』(388)頭擧, × / 『源佛』(390)頭擧, × / 『源朴』(385)頭擧존ᄌᆞ즌난입, × / 『源皇』(382)頭擧존ᄌᆞ즌ᄒᆞᆫ입, × / 『海樂』(389)頭擧존ᄌᆞ즌한닙, × / 『源가』(198)界頭擧존쟈즌한닙, × / 『源一』(388)界頭擧, × / 『源東』(395)頭擧, × / 『協律』(384)界頭擧, × / 『花樂』(407)界頭擧, × / 『南太』(70)×, × / 『詩餘』(43)×, × / 『歌謠』(4)×, × / 『三家樂府』(續小樂府17-8)×, 沈陜川鏞

〈율당대엽〉의 15번째 작품445번으로 18세기 중반 가집인 주씨본 『해동가요』에는 〈이삭대엽〉으로 19세기 초중반 가집인 육당본 『청구영언』에는 계면조 〈이삭대엽〉으로, 『홍비부』에는 계면조 〈조을음〉으로, 『가곡원류』계에는 계면 〈두거〉로 악곡이 나타나고 있다.

**서울대본 『악부』 〈율당대엽〉 16**

山村에 客不來라도 寂寞든 아니 ᄒᆞ예

花咲에 鳥能言이오 竹喧은 人相語ㅣ라 松風은 거문고요 杜鵑聲이 노릐로다

아마도 나의 富貴야 눈을긔리 업ᄂᆞ니

『海周』(529)×, 金壽長 / 『樂서』(446)栗餹大葉, × / 『靑六』(774)界樂時調

〈율당대엽〉의 16번째 작품446번으로 19세기 초중반 가집인 육당본 『청구영언』에는 계면조 〈낙시조〉로 악곡명이 나타나고 있다.

**서울대본 『악부』 〈율당대엽〉 17**

北邙山川이 긔 엇더ᄒᆞ여 古今 英雄이 다 가ᄂᆞᆫ고

秦始皇 漢武帝도 採藥求仙ᄒᆞ여 부듸 아니 가랴터니

驪山과 武陵松栢을 어듸 되고 가시ᄂᆞᆫ고

『靑김』(488)蔓橫淸類 / 『瓶歌』(1043)樂戱調, × / 『海一』(504/536)三數大葉/樂時調 / 『詩歌』(607)蔓橫 / 『樂서』(447)栗餹大葉 / 『靑가』(525)蔓大葉樂戱幷抄 / 『靑詠』(425)三數大葉 / 『東國』(374)界面調 / 『古今』(272)蔓橫淸流 / 『槿樂』(323)蔓橫淸 / 『靑六』(842)言樂 / 『歌譜』(212)편롱 / 『興比』(397)各調音 / 『大東』(253)羽樂

〈율당대엽〉의 17번째 작품447번으로 18세기 전반 가집인 김천택본 『청구영언』에는 〈만횡청류〉로, 18세기 중후반 가집인 일석본 『해동가요』에는 〈삼삭대엽〉과 〈낙시조〉로, 『시가』에는 〈만횡〉으로 가람본 『청구영언』에는 〈만대엽낙희병초蔓大葉樂戱幷抄〉로 가람본 『청구詠언』에는 〈삼삭대엽〉으로 『병와가곡집』에는 〈낙희조〉로, 19세기 초중반 가집인 『동국가사』에는 〈계면조〉로, 육당본 『청구영언』에는 〈언락〉으로, 『가보』에는 〈편롱〉으로 『흥비부』에는 〈각조음〉으로, 20세기 초 가집인 『대동풍아』에는 〈우락〉으로 악곡이 나타나고 있다.

서울대본 『악부』 〈율당대엽〉 18

님 그려 못 살게ᄒᆞ여 밤은 길고 ᄌᆞᆷ 업세라

옛사ᄅᆞᆷ 일으기를 相思 곳ᄒᆞ며 病된다ᄒᆞ데

病드러 못 살양이면 어니 ᄒᆞᆯ고 ᄒᆞ더라

『樂서』(448)栗饍大葉 / 『東國』(314)界面調 / 『慶大本』(87)[二數大葉(界)] / 『永言』(180)界面二數大葉

〈율당대엽〉의 18번째 작품448번으로 19세기 초중반 가집인 경대본 『시조집』에는 계면 〈이삭대엽〉, 『동국가사』에는 〈계면조〉, 『영언』에는 계면 〈이삭대엽〉으로 악곡이 나타나고 있다. 이 작품은 서울대본 『악부』와 동시기의 가집에만 나타나는데 이 시기 가집의 특징 중 하나는 우계면 분화가 확실하게 구분된다는 것이다. 이러한 구분에서 계면조로만 나타나는 것은 어떤 의미를 가지고 있을까? 이 작품의 경우 동시기 가집의 상황을 보면 계면조로 나타나는 것이 특징이다. 이것을 통해 '유동적 악곡'의 경우 〈우조〉보다는 〈계면조〉로 파생되는 경우가 많다는 것을 추정할 수 있다.[12] 이러한 현상은 『병와가곡집』이 〈삭대엽〉과 마찬가지라고 할 수 있다. 〈반엽〉은 〈우계면〉을 연결해서 부를 때 필요한 것으로 〈우조〉적 성격이 약화되어 가는 현상이라고 할 수 있다.

12 정민경에 의하면 〈두거〉의 경우 남창이 비교적 고정된 선율을 형성하여 가곡의 한 레퍼토리로 자리매김한 반면, 여창은 고정된 선율을 형성하지 않고 때에 따라 남창의 선율을 변주하여 연주했기 때문에 남창 두거는 선율 변천이 크지 않고 여창 두거는 여러 선율형의 양상이 일정한 흐름으로 나타나지 않음을 논했는데(「가곡 두거 선율 연구－거문고 고악보를 중심으로」, 이화여대 석사논문, 2007) 이러한 관점에 의거하면 새로운 악곡은 기존의 악곡에 비해서 변화가 크다는 것을 알 수 있다. 따라서 '우조'보다는 '계면조'로 갔다는 것은 원래 '우조'로 많이 부르던 작품이 '계면조'로 이동했을 가능성을 보여준다고 할 수 있다.

**서울대본『악부』〈율당대엽〉19**

黃金嫩 핀 연후에 梅香이 쓸 듸 업다
雲從龍風從虎은 豪士의 志氣로다
柳色이하 靑靑ᄒᆞ니 ᄂᆡ 벗진가 ᄒᆞ노라

**서울대본『악부』〈율당대엽〉20**

私 업슨 白髮이요 信잇ᄂᆞᆫ 四時로다
節節 도라오니 흐르난니 年光이라
어즈버 少年行樂이 어제론 듯 ᄒᆞ여라

**서울대본『악부』〈율당대엽〉21**

버드나무 ᄀᆡ야지 픠이 그ᄀᆡ야지
여름이 되랴 萬條千綠의 씃치 ᄆᆡ쳐시이
아마도 一叢萬枝는 너 쌘인가 ᄒᆞ노라

〈율당대엽〉의 19, 20, 21번째 작품449~451은 서울대본『악부』에만 나타나는데 이것은 〈율당대엽〉이라는 악곡이 가지고 있는 당대성, 즉 가변성과 관련이 있다. 이에 대해서는 다음 장에서 자세하게 다룰 것이다.

**서울대본『악부』〈율당대엽〉22**

나ᄂᆞᆫ 님 밋기을 嚴冬雪寒에 孟嘗君의 狐白裘빗듯
님은 날헤기를 三角山 中興寺이 쌔진 늘근 중놈의 살셩귄 어제빗져로
① 아마도 싹사랑 외즐리은 나 쌘인가 ᄒᆞ노라

『병와가곡집』

나는 님 혜기를 嚴冬雪寒에 孟嘗君의 孤白裘 밋듯

님은 날 혜기를 三角山 中興寺에 니 색진 늘근 즁놈의 살 셩긘 어레빗시로다

② 싹스랑 외즐김 ᄒᆞᄂᆞᆫ 뜻을 하늘이 아르셔 둘너 보게 ᄒᆞ소셔

『가보』

나는 님 혜기를 엄동셜한嚴冬雪寒에 밍샹군孟嘗君에 호빅루狐白裘 밋듯

님은 날 혜기를 삼각산三角山 즁흥ᄉᆞ中興寺에 니색진 늘근 둥놈에 슬셩진 어레 이시로다

③ 명텬明天이 이뜻을 아오셔 돌녀 사ᄅᆞᆼ키 ᄒᆞ소셔

『青김』(540)蔓橫淸類 / 『瓶歌』(976)樂戲調, × / 『詩歌』(617) × / 『青가』(535)蔓大葉樂戲幷抄 / 『東國』(407)樂時調 / 『青六』(819)言樂 / 『永類』(302) × / 異『악서』(452) [異文1] 栗饍數葉 / 異『가보』(224) [異文2] 편롱 / 異『원국』(605)旕樂지르는 낙시됴 / 異『원규』(604)旕樂지르는 낙시됴 / 異『원하』(596)旕樂 / 異『원육』(545)旕樂 / 異『원불』(547)旕樂 / 異『원박』(478)旕樂 / 異『원황』(473)旕樂 / 異『해악』(589)羽擧 / 異『원일』(574)旕樂 / 異『협률』(585)旕樂 / 異『화악』(599)旕樂 / 異『대동』(564)羽樂

〈율당대엽〉의 22번째 작품452번으로 18세기 전반 가집인 김천택본 『청구영언』에는 〈만횡청류〉로, 18세기 중후반 가집인 가람본 『청구영언』에는 〈만대엽낙희병초蔓大葉樂戲幷抄〉로, 『병와가곡집』에는 〈낙희조〉로 19세기 전반 가집인 『동국가사』에는 〈낙시조〉로 종장 사설이 변이된 『가보』에는 〈편

롱〉으로 이와 같은 사설인 『가곡원류』계는 〈엇락〉, 『대동풍아』는 〈우락〉으로 악곡이 나타나고 있다. 또한 종장 사설의 경우 세 가지 버전으로 나타나는데 ②, ③이 하늘에 뜻을 맡기는 것과 달리 서울대본 『악부』의 경우 화자 자신이 주체가 되고 있다.

지금까지 서울대본 『악부』의 〈율당대엽〉의 작품의 악곡을 18세기 가집, 동시기의 가집, 19세기 후반, 20세기 초 가집과의 악곡 비교를 해 보았다. 이것을 표로 정리하면 다음과 같다.

| 18세기 | 서울대본 『악부』 | 19세기 초중반 | 『가곡원류』계 | 20세기 초 |
|---|---|---|---|---|
| 만횡대엽<br>이삭대엽 | 431 "太公의 고기 낙던" | 계면조<br>계면 이삭대엽<br>두거<br>계면조 조을음 | 계면 두거 | 계면 이삭대엽 |
| 이삭대엽<br>삼삭대엽 | 432 "天地ㅁ 萬物之逆旅요" | 반엽<br>계면조<br>여창 계면 이삭대엽<br>계면 두거<br>만횡 | 여창<br>계면 두거 | 계평조 촉삭대엽 |
| 이삭대엽<br>삼삭대엽 | 433 "기러기 풀풀 다 나라나이" | 반엽<br>계면 삼삭대엽<br>계면 이삭대엽 | 만횡 | 엇롱 |
| 만횡청류<br>만삭대엽<br>만횡<br>삼삭대엽 | 434 "두고 가는 의 안과" | 만횡<br>여창 계락 | 만횡<br>이삭대엽 | 우락 |
| 만삭대엽<br>만대엽낙희병초 | 435 "岳陽에 올나 안자" | 반엽<br>계면 이삭대엽<br>계면 두거<br>계면 조을음 | 계면 두거 | 가창으로<br>전승되지 않음 |
| 이삭대엽<br>삼삭대엽<br>만삭대엽 | 436 "이슝 져슝 다 지내옵고" | 반엽<br>계면조<br>만횡 | 반엽 | 가창으로<br>전승되지 않음 |
| 만횡청류<br>만삭대엽<br>만대엽낙희병초 | 437 "靑天 구름 밧긔" | 반엽<br>만횡<br>산락 | 만횡 | 가창으로<br>전승되지 않음 |

<table>
<tr><th>18세기</th><th>서울대본 『악부』</th><th>19세기 초중반</th><th>『가곡원류』계</th><th>20세기 초</th></tr>
<tr><td>편삭대엽</td><td>438 "靑치마 흔 환영의 쏠연"</td><td>계면조<br>계면조 삼삭대엽<br>후려부르는 거시라<br>만횡<br>농</td><td>만횡</td><td>가창으로<br>전승되지 않음</td></tr>
<tr><td colspan="5">서울대본 『악부』에만 수록된 작품(전승이 잘 되지 않은 경우)<br>439 "白雲이 니러 나고 나모 닙히 움즉인다"</td></tr>
<tr><td>만삭대엽<br>이삭대엽<br>삼삭대엽</td><td>440 "한 손에 막대 들고"</td><td>계면조<br>우조 이삭대엽<br>계면조 이삭대엽<br>존즈즌흔엽</td><td>여창 농가<br>여창 존자즌한입</td><td>가창으로<br>전승되지 않음</td></tr>
<tr><td>만횡청류<br>만삭대엽<br>편삭농초<br>삼삭대엽<br>만횡</td><td>441 "東山 昨日雨에"</td><td>언락<br>농<br>계면조 조을음</td><td>우락<br>엇락</td><td>가창으로<br>전승되지 않음</td></tr>
<tr><td>이삭대엽</td><td>442 "男 흐여 片紙 傳치 말며"</td><td>반엽<br>우조</td><td>반엽</td><td>우평조 반엽</td></tr>
<tr><td>만삭대엽<br>만횡<br>편낙병초</td><td>443 "가마귀 거무나 다나"</td><td>계면조<br>농</td><td colspan="2">가창으로 전승되지 않음</td></tr>
<tr><td>이삭대엽</td><td>444 "우리 들니 後生흐여"</td><td>계면조<br>만횡<br>계면조 이삭대엽<br>반엽<br>계면 조을음<br>농</td><td>남창 두거<br>여창 농가<br>여창 두거</td><td>가창으로<br>전승되지 않음</td></tr>
<tr><td>이삭대엽</td><td>445 "積雪이 다 녹아지되"</td><td>계면조 이삭대엽<br>계면조 조을음</td><td>계면 두거</td><td>가창으로<br>전승되지 않음</td></tr>
<tr><td>악곡 정보 없음</td><td>446 "山村에 客不來라도"</td><td>계면 낙시조</td><td colspan="2">가창으로 전승되지 않음</td></tr>
<tr><td>만횡청류<br>삼삭대엽<br>낙시조<br>만횡<br>만대엽낙희병<br>초낙희조</td><td>447 "北邙山川이 긔 엇더흐여"</td><td>계면조<br>언락<br>편롱<br>각조음</td><td>가창으로<br>전승되지 않음</td><td>우락</td></tr>
<tr><td>발생 전</td><td>448 "님 그려 못 살게흐여"</td><td>계면 이삭대엽<br>계면조</td><td colspan="2">가창으로 전승되지 않음</td></tr>
</table>

| 18세기 | 서울대본 『악부』 | 19세기 초중반 | 『가곡원류』계 | 20세기 초 |
|---|---|---|---|---|
| | 서울대본 『악부』에만 출현하는 작품(타가집에 가창으로 전승되지 않음)<br>449 "黃金嫩 픤 연후에 梅香이 쓸 듸 업다"<br>450 "私 업슨 白髮이요 信잇는 四時로다"<br>451 "버드나무 기야지 픠이 그기야지" | | | |
| 만횡청류<br>만대엽낙희병초<br>낙희조 | 452 "나는 님 밋기을 嚴冬雪寒에" | 낙시조<br>편롱 | 엇롱 | 우락 |

서울대본 『악부』의 〈율당대엽〉은 18세기 가집에서는 〈이삭대엽〉, 〈삼삭대엽〉, 〈만횡청류〉 같은 사설시조, 혹은 〈만대엽낙희병초〉 등 가합악곡으로 불리던 작품으로 동시기 가집에서는 〈반엽〉, 계면 〈이삭대엽〉, 계면 〈삼삭대엽〉, 계면 〈두거〉, 계면 〈조을음〉, 〈만횡청류〉의 파생곡 등으로 나타난다. 『가곡원류』계에는 계면 〈두거〉, 〈반엽〉, 〈농가〉 등으로 나타난다.

이것은 서울대본 『악부』의 〈율당대엽〉이 다양한 악곡을 모두 수록하고 있음을 알 수 있으며, 전승 자체가 기존의 악곡이 아닌 주로 〈반엽〉이나 〈두거〉 등 〈이삭대엽〉의 파생곡으로 갔다는 점, 『병와가곡집』의 '유동적 악곡'인 〈삭대엽〉과 6수라는 많은 작품이 공출되었다는 점 등을 볼 때 이 악곡 역시 서울대본 『악부』의 향유 당대의 실제를 보여주는 가창의 현장적 역동성을 보여주는 악곡이라고 할 수 있다.

비록 이 작품들이 후대에 전승된 경우 〈반엽〉으로 부르는 경우가 드문 것은 서울대본 『악부』가 향유되던 곳은 〈반엽〉으로 부르는 곡이 많이 필요했던 곳이거나 발생 초기이기 때문에 가능한 많은 작품을 수록하려고 한 편찬자의 의도가 있었기 때문에 22수라는 많은 작품을 수록한 것으로 이해할 수 있다.

그렇다면 왜 서울대본 『악부』의 편찬자는 〈율당대엽〉이라는 명칭을 썼을까? 〈반엽〉이라는 것은 〈우조〉와 〈계면조〉를 나눠 부를 때 '편가'를 완성하기 위해서 꼭 필요한 악곡이다. 그러나 서울대본 『악부』에는 〈우조〉와 〈계면조〉의 구분이 명확하지 않음에도 불구하고 서울대본 『악부』의 편찬자는 〈율당대엽〉이라는 명칭을 사용했다. 이것은 이 악곡이 생겨난 시기 자체가 과도기임을 알려주는 징표이다. 육당본 『청구영언』, 『영언』, 『가보』, 『동국가사』 등은 〈우조〉와 〈계면조〉가 나눠져 있기 때문에 〈반엽〉을 가지고 있다. 그러나 작품수는 그리 많지 않다. 새로운 악곡이 정착할 때는 이미 그 악곡이 발생하고, 변화되고 탈락하는 시간을 거쳐 정착하게 된다. 서울대본 『악부』의 〈율당대엽〉은 미정착 시기 즉, 새로운 악곡이 발생하고 변화되던 시기의 현상을 보여준다고 할 수 있다.

서울대본 『악부』의 편찬자는 '우조'와 '계면조'의 두 악조로 고정화되어 가는 과도기에서 어느 특정 악조로 고정되지 않은 아직은 확정되지는 않았으나 변화될 조짐이 보이는 작품을 〈율당대엽〉에 수록한 것이다. 또한 '반엽'은 우조에서 계면으로 연결해서 부를 때 필요한 악곡이다. 그렇기 때문에 비록 서울대본 『악부』는 '우조'와 '계면조'가 분류되어 있지 않지만 그러한 조짐을 편찬자나 그 향유층에서 민감하게 느꼈음을 나타낸다.

### 3) 동시기 가집의 〈반엽〉 현황

〈반엽〉은 18세기 후반 파생된 악곡이다. 서울대본 『악부』에는 22수라는 많은 수의 〈율당대엽〉이 수록되어 있다. 동시기 가집에 〈반엽〉은 어떻게 나타나는지 살펴볼 필요가 있다. 동시기의 가집에서 〈반엽〉이 나타나는 가집은 『동국가사』, 『홍비부』[13], 『영언』, 『가보』[14] 등이 있다. 따라서 이 가집들의

13 『홍비부』의 〈반엽〉은 3수가 나오는데 앞서 살펴본 서울대본 『악부』의 〈율당대엽〉과 모두 공출

〈반엽〉을 분석하여 서울대본 『악부』의 〈반엽〉의 성격을 규명해보고자 한다.

『동국가사』에는 〈반엽〉이 '율당삭엽栗糖數葉'이라는 명칭으로 나타나는데 다른 악곡명과는 다른 형태를 보이고 있기 때문에 그 성격을 규명하는 것이 다소 어렵다. 이것을 설명하기 위해 『동국가사』의 체제를 살펴보자.

| 악곡명 | 가번 | 작품수 | 신경숙 분류[15] |
|---|---|---|---|
| 초중대엽 | 1~3 | 3수 | |
| 이중대엽 | 4 | 1수 | |
| 삼중대엽 | 5 | 1수 | |
| 우조 초삭엽 | 6~13 | 8수 | |
| 우조 삭엽 | 14~77 | 64수 | 이삭대엽 14~65<br>삼삭대엽 66~73<br>반삭대엽(두거) 74~77 |
| 소용 | 78~92 | 15수 | |
| 계면조 | 93~382 | 290수 | 계면 이삭대엽<br>계면 삼삭대엽<br>계면 반삭대엽<br>산롱<br>롱 |
| 낙시조 | 383~414 | 32수 | 우락 + 계락 |

위의 표를 보면 『동국가사』는 우조와 계면조가 분화되어 나타나고 있어 19세기 초반의 가집임을 추정하게 하는데 문제가 되는 것은 우조와 계면조 사이에 소용이 있다는 점이다. 일반적으로는 우조와 계면조 사이에는 '반우반계'인 〈반엽〉이 있다. 이에 대해 신경숙은 이 가집의 〈소용〉은 〈소용〉과 〈율당삭엽〉이 합쳐진 것으로 파악한다.

왜냐하면 다음 페이지의 그림에서 볼 수 있듯이 〈소용〉왼쪽 그림이라는 개

하므로 이 장에서는 다루지 않는다.

14 『가보』의 〈반엽〉은 2수가 나오는데 앞서 살펴본 서울대본 『악부』의 〈율당대엽〉과 모두 공출하므로 이 장에서는 다루지 않는다.

15 신경숙, 앞의 책, 43면.

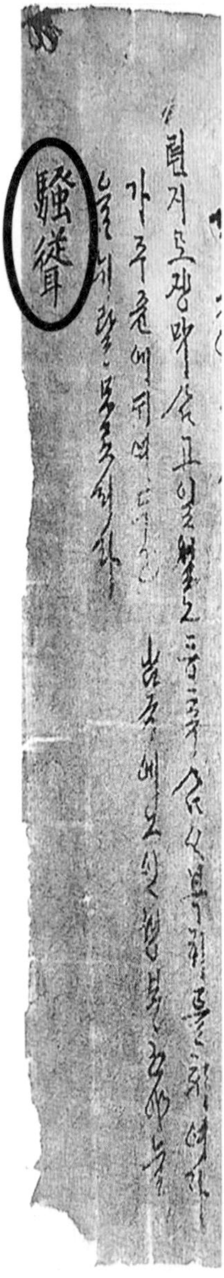

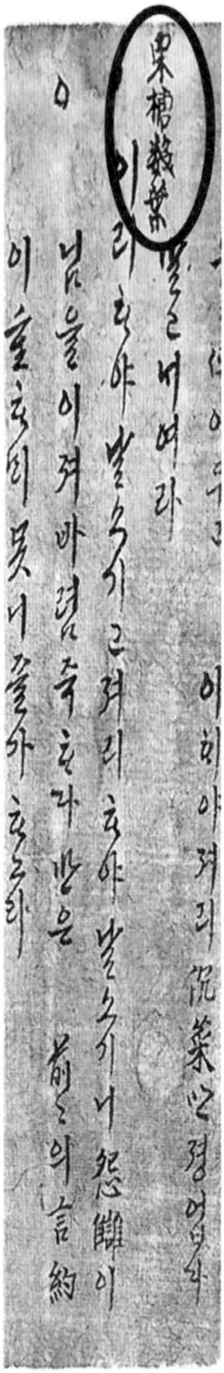

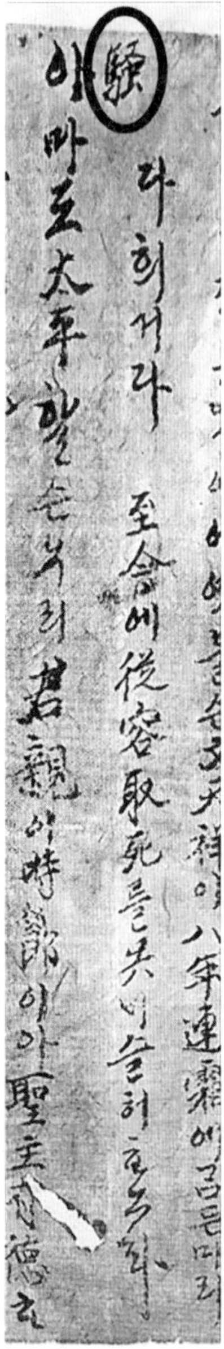

별 항목으로 작품이 시작되지만 가집의 〈소용〉 부분 84번의 종장과 85번 초장 사이 위에 〈율당삭엽栗糖數葉〉가운데 그림이라는 기록이 있기 때문이다. 그러나 이러한 표기는 앞부분에서 악곡명을 기록하는 것과는 사뭇 다르다. 더욱이 90번 작품 초장 바로 옆에 '騷'오른쪽 그림라는 기록이 있어 89번까지 〈율당삭엽〉이고 90번부터는 다시 〈소용〉이 나타나고 있음을 알 수 있다.

『동국가사』에는 〈율당삭엽〉이 다섯 수가 수록되어 있다.

**『동국가사』 〈율당삭엽〉 1**

이리ᄒᆞ야 날 소기고 져리ᄒᆞ야 날 소기니

怨讐이 님을 이져 바렴즉 ᄒᆞ다만은

前前의 言約이 ᄒᆞᆫᄒᆞᄆᆡ 못 니즐가 ᄒᆞ노라

『瓶歌』(772)二數大葉, × / 『青가』(305)二數大葉, 松伊 / 『東國』(85)栗糖數葉, × / 『青六』(907)羽二數大葉, × / 『興比』(210)羽調, × / 『源國』(706(41))頭擧, × / 『源奎』(705(41))頭擧존자즌한닙, × / 『源河』(699)頭擧, × / 『源六』(664(38))短數大葉, × / 『源佛』(669(38))短數大葉, × / 『源皇』(557(35))平擧막ᄂᆡᄂᆞᆫ즈즌한입, × / 『海樂』(701(43))頭擧, × / 『協律』(680(38))頭擧존자즌한닙, × / 『女謠』(39)우죠존자즌한입, × / 『歌謠』(37)×, × / 『大東』(180)羽平調促數大葉, × / 『慶大本』(24)[二數大葉(界)], × / 『永言』(461)女唱羽調 二數大葉, ×

〈율당삭엽〉 첫 번째 작품85번으로 18세기 중후반 가집인 『병와가곡집』과 가람본 『청구영언』에는 〈이삭대엽〉으로, 19세기 초중반 가집인 육당본 『청구영언』과 『영언』에는 여창 우조 〈이삭대엽〉으로, 『홍비부』에는 〈우조〉로, 19세기 중후반 가집인 『가곡원류』계에는 여창 〈두거〉와 〈평거〉로, 『여창가요록』에는 우조 〈두거〉로, 20세기 초 가집인 『대동풍아』에는 우평조 〈촉삭대엽〉으로 나타나고 있다.

이 작품은 다른 가집에는 〈반엽〉의 역할을 하지 않고 『동국가사』에만 〈반엽〉의 역할을 하고 있다. 원래 〈이삭대엽〉으로 부르던 곡이 19세기에 오면 여창 우조 〈이삭대엽〉으로 부르거나, 〈우조〉로 부르다가 『가곡원류』기에는 여창 〈두거〉나 〈평거〉로 20세기 초에는 우평조 〈촉삭대엽〉으로 악곡을 바꿔 부르게 된다.

〈율당삭엽〉의 두 번째 곡은 '삼월삼일 이백도화三月三日 李白桃花'로 시작되는데 앞 장의 『병와가곡집』의 〈삭대엽〉을 분석한 것을 참고하면 되고 세 번째 곡인 '남ᄒᆞ야 片紙 傳치 말고'는 서울대본 『악부』의 〈율당대엽〉 부분을 참고하면 된다.

**『동국가사』 〈율당삭엽〉 4**

가로지나 셰지나 中에 죽은 後면 뉘 아든가
ᄂᆞ 죽은 무덤 우희 밧츨 가나 논을 ᄆᆡ나
酒不至劉伶墳上土ㅣ니 아니 놀고 어이리

『靑김』(438)三數大葉 / **『甁歌』(807)三數大葉** / 『海一』(492)三數大葉 / 『詩歌』(518)三數三葉 / **『樂서』(393)三數大葉** / 『靑가』(463)三數大葉樂戱幷抄 / 『東國』(88)栗糖數葉 / **『靑六』(297)羽三數大葉** / 『源國』(144)羽三數大葉 / 『源奎』(144)羽三數大葉 / 『源河』(131)羽三數大葉 / 『源六』(134)羽三數大葉 / 『源佛』(134)羽三數大葉 / 『源朴』(137)三數大葉 / 『源皇』(135)三數大葉 / 『海樂』(138)三數大葉 / 『源가』(94)羽三數大葉 / 『源

一』(141)羽三數大葉 / 『源東』(133)三數大葉 / 『協律』(136)羽三數大葉 / 『花樂』(138)羽三數大葉 / 異『근악』(377)[異文1]蔓橫淸 / **異『흥비』(259)[異文2]弄** / 異『조사』(53)× / 異『남태』(6)× / 異『시여』(10)× / 異『가요』(1)× / 異『시요』(95)편

〈율당삭엽〉의 네 번째 작품88번으로 18세기 전반 가집인 김천택본 『청구영언』, 18세기 중후반 가집인 일석본 『해동가요』, 『시가』, 가람본 『청구영언』, 『병와가곡집』에는 〈삼삭대엽〉으로, 19세기 초중반 가집인 서울대본 『악부』에는 〈삼삭대엽〉으로, 육당본 『청구영언』에는 우조 〈삼삭대엽〉으로, 19세기 중후반 가집인 『가곡원류』계에도 우조 〈삼삭대엽〉으로, 이본의 경우에는 〈농〉이나 〈편〉으로 나타나고 있다. 〈반엽〉의 역할을 하는 경우는 『동국가사』에만 나타나는 작품이다.

**『동국가사』 〈율당삭엽〉 5**

북비하 져문 날에 어엿불슨 文天祥이
八年 連霜에 ㅅ믄 마리 나 희서나
至今에 從容取死를 못ᄂᆡ 슬허 ᄒᆞ노라

『靑김』(281)[二數大葉], 南坡 / 『海周』(436)×, 金天澤 / 『東國』(89)栗糖數葉, ×

〈율당삭엽〉의 다섯 번째 작품89번으로 김천택본 『청구영언』에서는 〈이삭대엽〉으로 나타난다. 이 작품도 원래 〈이삭대엽〉으로 불리다가 『동국가사』 시기에 와서 〈반엽〉의 역할을 담당하고 있다.

『동국가사』 〈율당삭엽〉의 시기별 악곡을 정리하면 다음과 같다.

| 18세기 | 『동국가사』 | 동시기 | 19세기 후반 | 20세기 초 |
|---|---|---|---|---|
| 이삭대엽 | 85 "이리ᄒᆞ야 날 소기고" | 여창 우조 이삭대엽<br>우조 | 여창 두거<br>평거 | 우평조 축삭대엽 |
| 이삭대엽<br>삼삭대엽 | 86 "三月三日 李白桃花" | 반엽<br>각조음 | 반엽 | 편 |
| 이삭대엽 | 87 "남ᄒᆞ야 片紙 傳치 말고" | 반엽<br>우조 | 반엽 | 우평조 반엽 |
| 삼삭대엽 | 88 "가로지나 셰지나 中에" | 삼삭대엽<br>우조 삼삭대엽 | 우조 삼삭대엽 | 가창으로<br>전승되지 않음 |
| 이삭대엽 | 89 "북비하 져문 날에" | 다른 가집에는 가창으로 전승되지 않음 | | |

『동국가사』의 〈율당삭엽〉은 18세기에는 〈이삭대엽〉이나 〈삼삭대엽〉으로 불리던 곡이 19세기 초중반에는 우조 〈이삭대엽〉, 〈반엽〉, 〈각조음〉, 우조 〈삼삭대엽〉으로, 『가곡원류』기에는 여창의 경우 〈두거〉나 〈평거〉, 〈반엽〉, 우조 〈삼삭대엽〉으로, 20세기 초에는 우평조 〈두거〉나 〈반엽〉, 〈편〉으로 불리게 된다. 동시기에 여러 가지 악곡으로 불렀다는 점, 5수 중 2수만이 〈반엽〉으로 불렸다는 점은 『동국가사』의 〈율당삭엽〉이 가창의 현장적 역동성을 보여주는 악곡임을 알 수 있게 해준다. 또한 〈율당삭엽〉에 속하는 노랫말의 경우 협률악곡協律樂曲이 다양하며 유동적이라는 것이 특징이다. 즉 사詞와 곡曲의 연결이 유동적이라는 것이다.

#### 4) 〈반엽〉의 당대성

〈반엽〉은 19세기 초반 나타나는 악곡이다. 앞서 살펴본 것 같이 22수라는 많은 작품을 수록하기도 하고 기존에는 〈반엽〉으로 불리지 않던 악곡이 갑자기 〈반엽〉이라는 새로운 악곡으로 불리기도 한다. 〈반엽〉은 새로 생겨난 악곡이기 때문에 그 자체로 유동성을 가지고 있다. 앞에서 본 것처럼 서울대본 『악부』, 『동국가사』의 경우에도 이전 가집에는 다른 악곡으로 부르다가 이 가집이 향유하던 공간에서만 〈반엽〉의 역할을 담당하는 곡들이 있음을 확인하였다. 이러한 현상은 특히 규장각본 『영언』[16]에 분명하게 드러난다.

19세기 초중반 가집인 『영언』에는 〈반엽삭엽半葉數葉 사장반계면四章反界面〉 악곡 아래 〈반엽〉 5수의 작품을 수록하고 있다.[17]

> 니 몸이 죽어죽어 一百番 다시 죽어
> 白骨이 塵土 되야 넉시야 잇고 업고
> 님 向ᄒᆞᆫ 一片丹心이야 가싈 줄이 니시랴

『靑김』(8)[二數大葉] / 『甁歌』(52)二數大葉 / 『海一』(16)二數大葉 / 『海周』(16)二數大葉 / 『詩歌』(24)[二數大葉] / 『樂서』(18)二數大葉 / 『靑洪』(21)[二數大葉], / 『靑가』(8)二數大葉 / 『靑詠』(26)二數大葉 / 『靑六』(40)羽二數大葉 / 『永類』(2)二中大葉, × / 『興比』(93)界二數大葉, × / 『東歌』(3)[忠]二中大葉 / 『源國』(123/408)[羽調]頭擧손쟈즌한닙/[界面調]頭擧존ᄌᆞ 즌한닙 / 『源奎』(123/408)[羽調]頭擧존쟈즌한닙/[界面調]頭擧존쟈즌한닙 / 『源河』(113)頭擧 / 『源六』(118/392)頭擧/頭擧 / 『源佛』(118/394)頭擧/頭擧 / 『源朴』(117/394)頭擧졸ᄌᆞ지난입/頭擧존ᄌᆞ즌난입 / 『源皇』(115/391)頭擧존ᄌᆞ지ᄂᆞᆫ입/頭擧존ᄌᆞ즌ᄒᆞᆫ입 / 『海樂』(119/398)頭擧/頭擧존ᄌᆞ즌한닙 / 『源가』(81/203)羽頭擧존ᄌᆞ즌ᄒᆞᆫ닙

16 『영언』에 대한 종합적인 연구는 저자의 논문(「19세기 초중반 가곡문화의 변모와 가집편찬의 양상-규장각본 『영언』을 대상으로」, 『한국고전연구』 33, 한구고전연구학회, 2016)을 참조하기 바란다.

17 첫 번째 작품은 '三月三日 梨白桃紅~'로 시작하는 작품으로 『동국가사』의 〈반엽〉과 공출하고 세 번째, 다섯 번째 작품은 '니ᄉᆞᆼ져ᄉᆞᆼ 다 지ᄂᆡ옵고~'와 '남ᄒᆞ야 편지 젼치 말고~'로 시작하는 작품으로 서울대본 『악부』의 〈율당대엽〉과 네 번째 작품은 '니러타 져러탄 말이~'로 시작하는 작품으로 『병와가곡집』의 〈삭대엽〉과 공출해 앞에서 다뤘기 때문에 여기서는 다루지 않는다.

/界頭擧존쟈즌한닙 / 『源一』(121/397)羽頭擧/界頭擧 / 『源東』(117/402)頭擧/頭擧 / 『協律』(116/393)羽頭擧/界頭擧 / 『花樂』(118/416)羽頭擧/界頭擧 / 『大東』(74)界二數大葉 / 『永言』(79)半葉數葉 四章反界面, ×

〈반엽삭엽〉의 두 번째 작품79으로 정몽주의 '단심가'이다. 가집의 경우 18세기 초반 가집인 김천택본 『청구영언』[18]부터 20세기 초 가집인 『대동풍아』에 이르기까지 작가가 알려진 채로 널리 불려진 작품이다. 이 작품의 악곡적 특징은 18세기 가집에는 〈이삭대엽〉으로 19세기 초중반 가집에는 우조·계면조 〈이삭대엽〉으로 19세기 후반 가집인 『가곡원류』계에는 우조·계면조 〈두거〉로 나타나고 있어 『영언』을 제외하고는 〈반엽〉으로 나타나지 않는다. 이러한 현상이 19세기 초중반 가집에 나타나는 〈반엽〉의 특성이다.

앞서 살펴본 바와 같이 서울대본 『악부』에는 22수라는 많은 작품이 수록되어 있지만 다른 가집에서 〈반엽〉으로 부르는 작품은 3수라는 매우 적은 작품 정도 밖에 수록되지 않는다. 『동국가사』의 경우에도 5수 중 3수만이 이 가집에서만 〈반엽〉의 역할을 담당하고 있다. 특히 서울대본 『악부』의 경우 〈반엽〉의 4수는 서울대본 『악부』에만 등장하는 작품으로 〈반엽〉을 위해 생성된 작품이다.

이렇듯 이 시기 가집에 등장하는 〈반엽〉은 유동적 특성을 가지고 있다. 기존에 부르던 작품을 유동적으로 악곡을 변화시켜 부르기도 하고 새로운 악곡이 생성되는 시점에서는 새로운 작품을 창작하기도 하는 것이다. 이렇

18 금보의 경우 『양금신보』(1610년) '중대엽' 부분에 수록되어 있어 17세기 이전부터 널리 불리던 작품임을 알 수 있다.

기 때문에 서울대본 『악부』의 〈반엽〉 부분에 많은 작품이 수록된 것은 이상한 현상이 아니다. 이 시기가 바로 〈반엽〉이 생성되던 시기였기에 편찬자는 이 악곡에 많은 관심을 가지고 여러 작품을 수록하려고 한 것이다.

서울대본 『악부』 이후에 편찬된 것으로 추정되는 가집이 '우조'와 '계면조'로 고정화가 정착된다는 점을 볼 때 이 시기는 두 개의 조로 고정화가 정착되기 바로 전의 모습을 담고 있다. 이 가집의 편찬자는 음악적 변화를 민감하게 인지하여 아직은 정착되지 않은 〈율당대엽〉을 수록했을 가능성이 높다. 이렇기에 서울대본 『악부』의 〈율당대엽〉은 『병와가곡집』의 〈삭대엽〉과 마찬가지로 '유동적 악곡'으로 이해할 때 서울대본 『악부』 및 동시기 가집을 정확하게 이해할 수 있다. 혹 "〈율당대엽〉의 경우 유동적 악곡이라기보다는 그 가집서울대본 『악부』이 향유되던 시공時空에서는 〈반엽〉이라는 특성을 가지고 있는 악곡이기에 이런 명칭이 부여된 것"으로도 볼 수 있다. 우리는 그 당대의 가객이나 가집 편찬자를 무시하고 연구를 진행하는 측면이 있다. 유동성이 심한 18세기 후반에서 19세기 초중반 가객들에게 '우조'와 '계면조'의 구분은 기록을 하지 않아도 연행 공간에서 공연을 하는 데 아무 문제가 없었을 것이다. 이러한 측면에서 이러한 의견은 타당하다. 다만 저자가 주장하는 바는 이러한 '유동적 악곡'이 18세기 후반에서 19세기 초중반 보편적 현상이었으며 이것이 그 가집을 편찬하는 편찬자들의 민감한 반응이 드러나는 악곡이라는 점이라는 것이다.[19]

---

19 김태웅, 「18세기 후반에서 19세기 초중반 가곡문화의 변모와 가집 편찬의 양상」, 『국제어문』 72, 국제어문학회, 2017, 286~288면.

## 2. 두거의 발생과 가집의 전개–『홍비부』의 특이악곡을 중심으로

### 1) 〈두거〉와 가집

『현금오음통론』1886년에는 〈중거〉, 〈평거〉, 〈두거〉의 악보가 보이고 『가곡원류』에도 이 악곡이 보이는 것으로 볼 때 이 악곡들은 19세기 후반에 정착되었다. 〈두거〉는 악곡의 처음 부분을 높게 부르는 것이다.

『삼죽금보』에는 〈조임〉이라는 용어가 등장하는데 주에 자세한 설명이 적혀 있다.

> 속칭 조은자즌한입은 이삭대엽의 절주를 점차 빠르게 한 것이다. 이삭대엽의 장단절주가 느리기 때문에 빈칸이 있고 조임은 장단이 빠르기 때문에 연속이 많다.[20]

이를 통해 〈조임〉은 〈이삭대엽〉을 빠르게 연주한 것이며 초장 초두 부분은 〈이삭대엽〉의 제2선율과 비슷하며 〈두거〉의 전신으로 볼 수 있다. 또한 〈단삭대엽〉도 『삼죽금보』의 〈조임〉과 같이 〈이삭대엽〉에 비해 잔가락이 늘어나고, 〈삭삭대엽〉 역시〈이삭대엽〉에 비해 선율을 들거나 숙이는 변화가 없다. 따라서 여러 악보에 보이는 〈단삭대엽〉, 〈소삭대엽〉, 〈삭삭대엽〉은 성격이 『삼죽금보』의 〈조임〉과 동일한 것으로 볼 수 있다.[21]

가집에서도 〈두거〉에 대한 여러 이칭이 등장한다. 〈조을음〉, 〈존자즌한입〉, 〈단삭대엽〉, 〈촉삭대엽〉, 〈소삭대엽〉, 〈반삭대엽〉 등 총 70여 가지의

---

20 "俗稱 조은자즌한입 卽二葉之節奏漸促者也 二大葉長短節奏遲緩故多有空間而 ○於調臨則長短促故多連續."(『삼죽금보』, 국립국악원, 1998, 120면)

21 김영운, 앞의 책, 177~179면.

이칭이 사용되었다.[22] 특히 『홍비부』에는 이러한 여러 이칭이 등장해 가집에 수록된 〈두거〉의 모습을 잘 확인할 수 있다.

### 2) 『홍비부』의 당대성

『홍비부』는 신경숙에 의해 연구가 진행되었는데 그는 필체가 한결같지 않고 체제가 군색하다는 모산 심재완 선생의 논의[23]에 문제를 제기하며 대체로 하나의 필체로 일관되며 체제의 옹색함을 보이는 것이 아니라 오히려 19세기 전반 가곡 형식의 가장 정돈되고 완비된 상태를 보여주는 가집이라고 논한다.[24] 또한 이 가집에는 다른 가집에서 용례를 찾을 수 없는 용어가 등장하는데 그러한 용례를 제시하고, 이 용어의 해명을 통해 『홍비부』의 성격을 좀 더 면밀하게 고찰한다. 그 용어는 ① 후려부르는 거시라, ② 조을음, ③ 각조음이다. 이 용어에 맞춰 신경숙의 논의를 좀 더 살펴보도록 하겠다.

| 악곡 | 작품 번호 | 작품수 |
|---|---|---|
| 우조 초중화엽 | 1 | 1수 |
| 이중화엽 | 2 | 1수 |
| 우조 삼중화엽 | 3 | 1수 |
| 계면조 초중화엽 | 4 | 1수 |
| 이중화엽 | 5 | 1수 |
| | 6 | 1수 |
| 우조 초삭대엽 | 7~12 | 6수 |
| 우조 이삭대엽 | 13~18 | 6수 |
| **우조 조을음** | **19~21** | **3수** |
| 우조 삼삭대엽 | 22~26 | 5수 |

22 권순회, 「홍비부」, 『고시조 문헌해제』, 고려대 민족문화연구원, 2012, 124~127면.
23 심재완, 『시조의 문헌적 연구』, 세종문화사, 1972, 40면.
24 신경숙, 앞의 책, 계명문화사, 60~66면.

| 악곡 | 작품 번호 | 작품수 |
|---|---|---|
| 우조 소용이 | 27~31 | 5수 |
| 율당 삭대엽 | 32~34 | 3수 |
| 계면 초삭대엽 | 35~37 | 3수 |
| 계면 이삭대엽 | 38~97 | 60수 |
| **계면 조을음** | **98~103** | **6수** |
| 계면 삼삭대엽 | 104~110 | 7수 |
| **계면 삼삭대엽후 후려브르는거시라** | **111~112** | **2수** |
| 만농 | 113~129 | 17수 |
| 언농 | 130~139 | 10수 |
| 평우락 | 140~148 | 9수 |
| 언락 | 149~156 | 8수 |
| 계락 | 157~172 | 18수 |
| 계편 | 173~195 | 23수 |
| 일편후해가 | 196 | 1수 |
| **여창** | | |
| 후정화 | 197~198 | 2수 |
| 진하엽 | 199 | 1수 |
| 우조 | 200~205 | 6수 |
| **우조 머리드난것** | **206~216** | **11수** |
| 계면 | 217~236 | 20수 |
| **계면 거두** | **237~252** | **16수** |
| 농 | 253~263 | 11수 |
| 우락 | 264~274 | 11수 |
| 계락 | 275~281 | 7수 |
| 편 | 282~290 | 9수 |
| **푸려부로난거시라** | **291** | **1수** |
| 장진주 | 292 | 1수 |
| ᄃᆡ받침 | 293 | 1수 |
| 각조음 | 294~436 | 143수 |

위 표는 『홍비부』의 체제를 나타낸 것이다. 다른 가집과 특이한 점은 남창의 경우 우조와 계면조 〈조을음〉, 계면조 〈삼삭대엽후 후려브르는거시

라〉, 여창의 경우 우조〈머리드난 것〉, 계면〈거두〉,〈푸려부로난거시라〉와〈각조음〉이라는 특이한 명칭이 등장하는 것이다.

### (1) 삼삭대엽후 후려브르는거시라

신경숙은 이 악곡의 경우 2수의 작품이 수록되어 있는데『가곡원류』와 육당본『청구영언』에서 모두〈만횡〉으로 분류되어 있고, 일반적으로〈계면 삼삭대엽〉이후에〈만횡〉을 부르는 가곡창의 순서와도 일치하기 때문에 계면界面〈삼삭대엽후三數大葉後 후려브르는거시라〉를〈만횡〉을 뜻한다고 했는데 이것은『흥비부』의 당대성을 간과한 것이다. 왜냐하면『가곡원류』계나 육당본『청구영언』에〈만횡〉으로 나온다고 계면〈삼삭대엽후 후려브르는거시라〉를〈만횡〉으로 보는 것은 다소 문제가 있기 때문이다.

이 부분은 '계면 삼삭대엽후 후려브르는거시라'는 악곡명으로 시작된다.

계면〈삼삭대엽후 후려브르는거시라〉1

ᄂᆡ 집이 보ᄃᆡ 山中이라 벗이 온들 부어스로 ᄃᆡ졉ᄒᆞᆯᄭᅩ
압ᄂᆡ에 후린 고기로 ᄏᆡ여 온 삽쥬에 속구쳐라
兒孩야 어셔 ᄎᆞ려 ᄂᆡ여라 벗님 ᄃᆡ졉 ᄒᆞ리라

일석본『해동가요』

내집이 器具업써 벗이 온들 므엇스로 對接ᄒᆞᆯ이
압내희 후린곡이를 ᄏᆡ야 온 삽쥬에 속ᄭᅩ와 녹코
엇ᄭᅳ제 쥐 비즌 술 닉엇씨리라 걸게 걸러 내여라

가람본 『청구영언』

내 집의 器具ㅣ 업써 무어스로 對接ᄒᆞ리

압내 후틘 小川漁 키야온 揷株에 속고와 녹코

엇그제 비즌 보리 숣 걸너셔 朴국이를 씌여 내여라

『海一』(584)蔓數大葉 / 『靑가』(705)搔聳 / 『靑六』(593)蔓橫 / 異『홍비』(111) 界三數大葉후려브르는거시라 / 『永言』(149)界面 二數大葉

계면 〈삼삭대엽후 후려브르는거시라〉의 첫 번째 작품으로 18세기 중후반 가집인 일석본 『해동가요』에는 〈만삭대엽〉으로 가람본 『청구영언』에는 〈소용〉으로, 19세기 초중반 가집인 육당본 『청구영언』에는 〈만횡〉으로 『영언』에는 계면 〈이삭대엽〉으로 악곡이 나타나고 있다. 따라서 신경숙의 논의대로 이 악곡을 〈만횡〉으로 보기는 다소 어렵다. 가람본 『청구영언』에는 〈소용〉, 『영언』에는 계면 〈이삭대엽〉으로 나타나기 때문이다.

이 악곡이 『홍비부』에서는 어떠한 악곡으로 불렸는지를 정확하게 유추할 수 없다. 더군다나 『홍비부』에 나오는 사설은 다른 가집에 나오는 종장사설과 전혀 다르게 변이가 되어 나타난다. 일석본 『해동가요』나 육당본 『청구영언』의 경우 '엇ᄭᅳ제 쥐 비즌 술 닉엇씨리라 걸게 걸러 내여라'로 사설이 나타나고 악곡도 '만횡'으로 동일하게 나타난다. 가람본 『청구영언』의 경우 '엇그제 비즌 보리 숣 걸너셔 朴국이를 씌여 내여라'로 종장 사설이 약간 변이되며 악곡도 〈소용〉으로 변형되어 나타난다.

이에 반해 『홍비부』는 '兒孩야 어셔 ᄎᆞ려 ᄂᆡ여라 벗님 ᄃᆡ졉 ᄒᆞ리라'로 종장사설이 전혀 다른 형태로 변이 되어 나타난다. 이렇듯 사설이 조금 변형된 가람본 『청구영언』의 경우도 악곡이 〈소용〉으로 변화된다. 『흥비부』의 경우 종장 사설이 전혀 다른 사설로 변이되었기 때문에 악곡도 '삼삭대엽후 후려브르는거시라'로 변화가 된 것이다. 따라서 이 악곡을 〈만횡〉으로 보는 것은 무리가 있다.

**계면 삼삭대엽후 후려브르는거시라 2**

靑치마 헌 환양에 쫄년 紫赤 장옷 무여 바릴 년아
엇그졔 소기고 또 누를 마자 소기려 ᄒᆞ고
夕陽에 가는 허리를 한들한들 ᄒᆞᄂᆞ니

『樂서』(438) 栗餹大葉 / 『瓶歌』(1105) 編數大葉 / 『東國』(320) 界面調 / 『靑淵』(187) / 『靑六』(594) 蔓橫 / 『永類』(247) / 『興比』(112)界三數大葉후려브르는거시라 / 『源國』(462)蔓橫 / 『源奎』(461) 蔓橫 / 『源河』(457) 蔓橫 / 『源六』(439) 蔓橫 / 『源佛』(441) 蔓橫 / 『源朴』(448) 蔓橫 / 『海樂』(451) 蔓橫 / 『源一』(447) 蔓橫 / 『協律』(445) 蔓橫 / 『花樂』(474) 蔓橫俗稱旕弄 / 異『海周』(555)金壽長 / 『永言』(349)弄 / 『慶大本』(72) [二數大葉(界)]

두 번째 작품은 19세기 초중반 가집인 서울대본 『악부』에는 〈율당대엽〉으로, 『병와가곡집』은 〈편삭대엽〉으로, 『동국가사』는 〈계면조〉로, 육당본 『청구영언』과 『영언』에는 각각 〈만횡〉과 〈농〉으로 경대본 『시조집』에는 계면 〈이삭대엽〉으로 19세기 후반 가집인 『가곡원류』계는 〈만횡〉으로 악곡이 나타나고 있다.

이 작품은 이전 시기에는 불리지 않다가[25] 18세기 후반부터 불리던 곡임을 타 가집과의 공출현황을 통해 알 수 있다. 따라서 19세기 초중반 가집에 이 작품이 어떠한 악곡명으로 나타나는 현상에 주목할 필요가 있다. 서울대본 『악부』의 경우 〈율당대엽〉으로 나타나는데 서울대본 『악부』의 〈반엽〉의 특징은 '유동적 악곡'이라는 점이다. 왜냐하면 앞서 살펴본 바와 같이 기존의 가집에서는 전혀 〈반엽〉으로 부르지 않고 후대의 가집에도 〈반엽〉으로 부르지 않는 작품이 수록되어 있다는 것은 서울대본 『악부』에 수록된 〈반엽〉 자체가 그 가집의 문화권에서는 새롭게 시도되었던 파격적인 현상이었을 가능성이 높기 때문이다. 또한 이러한 유동적 특성이 결국 후대 가집에는 다른 악곡으로 변화되는 모습으로 나타나는 것이다. 이러한 모습은 『홍비부』에도 동일하게 적용된다. 〈삼삭대엽후 후려부르는거시라〉는 악곡은 결국 〈삼삭대엽〉으로 부를 수 있으나 이 시기에는 다르게 변화되는 모습을 설명하고 싶었던 것으로 파악할 수 있다. 즉, 편찬자는 유동성의 측면, 즉 그 당대의 실상을 담으려고 노력한 흔적이라고 할 수 있다. 더욱이 전체 체제를 보면 〈우조〉의 경우 〈삼삭대엽〉에 이어 〈소용〉이 오는데 계면조의 경우 〈삼삭대엽〉 다음에 〈삼삭대엽후 후려브르는거시라〉가 오고 있어 이 두 악곡이 비슷한 역할을 담당하고 있었음을 유추할 수 있다.

김영운은 〈소용〉에 대해 『휘금가곡보』, 『역양아운』, 『학포금보』, 『협률대성』, 『일사금보』, 『서금가곡』, 『아양금보』 등에는 우조 〈소용〉이 있으나 계면 〈소용〉을 수록하지 않았으며 현행 가곡에서도 우조 〈소용〉에 얹어 부르는 노랫말이 4종인데 비해 계면 〈소용〉은 단 한 작품만이 노래된다는 사실을 통해 우조 〈소용〉에 비해 계면 〈소용〉은 가창이 활발히 이뤄지지 않

25 타 가집 수록현황에서 알 수 있듯이 주씨본 『해동가요』에 나오는 작품은 변이가 많아 다른 작품으로 봐야 한다. (속적우리 고운 씩치마 밋머리에 粉씩민 閣氏 / 엇그제 날 소기고 어디가 ᄯᅩ 눌을 소길려ᄒᆞ고 / 夕陽에 곳柯枝 것거 쥐고 가는 허리를 ᄌᆞ늑ᄌᆞ늑 ᄒᆞ는다)

았음을 논하였다.[26]

이렇듯 『홍비부』의 경우에도 〈소용〉의 역할을 담당하는 악곡인 우조 〈소용이〉와 계면조 〈삼삭대엽후 후려브르는거시라〉에 각각 5수와 2수의 작품을 수록하고 있어, 『홍비부』의 〈소용〉과 닮은 악곡의 경우 '계면조'는 '우조'에 비해 덜 불렸음을 알 수 있다.

결국 이 악곡은 당대에는 아직 정착되지 않은 '미확정' 악곡이며 '소용'과 닮은 악곡임을 유추할 수 있다.

**(2) 『홍비부』의 두거 – '조을음', '머리드난것', '거두'**

신경숙은 『홍비부』의 남창에 나오는 〈조을음〉은 우조와 계면조에 각각 3수와 6수가 수록되어 있는데 『가곡원류』에 계승되는 우조의 경우는 2수가 〈두거〉이고 계면조의 경우 4수가 〈두거〉이기 때문에 이 악곡을 〈두거〉로 파악하고 있다. 또한 여창의 경우 우조 〈머리드난것〉, 계면 〈거두〉라고 기록한 것은 파생곡의 음악적 특성을 나타내기 위해 편자 임의로 설명투의 이름을 붙인 것이라고 하며 〈두기〉의 초기 출현 모습이라고 진단한 바 있다.[27] 이러한 진단이 맞는지 좀 더 면밀하게 살펴보도록 하겠다.

**① 우조 조을음**羽調 助乙音

『홍비부』에서 우조 〈조을음〉에는 총 3수가 수록되어 있다. 다른 가집과의 악곡 관계를 살펴 우조 〈조을음〉의 특성을 파악하고자 한다.

26 김영운, 앞의 책, 169~175면.
27 신경숙, 앞의 책, 1994, 62~63면.

**우조 〈조을음〉 1**

一生에 恨ᄒᆞ기를 羲皇쩨 못난 정을

草衣를 무릅고 木實을 먹을만정

人心이 淳厚ᄒᆞ든 쥴을 못ᄂᆡ 부러 ᄒᆞ노라

『青김』(377)[羨古][二數大葉], × / 『甁歌』(43)二數大葉, 崔冲 / 『海一』(351) 二數大葉, × / 『詩歌』(422)×, × / **『樂서』(299)二數大葉**, × / 『青가』(402)二數大葉, × / 『青詠』(168)二數大葉, 崔冲 高麗將相 / **『東國』(33)羽數葉**, × / 『槿樂』(80)[慨世]×, × / 『青淵』(38)×, × / **『青六』(329)界二數大葉**, × / **『歌譜』(120)둘쌕자즌ᄒᆞᆫ엽**, × / 『永類』(23)×, × / 『興比』(19)羽助乙音, × / 『時調』(68)×, × / 『東歌』(183)[意]二數大葉, × / 『源國』(105)羽調頭擧존쟈즌한닙, 崔冲 字浩然 高麗時 四朝 出將入相 / 『源奎』(105)羽頭擧존자즌한닙, 崔冲 字浩然 高麗時 四朝 出將入相 / 『源河』(94)頭擧, 崔冲 高麗時 四朝 出將入相 / 『源六』(99)頭擧, 崔冲 字浩然 高麗時 四祖 出將入相 / 『源佛』(99)頭擧, 崔冲 字浩然 高麗時 四祖 出將入相 / 『源朴』(99)頭擧졸ᄌᆞ지난입, × / 『源皇』(98)頭擧존ᄌᆞ지ᄂᆞᆫ입, × / 『海樂』(101)頭擧, 崔冲 字浩然 高麗時 四祖 出將入相 / 『源一』(103)羽頭擧, 崔冲 高麗時 四朝 出將入相 / 『源東』(97)頭擧, 崔冲 字浩然 高麗時 四祖 出將入相 / 『協律』(97)羽頭擧, 崔冲 高麗時 四朝 出將入相 / 『花樂』(99)羽頭擧, 崔冲 / 『南太』(135)×, × / 『詩餘』(140)×, × / 『大東』(25)羽二中大葉, × / **『永言』(54)羽調 二數大葉**, ×

우조 〈두거〉 첫 번째 작품으로 18세기 전반 가집인 김천택본 『청구영언』, 18세기 중후반 가집인 일석본 『해동가요』, 『시가』, 가람본 『청구영언』, 가람본 『청구詠언』에는 〈이삭대엽〉으로, 19세기 초중반 가집인 서울대본

『악부』와 『가보』에는 〈이삭대엽〉으로, 육당본 『청구영언』과 『영언』에는 각각 계면조 〈이삭대엽〉과 우조 〈이삭대엽〉, 19세기 중후반 가집인 『가곡원류』계에는 우조 〈두거〉로 20세기 초 가집인 『대동풍아』는 우조 〈이중대엽〉으로 악곡이 나타나고 있다.

원래 〈이삭대엽〉으로 불리다가 우계면 두 조로 나뉜 뒤에는 우조나 계면조 〈이삭대엽〉으로 불리고 『가곡원류』기에 오면 우조 〈두거〉로 정착이 된다. 그런데 『대동풍아』의 경우 기존의 가집과는 전혀 다르게 우조 〈이중대엽〉으로 악곡이 나타난다.

**우조 〈조을음〉 2**

일심어 느져 퓌니 君子에 德이로다

風霜에 아니 지니 烈士에 節이로다

至今에 陶淵明 업스니 놀 벗 업셔 ᄒᆞ노라

『瓶歌』(583)二數大葉, × / 『詩歌』(386)×, × / 『青洪』(32)[二數大葉], 成汝完 號怡軒 政堂文學 本朝拜侍中 不仕 文靖公 / 『青詠』(35)二數大葉, 怡軒 成汝完 昌寧人 前朝 侍中 太祖朝檢校政丕 / 『靑六』(469)界二數大葉, × / 『興比』(20)羽助之音, × / 『源國』(120)羽頭擧, 成汝完 字 号怡軒 太祖朝 昌寧府院君 / 『源奎』(120)羽頭擧존자즌 한닙, 成汝完 號怡軒 太祖朝 昌寧府院君 / 『源河』(110)頭擧, 成汝完 號怡軒 昌寧府院君 / 『源六』(113)頭擧, 成汝完 號怡軒 太祖朝 昌寧府院君 / 『源佛』(113)頭擧, 成汝完 號怡軒 太祖朝 昌寧府院君 / 『源朴』(114)頭擧졸ᄌᆞ지난입, 成汝完 號怡軒 太祖朝 昌寧府院君 / 『源皇』(112)頭擧존ᄌᆞ지ᄂᆞᆫ입, 成汝完 號怡軒 太祖朝 昌寧府院君 / 『海樂』(116)頭擧, 成汝完 字 号怡軒 太祖朝 昌寧府院君 / 『源一』(118)羽頭擧, 成汝完 太祖時府院君

/『源東』(114)頭擧, 成汝完 號怡軒 太祖朝 昌寧府院君 / 『協律』(113)羽頭擧, 成汝完 號怡軒 太祖朝 昌寧府院君 / 『花樂』(115)羽頭擧, 成汝完 / 『永言』(52)二數大葉, ×

우조 〈두거〉 두 번째 작품으로 18세기 중후반 가집인 『병와가곡집』, 홍씨본 『청구영언』, 가람본 『청구詠언』에는 〈이삭대엽〉으로 19세기 초중반 가집인 육당본 『청구영언』과 『영언』에는 각각 계면 〈이삭대엽〉과 우조 〈이삭대엽〉으로 19세기 후반 가집인 『가곡원류』계는 우조 〈두거〉로 악곡이 나타나고 있다.

원래 〈이삭대엽〉으로 불리던 이 작품은 우조·계면조 〈이삭대엽〉으로 불리다가 『가곡원류』기에는 우조 〈두거〉로 악곡이 고정화되어 불리게 된다.

**우조 〈조을음〉 3**

닉 집이 百花山中 날 ᄎᆞ즈리 뉘 이스리
入我室者 淸風이오 對我吟者 明月이라
庭畔에 鶴徘徊ᄒᆞ니 그 벗인가 ᄒᆞ노라

『瓶歌』(397)二數大葉, 尹淳 / 『海周』(308)二數大葉, 尹淳 / 『樂서』(160)二數大葉, 尹淳 字仲和 號白下 英宗朝判書 / 『青洪』(205)[二數大葉], 尹淳 字 號白下 判書文衡 / 『青가』(235)二數大葉, 白下 尹淳 肅廟朝 登第 官至判義禁 筆法鳴世 / 『青詠』(373)二數大葉, × / 『東國』(215)界面調, × / 『青六』(216)羽二數大葉, 尹淳 號白下 英宗朝判書 / 『興比』(21)羽助乙音, × / 『時調』(80)×, × / 『東歌』(134)二數大葉, 尹淳 號白下 / 『南太』(160)×, × / 『大東』(117)界二數數葉, 尹淳 字仲和 條白下 吏曹判書 文衡 翼憲公 / 『시철가』(76)×, × / 『永言』(150)界面二數大葉, × / 『청장』(280)羽調桂面調平調 二數大葉, ×

우조 〈두거〉 세 번째 작품으로 18세기 중후반 가집인 주씨본 『해동가요』, 홍씨본 『청구영언』, 가람본 『청구영언』, 가람본 『청구詠언』, 『병와가곡집』에는 〈이삭대엽〉으로 19세기 초중반 가집인 『동국가사』에는 〈계면조〉로 서울대본 『악부』에는 〈이삭대엽〉으로 육당본 『청구영언』과 『영언』에는 각각 우조 〈이삭대엽〉과 계면 〈이삭대엽〉으로, 20세기 초 가집인 『대동풍아』에는 계면 〈이삭대엽〉으로 악곡이 나타나고 있다.

특이한 점은 장서각본 『청구영언』에 우조·계면조·평조 〈이삭대엽〉으로 나타난다는 것이다. 장서각본 『청구영언』은 앞서 살펴본 바와 같이 후반부는 〈우조〉와 〈계면조〉로 나눈 가집인데 〈후정화〉 뒤에 우조·계면조·평조 〈이삭대엽〉이 나타나 아직까지 〈우조〉, 〈계면조〉 2조로 고정화가 되기 전 '평조'로도 부를 수 있는 작품을 수록한다.

이 작품은 『가곡원류』계에 전승되지 않았으며 『가곡원류』 이후 가집인 『대동풍아』에는 전승되고 있다. 원래 〈이삭대엽〉으로 불리다가 악조에 상관없이 〈이삭대엽〉으로 불리고 계면 〈이삭대엽〉으로 후대에 전승되어 부르게 된다.

결국 우조 〈조을음〉 3수의 경우 『홍비부』 이전 가집에서는 모두 〈이삭대엽〉으로 불렀음을 확인할 수 있고 그 중 2수가 『가곡원류』에 전승되어 우조 〈두거〉로 불렀음을 확인할 수 있다. 그러나 이것만으로 〈조을음〉을 〈두거〉의 초기 버전으로 볼 수 없다. 따라서 계면 〈조을음〉 역시 자세하게 살펴볼 필요가 있다.

계면조 〈조을음〉에는 모두 5수의 작품이 수록되어 있다.

**계면조 〈조을음〉 1**

우리 두리 後生하여 너 나 되고 나 너 되여
ᄂᆡ 너 그려 ᄉᆞᆫ튼 ᄋᆡ를 너도 날 그려 ᄉᆞᆫ어 보렴
平生에 그리든 ᄋᆡ를 돌녀 볼가 ᄒᆞ노라

『興比』(98/263)界面　助乙音/弄 / 『源國』(374/801(136))頭擧/弄歌 / 『源奎』(374/800(136))頭擧존자즌한입/弄歌 / 『源河』(367/800)頭擧존자즌한닙/弄歌 / 『源六』(360/752(126))頭擧/弄 / 『源佛』(362/757(126))頭擧/弄歌 / 『源朴』(362/672(135))頭擧존ᄌᆞ즌난입/弄歌 / 『源皇』(359/658(136))頭擧존ᄌᆞ즌ᄒᆞᆫ입/弄歌 / 『海樂』(364/815(157))頭擧존ᄌᆞ즌한닙/弄歌 / 『源가』(184/399(84))界頭擧존쟈즌한닙/弄歌 / 『源一』(362/670)界頭擧/× / 『源東』(366)頭擧 / 『協律』(359/772(130))界頭擧존쟈즌한닙/弄歌 / 『花樂』(383)界頭擧 / 『女謠』(132)존자즌한입

이 작품은 『흥비부』에서 계면 〈조을음〉과 〈농〉이라는 악곡으로 나타난다. 『가곡원류』계에 오면 〈두거〉와 〈농가〉로 나타나는데 두 작품의 사설 변화는 거의 없다.

**『흥비부』 계면조 〈조을음〉**

平生에 그리든 ᄋᆡ를 돌녀 볼가 ᄒᆞ노라

**『흥비부』 〈농〉**

平生에 ᄂᆡ 셜워ᄒᆞ던 쥴을 돌녀보면 알니라

국악원본 『가곡원류』 계면 〈두거〉

平生에 닉 셜워ᄒᆞ던 즄을 돌녀나 보면 알니라

국악원본 『가곡원류』 〈농가〉

平生에 닉 셜워ᄒᆞ던 즄을 돌녀나 보면 알니라

그러나 『홍비부』에서는 사설의 변이가 나타나며 특히 종장의 경우 변이가 있다. 그런데 『홍비부』의 〈조을음〉이 〈두거〉의 초기 버전이라면 『홍비부』의 계면 〈조을음〉은 『가곡원류』의 계면 〈두거〉로 『홍비부』의 〈농〉은 『가곡원류』의 〈농가〉로 나타나야 한다. 그러나 『가곡원류』에 수록된 사설은 모두 『홍비부』 〈농〉에 수록된 사설이다. 따라서 〈농〉으로 불리던 작품이 『가곡원류』계열에서 〈두거〉와 〈농〉으로 파생된 점에서 〈조을음〉이 〈두거〉의 다른 이름이 아니었을 가능성 또한 존재한다고 할 수 있다.

계면조 〈조을음〉 2

百草를 다 심어도 딕난 부딕 아니 심을 거시

살딕난 가고 젓딕는 울고 그리나니 붓딕로다

아마도 가고 울고 그리난 딕를 심어 무삼 하리오

『瓶歌』(736)二數大葉, × / 『靑淵』(207) × / 『靑六』(414)界二數大葉 / 『歌譜』(186) 존자즌한엽 계면 / 『興比』(99)界面 助乙音 / 『調詞』(19) × / 『永言』(174)界面二數大葉

계면 〈조을음〉 두 번째 작품으로 18세기 후반 가집인 『병와가곡집』에는

〈이삭대엽〉으로 18세기 초중반 가집인『가보』에는〈두거〉로, 육당본『청구영언』과『영언』은 계면〈이삭대엽〉으로 악곡이 나타나고 있다.『가곡원류』계에는 전승되지 않고 동시기 가집에는 우조〈이삭대엽〉, 계면조〈이삭대엽〉 혹은 계면〈두거〉로 불렸음을 확인할 수 있다.

**계면조〈조을음〉3**

太公에 고기 낙든 낙듸 긴 쥴 믹혀 압닉에 나려

銀鱗玉尺으란 버들옴에 쒸여 들고 나니

杏花村 酒家에 모드신 벗임닉난 더듸 온다 ᄒᆞ드라

『海一』(581)蔓横大葉, × /『樂서』(431)栗糖大葉, × /『青詠』(350)二數大葉, × /『東國』(305)界面調, × /『青淵』(247)×, ×/『青六』(347)界二數大葉, × /『歌譜』(188)존자즌ᄒᆞᆫ엽, × /『興比』(100)界助乙音, × /『東歌』(161)[詠]二數大葉, × /『源國』(391)界面調頭擧존ᄌᆞ즌한닙, 朴後雄 字君弼 肅宗朝同知 朝鮮名歌 界搔聳伊出於此人 /『源奎』(391)頭擧존자즌한입, 朴後雄 字君弼 肅宗朝同知 朝鮮名歌 界搔聳伊出於此人 /『源河』(384)頭擧존자즌한입, 朴後雄 字君弼 肅宗朝同知 東國名歌 界搔伊出於此人 /『源六』(379)頭擧, 朴後雄 字君弼 名歌搔聳 出於此 肅宗朝同知 /『源佛』(381)頭擧, 朴後雄 字君弼 名歌搔聳 出於此 肅宗朝同知 /『源朴』(379)頭擧존ᄌᆞ즌난입, 朴後雄 字君弼 /『源皇』(376)頭擧존ᄌᆞ즌ᄒᆞᆫ 입, 朴後雄 字君弼 肅宗朝同知 界面搔聳 出於此人 /『源가』(194)頭擧존ᄌᆞ즌한닙, 朴後雄 字君弼 肅宗朝同知 朝鮮名歌 界搔聳伊出於此人 /『源一』(380)界頭擧존쟈즌한닙, 朴後雄 /『源東』(387)界頭擧, 朴後雄 名歌 /『協律』(376)頭擧, 朴後雄 肅宗朝同知 名歌搔聳 出於此 /『花樂』(399)界頭擧, 朴後雄 /『大東』(146)界二數數葉, 失名氏 /『永言』(203)界面二數大葉

계면 〈조을음〉 세 번째 작품으로 『가곡원류』 기록을 보면 작자는 박후웅이며 〈소용〉이란 악곡을 이 사람이 만들었음을 알 수 있다. 〈소용〉이란 새로운 악곡을 만들 정도로 뛰어난 '명가名歌'였던 박후웅에게 〈이삭대엽〉을 다른 악곡으로 변주해서 부르는 것은 쉬운 일이었을 것이다. 따라서 이 작품은 〈이삭대엽〉의 변주곡 중 하나로 불렸을 가능성이 매우 높다.

**계면조 〈조을음〉 4**

東山 作日雨에 老謝와 바독 두고
草堂 今夜月에 謫仙을 만나 酒一斗 詩百篇이로다
닋일은 陌上靑樓 杜陵豪 邯鄲娼과 큰 못거지 ᄒᆞ리라

**계면조 〈조을음〉 5**

積雪이 다 녹도록 봄 쇼식을 모로더니
歸鴻은 得意 天空濶이오 卧柳 生心水動搖로다
児ᄒᆡ야 ᄉᆡ 술 걸너라 봄마지를 ᄒᆞ리리

**계면조 〈조을음〉 6**

岳陽樓의 올안져 洞庭湖 七百里을 구버보니
落霞 與孤鶩齊飛요 秋水 共長天一色이로다
아마도 滿江秋興이 이섇인가

위 세 작품은 계면 〈조을음〉의 4~6번째 작품으로 『병와가곡집』의 〈삭대엽〉이나 서울대본 『악부』의 〈율당대엽〉에 수록된 작품이다. 이 가집들의

〈삭대엽〉이나 〈율당대엽〉은 고정된 악곡이 아니라 당대의 유동적 특징을 가지고 있는 악곡임을 확인한 바 있다. 따라서 이러한 '유동적 악곡'과 공출하는 것을 봤을 때 계면 〈조을음〉 역시 유동적 악곡임을 추정할 수 있다. '유동적 악곡'이라는 관점에서 보면 신경숙이 주장한 바대로 〈두거〉의 초기 버전일 수도 있지만 아닐 가능성도 있다.

따라서 이러한 애매한 상황이라면 원문에 의거하여 〈조을음〉을 〈두거〉의 초기 버전으로 보기보다는 〈이삭대엽〉에서 파생되었으나 아직 고정이 되지 않은 '미확정 악곡'이나 '유동적 악곡'으로 '조을음'을 이해해야 하며 명칭 또한 원문대로 〈조을음〉이라고 해야 한다.

〈조을음〉 부분의 악곡 변이 양상을 정리하면 다음과 같다.

| 18세기 | 『흥비부』 조을음 | 동시기 | 19세기 후반~20세기초 |
|---|---|---|---|
| 이삭대엽 | 우조 조을음(19)<br>"一生에 恨ᄒᆞ기를" | 우조 삭엽<br>계면 이삭대엽<br>우조 이삭대엽 | 우조 두거<br>우조 이중대엽 |
| 이삭대엽 | 우조 조을음(20)<br>"일심어 느져 퓌니" | 계면 이삭대엽 | 우조 두거 |
| 이삭대엽 | 우조 조을음(21)<br>"ᄂᆡ 집이 百花山中" | 계면조<br>우조 이삭대엽 | 계면 이삭삭엽 |
| 이삭대엽 | 계면 조을음(98)<br>"우리 두리 後生하여" | 반엽<br>계면 이삭대엽 | 계면 두거 |
| 이삭대엽 | 계면 조을음(99)<br>"百草를 다 심어도" | 계면 이삭대엽<br>존자즌한엽 | 다른 가집에 가창으로<br>전승되지 않음 |
| 이삭대엽<br>만횡대엽 | 계면 조을음(100)<br>"太公에 고기 낙든 낙ᄃᆡ" | 계면 이삭대엽<br>존자즌ᄒᆞᆫ엽<br>반엽 | 계면 두거 |
| 만횡 | 계면 조을음(101)<br>"東山 作日雨에" | 반엽<br>언락<br>농 | 엇락 |
|  | 계면 조을음(102)<br>"積雪이 다 녹도록" | 반엽<br>계면 이삭대엽 | 계면 두거 |

| 18세기 | 『흥비부』 조을음 | 동시기 | 19세기 후반~20세기초 |
|---|---|---|---|
| 삭대엽<br>만삭대엽 | 계면 조을음(103)<br>"岳陽樓의 올안져" | 반엽<br>계면 이삭대엽 | 계면 두거 |

### ② 우조羽調 머리드난것

『흥비부』에서 여창부분의 체제를 보면 '우조' 다음에 '우조羽調 머리드난것'이 오고 〈계면〉 다음에 계면 〈거두〉가 와서 우조 〈머리드난것〉과 계면 〈거두〉가 같은 역할을 하고 있음을 추정할 수 있게 해 준다. 또한 이 악곡은 '머리드난것'이라고 한글로 설명을 해 이 악곡이 〈두거〉의 이칭임을 알 수 있게 해 준다. 그렇다면 실제 이 악곡이 〈두거〉의 이칭인지 확인해 보자.

『흥비부』 우조 〈머리드난것〉에는 총 11수의 작품을 수록하고 있다.[28]

우조 〈머리드난것〉 1

寂無人 掩中門ᄒᆞ니 滿庭花落 月明時라

獨倚紗窓ᄒᆞ여 長歎息ᄒᆞ든 ᄎᆞ에

遠村에 一鷄鳴ᄒᆞ니 ᄋᆡ긋난 듯 ᄒᆞ여라

『甁歌』(698)二數大葉 / **『樂서』(304)二數大葉** / 『青가』(480)三數大葉樂戱幷抄 / 『青詠』(325)二數大葉 / 『古今』(204)[閨怨] / 『槿樂』(238)[艶情] / **『青六』(906)羽二數大葉, 李明漢** / **『歌譜』(3354)界樂둘재자즌한닙계면** / 『永類』(334) / **『興比』(206)羽調 머리드난것** / 『東歌』(93)[思]二數大葉, 李明漢 / 『調詞』(60) / 『源國』(704(39))羽

28 '우조 머리드난 것'의 다섯 번째 작품과 열한 번째 작품은 '이리ᄒᆞ여 날 쇼기고 져리ᄒᆞ여 날 쇽이니'와 '남ᄒᆞ여 片紙 傳치 말고 당신이 졔오 되여'로 초장이 시작되는 작품으로 악곡변화 양상은 『동국가사』 〈율당삭엽〉 부분과 서울대본 『악부』의 〈율당대엽〉을 참고하면 된다.

調頭擧 존자즌한닙 / 『源奎』(703(39))頭擧존자즌한닙 / 『源河』(697)頭擧 / 『源六』(662(36))短數大葉 / 『源佛』(667(36))短數大葉 / 『源朴』(572(35))頭擧존즈진흔입 / 『源皇』(558(36))頭擧존즈즌흔닙 / 『海樂』(699)頭擧 / 『源가』(341(26))羽頭擧존즈즌한닙 / 『協律』(678(36))頭擧존자즌한닙 / 『女謠』(37)우죠존자즌한입 / 『南太』(2) / 『詩餘』(2) / 『歌謠』(36) / 『詩謠』(19 /142)됸자진난엽/편 / 『大東』(100)界二數數葉, 李明漢 / 『시철가』(37) / 『永言』(459)女唱羽調 二數大葉

이 작품은 18세기 중후반 가집인 『병와가곡집』, 가람본 『청구詠언』에는 〈이삭대엽〉으로, 가람본 『청구영언』에는 〈삼삭대엽〉으로, 19세기 초중반 가집인 『가보』에는 계면 〈이삭대엽〉으로 육당본 『청구영언』과 『영언』에는 여창 우조 〈이삭대엽〉으로, 19세기 후반 가집인 『가곡원류』계에는 우조 〈두거〉로 20세기 초반 가집인 『대동풍아』에는 계면 〈이삭대엽〉으로 악곡이 나타나고 있다.

우조 〈머리드난것〉 2

이 몸 싀여져셔 졉동싀 넉시 되여
梨花 퓌온 가지 속닙헤 싸엿다가
밤중만 스라져 우러 님에 귀예 들니리라

『甁歌』(621)二數大葉 / 『靑김』(368)[閨情][二數大葉] / 『詩歌』(430)× / 『靑가』(387)二數大葉 / 『古今』(206)[閨怨]× / 『槿樂』(235)[艶情]× / 『靑六』(911)羽二數大葉 / 『歌譜』(358)界樂 / 『永類』(26)× / 『興比』(207)羽調 머리드난 것 / 『源國』(698(33))羽調平擧 막드는자즌한닙 / 『源奎』(697(33))平擧 / 『源河』(690)平擧 / 『源六』(657

(31))平擧 / 『源佛』(662(31))平擧 / 『源朴』(566(29))平擧막ᄂᆡ는ᄌᆞ진하입 / 『源皇』(551(29))平擧막ᄂᆡᆫᄌᆞ즌한입 / 『海樂』(693(35))平擧 / 『源가』(337(22))羽平擧막드는ᄌᆞ즌ᄒᆞᆫ닙 / 『協律』(673(31))平擧막드ᄂᆞᆫᄌᆞ즌한닙 / 『女謠』(32)우죠막드ᄂᆞᆫ자즌한입 / 『歌謠』(75)× / 『詩謠』(13)막ᄂᆡ / 『永言』(485)女唱界面調[二數大葉]

이 작품은 18세기 전반 가집인 김천택본 『청구영언』, 18세기 중후반 가집인 가람본 『청구영언』, 『병와가곡집』에는 〈이삭대엽〉으로, 19세기 초중반 가집인 『가보』에는 〈계락〉으로, 육당본 『청구영언』과 『영언』에는 각각 여창 우조 〈이삭대엽〉과 계면조 〈이삭대엽〉으로 19세기 후반 가집인 『가곡원류』계에는 〈평거〉로 나타나고 있다.

우조 〈머리드난것〉 3

一刻이 三秋라ᄒᆞ니 열흘이면 몃 三秋요
졔 마음 즐겁거니 남의 시름 ᄉᆡᆼ각ᄒᆞ랴
갓득에 다 썩은 肝腸이 봄눈 스듯 ᄒᆞ여라

『瓶歌』(392)二數大葉, 朱義植 / 『海一』(435)二數大葉, × / 『詩歌』(483)×, × / 『靑六』(909)羽二數大葉, × / 『永類』(85)×, × / 『興比』(208)羽調 머리드난 것, × / 『南太』(5)×, × / 『詩餘』(5)×, × / 『歌謠』(22)×, × / 『大東』(177)羽平調促數大葉, × / 異『源國』(707(42))羽調頭擧 존자즌한닙, × / 異『源奎』(706(42))頭擧존자즌한닙, × / 異『源河』(700)頭擧, × / 異『源六』(665)短數大葉, × / 異『源佛』(670(39))短數大葉, × / 異『源朴』(574(37))頭擧존ᄌᆞ진ᄒᆞᆫ입, × / 異『源皇』(560)頭擧존ᄌᆞ즌ᄒᆞᆫ닙, × / 異『海樂』(704)頭擧, × / 異『源가』(342)羽頭擧존ᄌᆞ즌한닙,

×/異『協律』(681)頭擧존자즌한닙, ×/異『女謠』(40)우죠존자즌한입, ×/異『詩謠』(18)돈자지난엽, ×/『永言』(462)女唱羽調 二數大葉

이 작품은 18세기 중후반 가집인 일석본 『해동가요』, 『병와가곡집』에는 〈이삭대엽〉으로 19세기 초중반 가집인 육당본 『청구영언』과 『영언』에는 여창 우조 〈이삭대엽〉으로, 20세기 초 가집인 『대동풍아』에는 우평조 〈촉삭대엽〉으로 악곡이 나타난다. 『가곡원류』계는 종장 사설이 '千里에 님 離別ᄒᆞ고 즘못일워 ᄒᆞ노라'로 변이되면서 여창 우조 〈두거〉로 악곡이 나타난다.

희지면 長歎息ᄒᆞ고 蜀魄聲이 斷腸懷라

一時나 잇자ᄒᆞᆫ들 구즌비난 무숨일고

| 우조 〈머리드난것〉 4 | ① 千里에 님 離別ᄒᆞ고 잠 못 니러 ᄒᆞ노라 |
|---|---|
| 『가곡원류』계 | ② 갓쓱에 다석은 肝腸이 봄눈스듯 ᄒᆞ여라 |
| 『병와가곡집』 | ③ 遠村에 一鷄鳴ᄒᆞ니 ᄋᆡ 긋ᄂᆞᆫ 듯ᄒᆞ여라 |

『瓶歌』(718)二數大葉/『歌譜』(340)界樂둘재자즌한닙계면/『南太』(65)×/異『青六』(908)[異文1]羽二數大葉/異『興比』(209)羽調 머리드난것/異『歌謠』(17)×/異『大東』(179)羽平調促數大葉/異『源國』(715(50))[異文2]羽調頭擧 존자즌한닙/異『源奎』(714(50))頭擧존자즌한닙/異『源河』(707)頭擧/異『源六』(670(44))短數大葉/異『源佛』(675(44))短數大葉/異『源朴』(582(45))頭擧존ᄌᆞ진ᄒᆞᆫ입/異『源皇』(568(46))頭擧존ᄌᆞ즌ᄒᆞᆫ닙/異『海樂』(712(54))頭擧/異『源가』(347(32))羽頭擧존ᄌᆞ즌한닙/異『源一』(684)×/異『協律』(689(47))頭擧존자즌한닙/異『女謠』(45)우

죠존자즌한입 / 異『詩謠』(17)됸자지난엽 / 『永言』(460)女唱羽調 二數大葉

이 작품은 종장 사설이 3개의 형태로 나타난다. 『병와가곡집』과 『가보』는 첫 번째 유형으로 악곡에 있어 각각 〈이삭대엽〉과 계면 〈이삭대엽〉으로, 육당본 『청구영언』, 『영언』, 『홍비부』, 『대동풍아』는 두 번째 유형으로 여창 우조 〈이삭대엽〉, 우조 〈머리드난것〉, 우평조 〈촉삭대엽〉으로 악곡이 나타난다. 『가곡원류』는 세 번째 유형으로 여창 우조 〈두거〉로 악곡이 나타난다.

**우조 〈머리드난것〉 6**

일경百年를 산들 百年이 긔 얼마요

疾病憂患더니 남은 날이 전혀업다

두어라 非百歲人生이 아니 놀고 어이리

『甁歌』(608)二數大葉 / 『靑김』(338)二數大葉 / 『海一』(369)二數大葉 / 『詩歌』(302)× / 『樂서』(312)二數大葉 / 『靑가』(357)二數大葉 / 『靑詠』(408)三數大葉 / 『古今』(169)× / 『槿樂』(192)× / 『興比』(211)羽調 머리드난 것 / 『源國』(699(34))羽調平擧 막드는자즌한닙 / 『源奎』(698(34))平擧 / 『源河』(691)平擧 / 『源六』(658(32))平擧 / 『源佛』(883(32))平擧 / 『源朴』(567(30))平擧막닉는즈진한입 / 『源皇』(552)平擧막닉는즈즌한입 / 『海樂』(694)平擧 / 『『協律』(674(32))平擧막드는즈즌한닙 / 『女謠』(33)우죠막는자즌한입 / 『歌謠』(35)× / 異『靑淵』(22)× / 『永言』(482)女唱界面調 [二數大葉]

이 작품은 18세기 전반 가집인 김천택본 『청구영언』과 18세기 중후반 가집인 일석본 『해동가요』, 가람본 『청구영언』에는 〈이삭대엽〉으로, 가람본 『청구詠언』에는 〈삼삭대엽〉으로, 19세기 초중반 가집인 서울대본 『악부』에는 〈이삭대엽〉으로 『영언』에는 여창 계면 〈이삭대엽〉으로 19세기 후반 가집인 『가곡원류』계에는 우조 〈평거〉로 악곡이 나타나고 있다.

**우조 〈머리드난것〉 7**

이리 혜고 져리 혜니 속절업난 혬만난다
험구즌 이 몸이 살고죠 수랏난야
④至今에 아니 죽는 뜻은 님을 보려 ᄒᆞ노라

**『병와가곡집』 〈이삭대엽〉** ①至今에 사라 잇기는 님을 보려 홈이라
**『대동풍아』 우평조 〈중삭대엽〉** ②져님아 널노는 험이니 네곳칠가 ᄒᆞ노라
**『가곡보감』 우됴 〈세즈치〉** ③젼젼에 언약이 즁하믹 못니즐가 하노라

『瓶歌』(590)二數大葉, × / 『靑김』(300)[譴謫][二數大葉], 無名氏 / 『靑가』(359)二數大葉, × / **『靑六』(912)羽二數大葉**, × / **『歌譜』(359)界樂**, × / 『興比』(212)羽調 머리드난것, × / 『源國』(705(40))頭擧, × / 『源奎』(704(40))頭擧존자즌한닙, × / 『源河』(698)頭擧, × / 『源六』(663(37))短數大葉, × / 『源佛』(668(37))短數大葉, × / 『源朴』(573(36))頭擧존ᄌᆞ진ᄒᆞᆫ입, × / 『源皇』(559(37))頭擧존ᄌᆞ즌ᄒᆞᆫ닙, × / 『海樂』(700(42))頭擧, × / 『協律』(679(37))頭擧존자즌한닙, × / 『女謠』(38)우죠존자즌한입 / 『歌謠』(23)×, × / 異『大東』(174)[異文 1]羽平調中數大葉 우됴즁자디난엽, × / 『歌鑑』(18)[異文 2]우됴세즈치, ×

이 작품은 종장 사설에 있어 4개의 버전을 가지고 있다. ①『병와가곡집』에는 '至今에 사라 잇기는 님을 보려 홈이라', ②『대동풍아』에는 '져님아 널노는 험이니 네곳칠가 ᄒᆞ노라', ③『가곡보감』에는 '젼젼에 언약이 즁하믹 못니즐가 하노라', ④『홍비부』에는 '至今에 아니 쥭는 뜻은 님을 보려 ᄒᆞ노라'로 나타나는데 각각 〈이삭대엽〉, 우평조 〈중삭대엽중거〉, 우됴 〈세지치두거〉, 〈우조머리드난것〉으로 악곡명이 나타나 사설의 변화에 따라 다르게 불렸음을 알 수 있다. 이러한 현상을 통해 사詞와 곡曲이 유동적이었음을 알 수 있다.

**우조 〈머리드난것〉 8**

한숨은 바람이 되고 눈물은 細雨되여
님ᄌᆞ난 窓밧게 불며셔 ᄲᅮ리고져
날잇고 깁피든 잠을 ᄭᅢ와 볼가 ᄒᆞ노라

『甁歌』(31)初數大葉, × / 『詩歌』(556)三數三葉, × / 『樂서』(339)二數大葉, × / 『靑詠』(369)二數大葉, × / 『古今』(251)[別恨]×, × / 『槿樂』(271)[離恨]×, × / 『靑六』(910)羽二數大葉, × / 『歌譜』(341)界樂둘재자즌한닙계면, × / 『興比』(213)羽調머리드난것, × / 『源國』(708(43))羽調頭擧 존자즌한닙, × / 『源奎』(707(43))頭擧존자즌한닙, × / 『源河』(701)頭擧, × / 『源六』(666(40))短數大葉, × / 『源佛』(671(40))短數大葉, × / 『源朴』(575(38))頭擧존ᄌᆞ진ᄒᆞᆫ입, × / 『源皇』(561(39))頭擧존ᄌᆞ즌ᄒᆞᆫ닙, × / 『海樂』(705(47))頭擧, × / 『源가』(343(28))羽頭擧존ᄌᆞ즌한닙, × / 『協律』(682(40))頭擧존자즌한닙, × / 『女謠』(41)우죠존자즌한입, × / 『歌謠』(14)×, × / 『詩謠』(16)됸자지난엽, × / 『大東』(178)羽平調促數大葉, × / 異『청연』(33)[異

文1]×, ×/異『원일』(633)[異文2]×, ×

이 작품은 18세기 중후반 가집인 『시가』에는 〈삼삭대엽〉으로 가람본 『청구영언』에는 〈이삭대엽〉으로, 『병와가곡집』에는 〈초삭대엽〉으로 19세기 초중반 가집인 서울대본 『악부』에는 〈이삭대엽〉으로, 육당본 『청구영언』에는 우조 〈이삭대엽〉으로, 『가보』에는 여창 계면 〈이삭대엽〉으로, 19세기 후반 가집인 『가곡원류』에는 여창 우조 〈두거〉로, 20세기 초 가집인 『대동풍아』에는 우평조 〈촉삭대엽〉으로 악곡이 나타나고 있다.

**우조 〈머리드난것〉 9**

꿈에 단니는 길이 ᄌᆞ최 곳 나량이면
님 ᄌᆞ는 窓 밧기 石路ㅣ라도 달을노다
꿈길이 ᄌᆞ최 업스니 그를 슬워 ᄒᆞ노라

『甁歌』(638)二數大葉, ×/**『樂서』(293)二數大葉**, ×/『靑가』(443)二數大葉, ×/『靑詠』(452)三數大葉, ×/**『東國』(283)界面調, 李明漢 號白洲**/『古今』(207)[閨怨]×, ×/『權樂』(236)[艶情]×, ×/『靑淵』(203)×, ×/**『靑六』(183)羽二數大葉, 李明漢**/**『歌譜』(168)존자즌ᄒᆞᆫ엽**, ×/『興比』(214)羽調 머리드난것, ×/『源國』(322/701(36))界面調平擧 막드는 자즌 한닙/羽調平擧 막드는자즌한닙, ×/×/『源奎』(322/700(36))[平擧]/平擧, ×/×/『源河』(318/694(37))平擧/平擧, ×/×/『源六』(300/661(35))平擧/平擧, ×/×/『源佛』(302/666(35))中擧附平頭/平擧, ×/×/『源朴』(309/569(32))平擧막ᄂᆡ는ᄌᆞ즌난입/平擧막ᄂᆡ는ᄌᆞ진ᄒᆞᆫ입, ×/×/『源皇』(306/554(32))平擧막ᄂᆡ는자즌ᄒᆞᆫ입/平擧막ᄂᆡ는자즌ᄒᆞᆫ입, ×/×/『海樂』(311/696(38))平擧막ᄂᆡᄂᆞᆫᄌᆞᄂᆞᆫᄒᆞᆫ닙/平擧,

×/×/『源가』(166/339(24))界平擧막드는즈즌한닙/羽平擧막드는즈즌호닙, ×/×/『源一』(313)界平擧, ×/『源東』(316)平擧, ×/『協律』(309/676(34))界平擧/平擧막드는즈즌한닙, ×/×/『花樂』(330)界平擧, ×/『女謠』(35)우죠막드는자즌한입, ×/『三家樂府』(續小樂府31-15)×, ×/異『永類』(199)×, ×

이 작품은 18세기 중후반 가집인 가람본 『청구영언』과 『병와가곡집』에는 〈이삭대엽〉, 가람본 『청구詠언』에는 〈삼삭대엽〉, 19세기 초중반 가집인 『동국가사』에는 〈계면조〉, 육당본 『청구영언』에는 우조 〈이삭대엽〉으로, 19세기 후반기 가집인 『가곡원류』계에는 남녀창 각각 계면 〈평거〉와 우조 〈평거〉로 나타나고 있다.

**우조 〈머리드난것〉 10**

담안에 셧는 곳치 牧丹이랴 海棠花냐
힛뜩 발긋 푸여이셔 남의 눈을 놀내는다
두어라 님ᄌ이스랴 닉 곳 보듯 ᄒ리라

『青六』(556)界二數大葉, ×/『興比』(215)羽調 머리드난것, ×/『源國』(720)羽調栗糖數大葉, ×/『源奎』(719)栗糖數大葉, ×/『源河』(710)栗糖數大葉, ×/『源六』(675(49))栗糖數大葉, ×/『源佛』(680(49))栗糖數大葉, ×/『源朴』(584(47))栗糖數大葉, ×/『源皇』(570(58))栗糖數大葉, ×/『海樂』(714(56))栗糖數大葉, ×/『源가』(350(35))밤엿즈즌호닙, ×/『協律』(691(49))栗糖數大葉 或稱半數葹大葉, ×/『女謠』(50)밤엿즈진한입, ×/『歌謠』(17)×, ×/『詩謠』(21)밤얏자지난엽, ×/『大東』(202)界平調中數大葉, ×/『蓬萊樂府』(25-14)×, 申獻朝

이 작품은 19세기 초중반에 가집에 수록되기 시작한 작품으로 신헌조가 편찬한 『봉래악부』에 수록된 작품이다. 육당본 『청구영언』에는 계면조 〈이삭대엽〉으로, 19세기 후반 가집인 『가곡원류』계에는 여창 〈반엽〉으로 수록되어 있다. 이 작품은 원래 계면 〈이삭대엽〉으로 불리다가 『가곡원류』기에 오면 여창 〈반엽〉으로 불리게 된다.

우조 〈머리드난것〉의 악곡변이 양상을 정리하면 다음과 같다.

| 18세기 | 흥비부 "우조 머리드난 것" | 동시기 | 19세기 후반~20세기초 |
|---|---|---|---|
| 이삭대엽<br>삼삭대엽 | 206 "寂無人 掩中門ᄒᆞ니" | 우조 이삭대엽 | 우조 두거<br>계면 이삭삭엽 |
| 이삭대엽 | 207 "이 몸 싀여져셔" | 우조 이삭대엽<br>계면 이삭대엽(여창) | 평거 |
| 이삭대엽 | 208 "一刻이 三秋라ᄒᆞ니" | 우조 이삭대엽 | 우조 두거 |
| 이삭대엽 | 209 "ᄒᆡ지면 長歎息ᄒᆞ고"<br>『홍비부』사설은 이본임. | 계면 이삭대엽<br>우조 이삭대엽 | 두거 |
| 이삭대엽 | 210 "이리ᄒᆞ여 날 쇼기고" | 반엽<br>우조 이삭대엽 | 우조 두거 |
| 이삭대엽 | 211 "일경百年를 산들" | 계면 이삭대엽 | 평거 |
| 이삭대엽 | 212 "이리 혜고 져리 혜니" | 계면 이삭대엽<br>우조 이삭대엽 | 우두거<br>우평조 중삭대엽<br>우조 세지치 |
| 초삭대엽<br>이삭대엽<br>삼삭대엽 | 213 "한숨은 바람이 되고" | 우조 이삭대엽<br>계면 이삭대엽 | 두거 |
| 이삭대엽<br>삼삭대엽 | 214 "ᄭᅮᆷ에 단니는 길이" | 우조 이삭대엽<br>두거 | 평거 |
|  | 215 "담안에 셧는 곳치" | 계면 이삭대엽 | 반엽<br>계평조 중삭대엽 |
| 이삭대엽 | 216 "남ᄒᆞ여 片紙 傳치 말고" | 반엽 | 반엽 |

'우조 머리드난것'의 악곡변이 양상을 보면 18세기에는 〈초삭대엽〉, 〈이삭대엽〉, 〈삼삭대엽〉으로 불리던 작품이 19세기 초중반에는 우조 〈이삭대엽〉, 계면 〈이삭대엽〉, 〈두거〉, 〈반엽〉 등으로 불리다가 『가곡원류』기에 오

면 〈두거〉, 〈평거〉, 〈반엽〉 등으로 불리고 『가곡원류』와는 관련이 없는 가집으로 판명된 『대동풍아』[29]에는 〈중거〉로 불리고 있다. 우조 〈머리드난것〉 또한 18세기에도 여러 악곡으로 불리웠고 『홍비부』의 동시기인 19세기 초중반에도 여러 악곡으로 불렸다. 『가곡원류』기에도 꼭 〈두거〉로 불린 것도 아니며 『가곡원류』기에 와서 〈두거〉로 정착되었다고 해서 이 악곡을 〈두거〉의 초기 버전으로 보는 것은 무리가 있다. 따라서 이 악곡 또한 〈조을음〉처럼 유동성을 가지고 있는 '미확정 악곡'으로 이해해야 하며 명칭 또한 우조 〈머리드난것〉으로 써야 한다.

한편 권순회는 우조 〈머리드난것〉의 마지막 2수가 〈반엽〉으로 불리던 사설로 창곡명을 밝히지 않은 것이라며 이 2수를 〈반엽〉으로 봐야한다고 설명하고 있다.[30] 마지막 작품의 경우 동시기 가집인 서울대본 『악부』, 『가보』, 『영언』, 육당본 『청구영언』에 〈반엽〉으로 나타나는 점을 미뤄볼 때 타당한 진단이다.

③ 계면 거두

『홍비부』의 계면 〈거두〉에는 총 16수의 작품을 수록하고 있다.[31] 〈거두擧頭〉라는 명칭에서 '머리를 든다'는 뜻임을 알고 〈두거〉의 이칭임을 추정하게 한다. 더군다나 『해동악장』에는 〈두거〉라는 명칭이 올 자리에 〈거두〉라는 명칭이 기록되어 있어 〈거두〉가 〈두거〉의 다른 명칭이었음을 확인시켜 준다. 그러나 『해동악장』은 이미 〈두거〉라는 악곡이 정착된 후에 기록된

29 『대동풍아』가 『가곡원류』와 전혀 다른 성향의 가집임은 저자에 의해 연구된 바 있다.(가곡창 가집 『대동풍아』 연구, 성균관대 석사논문, 2007)

30 권순회, 『고시조 문헌 해제』, 고려대 민족문화연구원, 2012, 126면.

31 '계면 거두'의 작품 중 243번은 '壬戌之秋七月旣望에 빈를 타고 金陵에 나려'로 시작되는 작품으로 악곡변이 양상은 『병와가곡집』 〈삭대엽〉 부분을 참고하면 된다.

것으로 앞선 시기의 〈거두〉는 〈두거〉의 이칭이 아니었을 가능성도 있다. 따라서 '계면 거두'의 악곡변이 양상을 살펴 이 악곡의 특성을 파악하겠다.

**계면 〈거두〉 1**

大川바다 한가온데 부리업슨 남기나셔

가지는 열둘이요 입픈 三百 예순이로다

그 남게 여름이 열녀스되 다만 두리 열녀셔라

『甁歌』(786)二數大葉, ×/『詩歌』(214)×, 金春澤 字白雨 號北軒 光山人 肅宗朝停擧終不第 能文善詩 當世度量/『靑六』(935)界二數大葉, ×/『歌譜』(362)界樂, ×/『興比』(237)界擧頭, ×/『調詞』(69)×, ×/『源國』(771(106))界面調平擧 막드는자즌한닙, ×/『源奎』(770(106))平擧막드는자즌한닙, ×/『源河』(767)平擧, ×/『源六』(727(101))平擧, ×/『源佛』(732(101))平擧, ×/『源朴』(642(105))平擧, ×/『源皇』(628(106))平擧막드는ᄌᆞ즌ᄒᆞᆫ입, ×/『海樂』(779(121))平擧, ×/『協律』(742(100))平擧막드는ᄌᆞ즌한닙, ×/『女謠』(104)막ᄂᆡ는자즌한입, ×/『시철가』(12)×, ×

이 작품은 18세기 후반 가집인 『병와가곡집』에는 〈이삭대엽〉으로 19세기 초중반 가집인 육당본 『청구영언』에는 여창 계면 〈이삭대엽〉으로, 『가보』에는 여창 〈계락〉으로, 19세기 후반 가집인 『가곡원류』계에는 계면 〈평거〉로 악곡이 나타나고 있다.

**계면 〈거두〉 2**

울며 잡은 ᄉᆞᄆᆡ 떨치고 가지마오

초원 장졔 ᄒᆡ 다 져물거다

客窓에 殘燈도 도고 ᄉᆡ와 보면 알니라

『甁歌』(190)二數大葉 / 『詩歌』(431)× / **『樂서』(379)二數大葉** / 『靑洪』(276)[雜彙][二數大葉] / 『靑가』(390)二數大葉 / 『靑詠』(292)二數大葉 / 『東國』(143)界面調 / 『槿樂』(245)[離恨]× / 『靑淵』(137)× / **『靑六』(187)羽二數大葉** / **『歌譜』(134)둘쨕자즌ᄒᆞᆫ엽** / 『興比』(238)界擧頭 / 『東歌』(89)二數大葉 / 『源國』(296/756(91))界面調中擧 즁허리 드는 쟈즌한닙/界面調中擧 즁허리드는자즌한닙 / 『源奎』(296/755(91))[中擧]/中擧즁허리드는쟈즌한닙 / 『源河』(291/753(96))中擧중허리드는자즌한닙/中擧 / 『源六』(286/717(91))中擧/平擧 / 『源佛』(288/722(91))中擧附平頭/平擧 / 『源朴』(284/627(90))中擧즁허리드는ᄌᆞ진ᄂᆞᆫ입/中擧즁허리드는ᄌᆞ진ᄒᆞᆫ입 / 『源皇』(281/613(91))中擧중허리드ᄂᆞᆫ자즌한입/中擧즁허리드는ᄌᆞ즌ᄒᆞᆫ입 / 『海樂』(286/764(106))中擧즁허리드ᄂᆞᆫ쟈즌한닙/中擧 / 『源가』(368(53))즁허리드는ᄌᆞ즌한닙 / 『源一』(287)界中擧 / 『源東』(294)中擧 / 『協律』(728(86))中擧 / 『花樂』(284/300)界中擧/界中擧 / 『女謠』(87)즁허리드ᄂᆞᆫ긴자즌한입 / 『歌謠』(8)× / 『大東』(101)界二數大葉 / 『三家樂府』(續小樂府31-18)×

이 작품은 18세기 중후반 가집인 가람본 『청구詠언』, 가람본 『청구영언』, 홍씨본 『청구영언』, 『병와가곡집』에는 〈이삭대엽〉으로, 19세기 초중반 가집인 서울대본 『악부』에는 〈이삭대엽〉, 『동국가사』에는 〈계면조〉, 『가보』에는 〈이삭대엽〉, 육당본 『청구영언』에는 우조 〈이삭대엽〉, 19세기 후반 가집인 『가곡원류』계는 남녀창 모두 계면 〈중거〉, 20세기 초반 가집인 『대동풍아』는 계면 〈이삭대엽〉으로 악곡이 나타나고 있다. 특이한 점은

『가곡원류』계에서 육당본 『가곡원류』와 불란서본 『가곡원류』의 경우 여창 악곡이 〈평거〉로 나타난다는 것이다. 『가곡원류』계에서 이 작품을 보면 남창과 여창 모두 거의 같은 사설을 가지고 있다. 따라서 사설이 변이에 따른 악곡의 변이도 아님을 알 수 있다. 그렇다면 이것이 뜻하는 바는 편찬자의 기호나 능력에 따라 악곡 변이가 용이하게 일어났음을 나타내 주는 것이다.

**계면 〈거두〉 3**

두어도 다 셕은 肝腸 드난 칼노 버혀나여

珊瑚箱 白玉盒에 졈졈이이 담앗다가

아무나 아난이 잇거든 님계신데 보ᄂᆡ리라

『甁歌』(785)二數大葉 / 『詩歌』(420)× / 『靑가』(477)三數大葉樂戲幷抄 / 『靑詠』(320)二數大葉 / **『東國』(226)界面調** / 『槿樂』(269)[離恨]× / **『靑六』(942)界二數大葉** / **『歌譜』(363)界樂** / **『興比』(239)界擧頭** / 『源國』(770(105))界面調平擧 막드는쟈즌한닙 / 『源奎』(769(105))平擧막드는쟈즌한닙 / 『源河』(766)平擧 / 『源六』(726(100))平擧 / 『源佛』(731(100))平擧 / 『源朴』(641(104))平擧막ᄂᆡ는ᄌᆞ즌ᄒᆞᆫ입 / 『源皇』(627(105))平擧막드는ᄌᆞ즌ᄒᆞᆫ입 / 『海樂』(778(120))平擧 / 『協律』(741(99))平擧막드ᄂᆞᆫᄌᆞ즌한닙 / 『女謠』(103)막ᄂᆡ는자즌한닙

이 작품은 19세기 중후반 가집인 가람본 『청구영언』에는 〈삼삭대엽〉, 가람본 『청구詠언』과 『병와가곡집』에는 〈이삭대엽〉, 19세기 초중반 가집인 육당본 『청구영언』에는 계면 〈이삭대엽〉, 『가보』에는 여창 〈계락〉, 19세기 후반 가집인 『가곡원류』에는 여창 계면 〈평거〉로 악곡이 나타나고 있다.

계면 〈거두〉 4

뉘뉘 이르기를 淸江沼이 깁다든고
비오리가 가슴이 半도 아니 즘겨셔라
아마도 깁고 깁플손 님이신가 ᄒᆞ노라

『瓶歌』(699)二數大葉 / 『靑六』(957)界二數大葉 / 『歌譜』(350)界樂돌재자즌한닙계면 / 『興比』(240)界頭擧 / 『源國』(768(103))界面調平擧 막드는쟈즌한닙. / 『源奎』(767(103))平擧막드는쟈즌한닙 / 『源河』(764)平擧 / 『源六』(724(98))平擧 / 『源佛』(729(98))平擧 / 『源朴』(639(102))平擧막ᄂᆡ는ᄌᆞ즌ᄒᆞᆫ입 / 『源皇』(625(103))平擧막드는ᄌᆞ즌ᄒᆞᆫ입 / 『海樂』(776(118))平擧막드는ᄌᆞ즌ᄒᆞᆫ입 / 『源가』(377(62))막드는ᄌᆞ즌한닙 / 『協律』(739(97))平擧막드ᄂᆞᆫ ᄌᆞ즌한닙 / 『女謠』(102)막ᄂᆡ는자즌한입 / 『大東』(196)界平調中數大葉 / 『永言』(472)女唱界面調[二數大葉]

이 작품은 18세기 후반 가집인 『병와가곡집』에는 〈이삭대엽〉, 19세기 초중반 가집인 육당본 『청구영언』과 『영언』, 『가보』에는 여창 계면 〈이삭대엽〉으로, 19세기 후반 가집인 『가곡원류』계에는 여창 〈평거〉로 악곡이 나타나고 있다.

계면 〈거두〉 5

綠草 淸江上에 구레버슨 마리 되여
ᄭᆡᄭᆡ로 머리 드러 北向ᄒᆞ여 우난 ᄯᅳᆺ은
夕陽이 ᄌᆡ 너머 가기로 임ᄌᆞ 그려 우노라

『靑김』(94)[二數大葉], 徐益 / 『甁歌』(192)二數大葉, 徐益 / 『海一』(88)二數大葉, 徐益 / 『海周』(89)二數大葉, 徐益 / 『詩歌』(119)×, 徐益 / **『樂서』(32)二數大葉, 徐益 號萬竹堂 宣廟牧使** / 『靑洪』(118)[二數大葉], 徐益 / 『靑가』(97)二數大葉, 徐益 / 『靑詠』(204)二數大葉, 徐益 / 『古今』(49)[戀君]×, × / 『權樂』(61)[戀君]×, × / **『靑六』(953)界二數大葉, 徐益** / 『永類』(59)×, × / 『興比』(241)界擧頭, × / 『源國』(763(98))界面調平擧막드는쟈즌한닙, × / 『源奎』(762(98))平擧막드는쟈즌한닙, × / 『源河』(759)平擧, × / 『源六』(719(93))平擧, 徐益 字君受 號萬竹亭 宣廟朝灣尹 / 『源佛』(724(93))平擧, 徐益 字君受 號萬竹亭 宣祖朝義州府尹 / 『源朴』(634(97))平擧막니는ᄌᆞ즌ᄒᆞᆫ입, × / 『源皇』(620(98))平擧막드는ᄌᆞ즌ᄒᆞᆫ입, × / 『海樂』(771(113)) 平擧, × / 『源가』(372(57))막드는ᄌᆞ즌한닙, × / 『協律』(734(92))平擧막드는ᄌᆞ즌한닙, × / 『女謠』(98)막ᄂᆡ는자즌한입, × / 『歌謠』(93)×, × / 『詩謠』(35)막ᄂᆡ, × / 『大東』(87)界二數數葉, 徐益 宣祖朝牧使 當光海亂政之時戀 先朝作此 / 三家樂府×, ×

이 작품은 18세기 전반 가집인 김천택본 『청구영언』, 18세기 중후반 가집인 일석본 『해동가요』, 주씨본 『해동가요』, 홍씨본 『청구영언』, 가람본 『청구영언』, 가람본 『청구詠언』에는 〈이삭대엽〉으로, 19세기 초중반 가집인 육당본 『청구영언』에는 여창 계면 〈이삭대엽〉으로, 19세기 후반 가집인 『가곡원류』계에는 여창 계면 〈평거〉, 20세기 초 가집인 『대동풍아』에는 계면 〈이삭대엽〉으로 악곡명이 나타나고 있다.

**계면 〈거두〉 6**

一笑 百媚生이 太眞에 麗質이라

明皇도 이러무로 萬里行蜀 ᄒᆞ시도다

至今에 馬隗芳魂을 못닉 슬어 ᄒᆞ노라

『병와가곡집』

馬嵬에 馬前死ᄒᆞ니 그를 슬허 ᄒᆞ노라

『甁歌』(782)二數大葉, ×/『靑가』(308)二數大葉, 松伊/『靑六』(947)界二數大葉, ×/『歌譜』(365)界樂, ×/『永類』(112)×, ×/『興比』(242)界擧頭, ×/『源國』(697(32))羽調平擧, ×/『源奎』(696(32))平擧, ×/『源河』(689)平擧, ×/『源六』(656(30))平擧, ×/『源佛』(661(30))平擧, ×/『源朴』(565(28))平擧막닉는ᄌᆞ진ᄒᆞᆫ입, ×/『源皇』(550(28))平擧막닉는ᄌᆞ즌한입, ×/『海樂』(692(34))平擧, ×/『源가』(336(21))羽調平擧막드는 ᄌᆞ즌ᄒᆞᆫ닙, ×/『協律』(672(30))平擧막드는ᄌᆞ즌한닙, ×/『女謠』(31)우죠막드는자즌한입, ×/『南太』(88)×, ×/『詩餘』(128)×, ×/『歌謠』(45)×, ×/『詩謠』(12)막닉, ×/『永言』(481)女唱界面調[二數大葉]

이 작품은 18세기 중후반 가집인 가람본 『청구영언』과 『병와가곡집』에는 〈이삭대엽〉, 19세기 초중반 가집인 육당본 『청구영언』과 『영언』에는 여창 계면 〈이삭대엽〉, 『가보』에는 계면 〈두거〉, 19세기 후반 가집인 『가곡원류』계에는 여창 계면 〈두거〉, 20세기 초 가집인 『대동풍아』에는 계평조 〈촉삭대엽〉으로 악곡명이 나타나고 있다.

계면 〈거두〉 7

白雪이 ᄌᆞ자진 골에 구름이 머흐려라

반가온 梅花는 어닉 곳에 푸엿나니

夕陽에 홀노 셔이셔 갈곳 몰나 ᄒᆞ노라

『靑김』(7)[二數大葉] / 『瓶歌』(51)二數大葉 / 『海一』(15)二數大葉 / 『海周』(15)二數大葉 / 『詩歌』(23)× / **『樂서』(17)二數大葉** / 『靑가』(7)二數大葉 / 『靑詠』(25)二數大葉 / **『東國』(76/117)羽數葉/界面調** / 『靑淵』(11)× / **『靑六』(39)羽二數大葉** / **『歌譜』(34)첫즌한엽일명은황풍락계면** / 『興比』(65/244)界二數大葉/界擧頭 / 『東歌』(17)二數大葉 / 『源國』(114/379)羽調頭擧존쟈즌한닙/界面調頭擧존ᄌᆞ즌한닙 / 『源奎』(114/379)羽頭擧존자즌한닙/頭擧존자즌한입 / 『源河』(103/372)頭擧/頭擧존자즌한닙 / 『源六』(117/367)頭擧/頭擧 / 『源佛』(117/369)頭擧/頭擧 / 『源朴』(107/367)頭擧존ᄌᆞ즌난입/頭擧존ᄌᆞ지난입 / 『源皇』(106/364)頭擧존ᄌᆞ지ᄂᆞᆫ입/頭擧존ᄌᆞ즌ᄒᆞᆫ입 / 『海樂』(110/369)頭擧/頭擧즌ᄌᆞ즌 한닙 / 『源가』(75)羽頭擧존ᄌᆞ즌ᄒᆞᆫ닙, × / 『源一』(112/368)羽頭擧/界頭擧 / 『源東』(111/374)頭擧/頭擧 / 『協律』(106/364)羽頭擧/界頭擧 / 『花樂』(108/388)羽頭擧/界頭擧 / **『永言』(59)羽調 二數大葉**

이 작품은 18세기 전반 가집인 김천택본 『청구영언』, 18세기 중후반 가집인 일석본 『해동가요』, 주씨본 『해동가요』, 가람본 『청구영언』, 가람본 『청구詠언』, 19세기 초중반 가집인 서울대본 『악부』에는 〈이삭대엽〉으로, 육당본 『청구영언』과 『영언』에는 우조 〈이삭대엽〉, 『가보』에는 계면 〈이삭대엽〉으로 『가곡원류』계에는 우조·계면조 〈두거〉로 악곡이 나타나고 있다. 그런데 이 작품은 『흥비부』의 경우에는 계면 〈이삭대엽〉에 공출하는 작품인데 계면 〈거두〉에 등장하는 작품과 사설의 차이가 거의 없다.

계면 〈거두〉 8

白雪이 ᄌᆞ쟈진 골에 구름이 머흐레라

반ᄀᆞ온 梅花는 어느 곳에 퓌엿는고

夕陽에 호올로 서이셔 갈ᄃᆡ곳 몰나 ᄒᆞ노라

국악원본『가곡원류』

白雪이 ᄌᆞ쟈진 골에 구름이 머흐레라

반ᄀᆞ운 梅花는 어늬 곳에 퓌엿는고

夕陽에 호올로 셔客이 갈ᄃᆡ곳 몰나 ᄒᆞ노라

이 작품은 국악원본『가곡원류』 남창 우조와 계면조 〈두거〉에 수록된 작품으로 보는 바와 같이 사설의 변화는 거의 없다. 다만 종장의 사설 중 '서이셔'가 '셔客이'로 바뀌었을 뿐이다. 결국 아주 작은 사설의 변화를 통해 악조가 바뀌었음을 알 수 있다.

계면 〈거두〉 9

뒷뫼에 ᄧᅦ구름 지고 압ᄂᆡ에 안ᄀᆡ로다

비 올지 눈이 올지 바람부러 즌셔리 칠지

먼데님 오실지 못 오실지 ᄀᆡ만 홀노 즛더라

『瓶歌』(715)二數大葉 / 『詩歌』(569)三數三葉 / 『靑洪』(293)三數多葉 / 『靑가』(661)編樂弄抄 / 『權樂』(339)蔓横淸 / 『靑淵』(154)× / 『靑六』(939)界二數大葉 / 『歌譜』(146)셋재자즌혼엽계면 / 『永類』(236)× / 『興比』(245)界擧頭 / 『源國』(790(125))界面調頭擧

존자즌한닙 / 『源奎』(789(125))頭擧존자즌한닙 / 『源河』(789)頭擧 / 『源六』(741(115))短數大葉 / 『源佛』(746(115))短數大葉 / 『源朴』(661(124))頭擧존즈즌ᄒᆞᆫ입 / 『源皇』(647(125))頭擧존즈즌ᄒᆞᆫ입 / 『海樂』(801(143))頭擧 / 『源가』(386(71))존즈즌한입 / 『協律』(761(119))頭擧존즈즌한닙 / 『女謠』(120)존자즌한입 / 『歌謠』(31) × / 『詩謠』(39)존자지난엽 / 『大東』(209)界平調裒數大葉 / 『永言』(475)女唱界面調[二數大葉]

이 작품은 18세기 중후반 가집인 『시가』, 홍씨본 『청구영언』에는 〈삼삭대엽〉, 가람본 『청구영언』에는 〈편락농초〉, 19세기 초중반 가집인 육당본 『청구영언』과 『영언』에는 여창 계면 〈이삭대엽〉, 『가보』에는 계면 〈삼삭대엽〉, 19세기 후반 가집인 『가곡원류』계는 여창 계면 〈두거〉로 20세기 초 가집인 『대동풍아』에는 계평조 〈쇠삭대엽두거〉로 악곡이 나타나고 있다.

**계면 〈거두〉 10**

草堂秋夜月에 蟋蟀聲도 못 금커든
무상호리라 야반에 홍안셩고
千里에 님 離別ᄒᆞ고 잠 못 니러 ᄒᆞ노라

『甁歌』(674)二數大葉 / 『海一』(470)二數大葉 / 『詩歌』(496) × / 『樂서』(348)二數大葉 / 『古今』(240) [別恨] × / 『靑淵』(250) × / 『靑六』(954)界二數大葉 / 『興比』(246)界擧頭 / 『源國』(759(94))界面調平擧 막드는자즌한닙, / 『源奎』(758(94))平擧막드는쟈즌한닙 / 『源河』(657/755)捻編/平擧 / 『源六』(714(88))平擧 / 『源佛』(719(88))平擧 / 『源朴』(630(93))平擧막ᄂᆡ는즈즌ᄒᆞᆫ입 / 『源皇』(616(94))平擧막드는즈즌ᄒᆞᆫ입 / 『海樂』(767(109))平擧 / 『源가』(374(59))막드는즈즌한닙 / 『協

律』(730(88))平擧막드는즈즌한닙 / 『女謠』(93)막닉는자즌한입 / 『詩謠』(36)막닉 / 『永言』(478)女唱界面調[二數大葉]

이 작품은 18세기 중후반 가집인 일석본 『해동가요』, 『병와가곡집』, 19세기 초중반 가집인 서울대본 『악부』에는 〈이삭대엽〉으로 육당본 『청구영언』과 『영언』에는 여창 〈이삭대엽〉으로 19세기 후반 가집인 『가곡원류』계에는 여창 계면 〈평거〉로 악곡이 나타나고 있다.

계면 〈거두〉 11

金生 麗水 ㅣ라한들 물마다 금이 나며
玉出崑岡인들 뫼마다 玉이 나랴
아무리 녀필종부(女必從夫)라한들 님마다 좃츠랴

『瓶歌』(714)二數大葉, × / 『海一』(411)二數大葉, × / 『詩歌』(36)×, 朴彭年 / 『樂서』(368)二數大葉, × / 『靑詠』(451)三數大葉, × / 『東國』(266)界面調, × / 『槿樂』(48)[戀君]×, 朴彭年歌 / 『歌譜』(361)계락(界樂), × / 『興比』(247)界頭擧, × / 『源國』(775)界面調平擧 막드는쟈즌한닙, × / 『源奎』(774(110))平擧막드는자즌한닙, × / 『源河』(771)平擧, × / 『源六』(732(106))平擧, 朴彭年 / 『源佛』(737(106))平擧, 朴彭年 字仁叟 號醉琴 順川人 六臣 世宗朝登第 湖堂官 至刑曹參判 / 『源朴』(646(109))平擧막늬는즈즌한입, × / 『源皇』(632(110))平擧막드는즈즌한입, × / 『海樂』(783(125))平擧, × / 『協律』(746(104))平擧막드는즈즌한닙, × / 『女謠』(108)막닉는자즌한입, × / 『大東』(199)界平調中數大葉, × / 『魯陵志』×, ×

이 작품은 18세기 중후반 가집인 일석본 『해동가요』, 『병와가곡집』에는 〈이삭대엽〉, 가람본 『청구영언』에는 〈삼삭대엽〉, 19세기 초중반 가집인 서울대본 『악서』에는 〈이삭대엽〉, 『동국가사』에는 〈계면조〉, 『가보』는 여창 〈계락〉, 19세기 후반 가집인 『가곡원류』계는 여창 〈평거〉로 20세기 초 가집인 『대동풍아』는 계평조 〈중삭대엽중거〉로 악곡이 나타나고 있다.

**계면 〈거두〉 12**

설월(雪月)이 만창(滿窓)한데 바람아 부지마라

예리셩 아닌 줄을 판연이 알겐마는

그립고 ᄋᆞ소한 경에 항혀 권가 ᄒᆞ노라

『甁歌』(706)二數大葉 / 『靑김』(443)三數大葉 / 『海一』(432)二數大葉 / 『詩歌』(429)× / **『樂서』(341)二數大葉** / 『靑가』(474)三數大葉樂戱幷抄 / 『靑詠』(357)二數大葉 / **『東國』(280)界面調** / 『古今』(239)[別恨]× / 『槿樂』(265)[離恨]× / 『靑淵』(29)× / **『靑六』(359)界二數大葉** / 『永類』(154)× / 『興比』(248)界擧頭 / 『源國』(396/781(116))界面調頭擧존ᄌᆞ즌한닙/界面調頭擧 존자즌한닙 / 『源奎』(396/780(116))頭擧존자즌한입/頭擧존자즌한닙 / 『源河』(389/780)頭擧존자즌한닙/頭擧 / 『源六』(383/736(110))頭擧/短數大葉 / 『源佛』(385/741(110))頭擧/短數大葉 / 『源朴』(383/652(115))頭擧존ᄌᆞ즌난입/頭擧존ᄌᆞ즌ᄒᆞᆫ입 / 『源皇』(380/638(116))頭擧존ᄌᆞ즌ᄒᆞᆫ입/頭擧존ᄌᆞ즌ᄒᆞᆫ입 / 『海樂』(386/792(134))頭擧존ᄌᆞ즌한닙/頭擧 / 『源가』(197/383(68))界頭擧존자즌한닙/존ᄌᆞ즌한닙 / 『源一』(385)界頭擧 / 『源東』(392)頭擧 / 『協律』(381/752(110))界頭擧/頭擧존ᄌᆞ즌한닙 / 『花樂』(404)界頭擧 / 『女謠』(115)존자즌한입 / 『南太』(23)× / 『歌謠』(62)× / 『시철가』(38)× / **『永言』(142)界面二數大葉**

이 작품은 18세기 초반 가집인 김천택본 『청구영언』에는 〈삼삭대엽〉, 18세기 중후반 가집인 일석본 『해동가요』, 가람본 『청구詠언』, 『병와가곡집』에는 〈이삭대엽〉, 가람본 『청구영언』에는 〈삼삭대엽낙희병초〉, 19세기 초중반 가집인 서울대본 『악부』에는 〈이삭대엽〉, 육당본 『청구영언』과 『영언』에는 계면 〈이삭대엽〉, 19세기 후반 가집인 『가곡원류』계에는 남녀창 모두 계면 〈두거〉로 악곡이 나타나고 있다.

『홍비부』에서 이 작품은 여창으로 등장하는데 중장 사설을 보면 '예리셩 아닌 줄을 판연이 알겐마는'으로 나타난다. 『가곡원류』계『협률대성』에서 남창 사설은 '曳履聲 아닌쥴은 判然이 아라마는'으로, 여창 사설은 '曳履聲 아닌 쥴은 判然이 알건마는'으로 나타나 『가곡원류』계의 작품이 『홍비부』의 작품과 악곡을 따랐음을 알 수 있다.

계면 〈거두〉 13

楚江에 漁夫드라 고기 낙가 숣들마라
屈三閭忠魂이 드럿ᄂᆞ니 魚腹裏에
아모리 鼎火에 살문들 이글 줄이 이스랴

『甁歌』(677)二數大葉, ×/『靑김』(388)[屈平][二數大葉], ×/『海一』(427)二數大葉, ×/『詩歌』(434)×, ×/『樂서』(303)二數大葉, ×/『靑가』(416)二數大葉, ×/『東國』(248)界面調, ×/『古今』(35)[貞操]×, ×/『槿樂』(41)[貞操]×, ×/『靑六』(185)羽二數大葉, 李明漢/『歌譜』(75)둘섯자즌ᄒᆞᆫ엽, ×/『興比』(351/249)各調音/界擧頭, ×/×/『時調』(4)×, ×/『東歌』(92)[慨]二數大葉, 李明漢/『源國』(766(101))界面調平擧 막드는자즌한닙, ×/『源奎』(765(101))平擧막드는자즌한닙, ×/『源河』(762

(105))平擧, ×/『源六』(722(96))平擧, ×/『源佛』(727(96))平擧, ×/『源朴』(637(100))平擧막ᄂᆡᄂᆞᆫᄌᆞ즌ᄒᆞᆫ입, ×/『源皇』(623(101))中擧막드ᄂᆞᆫᄌᆞ즌ᄒᆞᆫ입, ×/『海樂』(774(116))平擧, ×/『源가』(375(60))막드ᄂᆞᆫᄌᆞ즌한닙, ×/『協律』(737(95))平擧막드ᄂᆞᆫᄌᆞ즌한닙, ×/『女謠』(94)막ᄂᆡᄂᆞᆫ자즌한입, ×/『南太』(11)×, ×/『詩餘』(9)×, ×/『歌謠』(10)×, ×/『詩謠』(34)막ᄂᆡ, ×/『三家樂府』(續小樂府17-4)×, ×/『松別』(57)×, 鄭澈/『永言』(488)女唱界面調[二數大葉]

이 작품은 18세기 전반 가집인 김천택본 『청구영언』, 18세기 중후반 가집인 일석본 『해동가요』, 가람본 『청구영언』, 『병와가곡집』에는 〈이삭대엽〉, 19세기 초중반 가집인 『동국가사』에는 〈계면조〉, 육당본 『청구영언』과 『영언』에는 각각 우조 〈이삭대엽〉과 여창 계면조 〈이삭대엽〉, 19세기 후반 가집인 『가곡원류』계에는 여창 계면 〈평거〉로 악곡이 나타나고 있다. 이 작품의 종장은 대부분의 가집에는 '屈三閭忠魂이 魚腹裏에 드럿ᄂᆞ니'로 나타나는 것과는 달리 '屈三閭忠魂이 드럿ᄂᆞ니 魚腹裏에'로 나타나는데 이 가집의 이러한 흔적은 '가창의 실제'를 보여준다.

**계면 〈거두〉 14**

恨唱ᄒᆞ니 歌聲咽이요 愁翻ᄒᆞ니 無袖遲라
歌聲咽 無袖遲난 님그리난 타시로다
西陵에 日欲暮ᄒᆞ니 익긋난 듯 ᄒᆞ여라

『瓶歌』(684)二數大葉, ×/『青詠』(454)三數大葉, ×/『青六』(945)界二數大葉, ×/『歌譜』(366)界樂, ×/『興比』(250)界頭擧, ×/『時調』(60)×, ×/『東歌』(232)[忠·雜

歌]×, ×/『源國』(356/776(111))界面調平擧 막드는자즌한닙/界面調平擧 막드는자즌한닙, ×/×/『源奎』(356/775(111))平擧막드는자즌한닙/平擧, ×/×/『源河』(772)平擧, ×/『源六』(340/733(107))中擧附平頭/平擧, ×/×/『源佛』(342/738(107))中擧附平頭/平擧, ×/×/『源朴』(345/647(110))平擧막ᄂᆡ는ᄌᆞ즌난입/平擧막ᄂᆡ는ᄌᆞ즌ᄒᆞᆫ입, ×/×/『源皇』(342/633(111))平擧막ᄂᆡ는자즌ᄒᆞᆫ입/平擧막드는ᄌᆞ즌ᄒᆞᆫ입, ×/×/『海樂』(347/784(126))平擧막ᄂᆞ는ᄌᆞ즌ᄒᆞᆫ닙/平擧, ×/×/『源가』(182/380(65))界平擧막드는ᄌᆞ즌한닙/막드는ᄌᆞ즌한닙, ×/×/『源一』(345)界平擧/『源東』(350)平擧, ×/『協律』(343/747(105))界平擧/平擧막드ᄂᆞᆫᄌᆞ즌한닙, ×/×/『女謠』(110)막ᄂᆡ는자즌한닙, ×/『南太』(115)×, ×/『詩餘』(137)×, ×/『歌謠』(43)×, ×/『大東』(134)界二數數葉, 失名氏/『永言』(473)女唱界面調[二數大葉]

이 작품은 18세기 중후반 가집인 가람본 『청구영언』에는 〈삼삭대엽〉, 『병와가곡집』에는 〈이삭대엽〉, 19세기 초중반 가집인 육당본 『청구영언』과 『영언』에는 여창 계면 〈이삭대엽〉으로 19세기 후반 가집인 『가곡원류』에는 남녀창 모두 계면 〈평거〉, 20세기 초 가집인 『대동풍아』에는 계면 〈이삭대엽〉으로 악곡이 나타나고 있다.

**계면 〈거두〉 15**

누고 나 ᄌᆞ는 窓밧게 碧梧桐을 심으다든고

月明庭畔에 影婆娑 조커니와

밤중만 굴근 비소릐예 잠 못이러 ᄒᆞ노라

『古今』(188)[感物]×, ×/『槿樂』(217)[感物]×, ×/『靑淵』(165)×, ×/『青

六』(936)界二數大葉, ×/『歌譜』(132)둘쌔자즌훈엽, ×/『興比』(251)界舉頭, ×/『時調』(84)×, ×/『源國』(762(97))界面調平擧 막드는자즌한닙, ×/『源奎』(761(97))平擧막드는자즌한닙, ×/『源河』(758)平擧, ×/『源六』(718(92))平擧, ×/『源佛』(723(92))平擧, ×/『源朴』(633(96))平擧막닉는즈즌훈입, ×/『源皇』(619(97))平擧막드는즈는훈입, ×/『海樂』(770(112))平擧, ×/『源가』(371(56))막드는즈즌한닙, ×/『協律』(733(91))平擧막드는즈즌한닙, ×/『女謠』(97)막닉는자즌한입, ×/『南太』(165)×, ×/『詩餘』(85)×, ×/『詩謠』(37/139)막닉/편, ×/×/『大東』(201)界平調中數大葉, ×/『永言』(469)女唱界面調[二數大葉]

이 작품은 19세기 초중반 가집인 육당본 『청구영언』과 『영언』에는 여창 계면 〈이삭대엽〉, 『가보』에는 계면 〈이삭대엽〉, 19세기 후반 가집인 『가곡원류』계에는 여창 계면 〈평거〉, 20세기 초 가집인 『대동풍아』에는 계평조 〈중삭대엽중거〉로 악곡이 나타나고 있다.

계면 〈거두〉 16

洛陽 三月時에 곳곳마다 花柳로다
滿城春光을 太平으로 그려닉니
어즈버 唐虞世界를 다시 볼가 ᄒᆞ노라

『甁歌』(792)二數大葉, 李鼎輔/『海一』(286)二數大葉, 李鼎輔/『海周』(325)二數大葉, 李鼎輔/『樂서』(169)二數大葉, 李鼎輔/『靑六』(498)界二數大葉, 李鼎輔/『興比』(252)界擧頭, ×/『源國』(345)界面調平擧 막드는 자즌 한닙, ×/『源奎』(345)[平擧], ×/『源河』(341)平擧, ×/『源六』(324)中擧附平頭, ×/『源佛』(326)中擧附平頭, ×/『源朴』

(333)平擧막ᄂᆡᄂᆞᆫᄌᆞ즌난입, × / 『源皇』(330)平擧막ᄂᆡᄂᆞᆫ자즌ᄒᆞᆫ입, × / 『海樂』(335)平擧막ᄂᆡᄂᆞᆫᄌᆞ즌ᄒᆞᆫ닙, × / 『源가』(176)界平擧막ᄃᆞᄂᆞᆫᄌᆞ즌한닙, × / 『源一』(336)界平擧, × / 『源東』(337)平擧, × / 『協律』(333)界平擧, × / 『花樂』(352)界平擧, ×

이 작품은 18세기 중후반 가집인 일석본 『해동가요』, 주씨본 『해동가요』, 『병와가곡집』, 19세기 초반 가집인 서울대본 『악부』에는 〈이삭대엽〉, 육당본 『청구영언』에는 계면 〈이삭대엽〉, 19세기 후반 가집인 『가곡원류』계에는 계면 〈평거〉로 악곡이 나타나고 있다.

지금까지 분석한 계면 〈거두〉의 악곡변이 양상은 다음과 같다.

| 18세기 | 『흥비부』 "계면 〈거두〉" | 동시기 | 19세기 후반~20세기초 |
|---|---|---|---|
| 이삭대엽 | 237 "大川바다 한가온데" | 계락 | 평거 |
| 이삭대엽 | 238 "울며 잡은 ᄉᆞ미" | 우조 이삭대엽 | 계중거 / 평거 |
| 이삭대엽 | 239 "두어도 다 셕은 肝腸" | 계락<br>계면 이삭대엽 | 평거 |
| 이삭대엽 | 240 "뉘뉘 이르기를" | 계면 이삭대엽 | 계면 평거<br>계평조 중삭대엽 |
| 이삭대엽 | 241 "綠草 淸江上에" | 계면 이삭대엽 | 평거<br>계면 이사사엽 |
| 이삭대엽 | 242 "一笑 百媚生이" | 계락 | 우조 평거 |
| 삭대엽<br>삼삭대엽 | 243 "壬戌之秋七月旣望에" | 계면 이삭대엽<br>존자즌ᄒᆞᆫ엽 | 계면 두거 |
| 이삭대엽 | 244 "白雪이 ᄌᆞ자진 골에" | 우삭엽/계면조<br>우조 이삭대엽 | 우계 두거 |
| 이삭대엽<br>삼삭대엽 | 245 "뒷뫼에 ᄲᅦ구름 지고" | 계면 이삭대엽<br>계면 삼삭대엽 | 계면 두거 |
| 이삭대엽 | 246 "草堂秋夜月에" | 계면 이삭대엽 | 계면 평거 |
| 이삭대엽<br>삼삭대엽 | 247 "金生 麗水 ㅣ 라한들" | 계면조 | 평거<br>계평조 중삭대엽 |
| 이삭대엽<br>삼삭대엽 | 248 "설월(雪月)이 만창(滿窓)한데" | 계면조<br>계면 이삭대엽 | 계두거 |

| 18세기 | 『흥비부』 "계면 〈거두〉" | 동시기 | 19세기 후반~20세기초 |
|---|---|---|---|
| 이삭대엽 | 249 "楚江에 漁夫드라" | 계면조<br>우조 이삭대엽<br>계면 이삭대엽 | 평거 |
| 이삭대엽<br>삼삭대엽 | 250 "恨唱ᄒᆞ니 歌聲咽이요" | 계면 이삭대엽<br>계락 | 계평거 |
| | 251 "누고 나 ᄌᆞ는 窓밧게" | 계면 이삭대엽 | 계평거 |
| 이삭대엽 | 252 "洛陽 三月時에" | 계면 이삭대엽 | 계평거 |

위의 표를 통해 볼 때 계면 〈거두〉를 〈두거〉의 초기 버전으로 보는 것은 문제가 있다. 왜냐하면 16수 중 4수243, 244, 245, 248만이 『가곡원류』계에서 〈두거〉로 나타나며 이를 제외한 12수는 〈평거〉로 나타나고 있다. 이것을 토대로 한다면 계면 〈거두〉가 〈두거〉의 초기 버전이 아닌 〈평거〉의 초기 버전일 가능성이 높다. 그러나 『흥비부』가 편찬되던 시기는 〈이삭대엽〉의 변주곡이 파생되던 시기로 〈두거〉로 파생되었던 작품이 『가곡원류』기에 이르면 다시 〈평거〉로 파생되었을 가능성 또한 존재한다. 따라서 이러한 점을 통해 계면 〈거두〉를 〈두거〉의 초기 버전으로 보기보다는 유동성의 측면으로 이해해야 한다. 즉 계면 〈거두〉는 〈두거〉의 초기 버전일 수도 아닐 수도 있기 때문에 '미확정 악곡', '유동적 악곡'으로 이해해야 한다.

### (3) 〈푸려부로난거시라〉

『흥비부』의 여창의 체제를 보면 〈편〉 다음에 〈푸려부로난거시라〉라는 악곡명에 1수의 작품을 수록하고 있다. 남창의 체제를 보면 계면 〈편〉 뒤에 〈일편후해가〉가 수록되어 있다. 이 작품은 '일야도 태평성대~'로 시작되는 즉, '태평가'가 수록되어 있다. 이에 신경숙은 『흥비부』는 〈편가〉를 '태평

가'로 마무리 짓는 형식이 최초로 등장하는 가집이라 주장했다.[32]

> 春水 滿四澤 물이 만아 못 오든가
>
> 夏雲多奇峯ᄒᆞ니 山이 높파 못 오든가
>
> 秋月이 양명휘여든 무흠타슬 ᄒᆞ리요

『甁歌』(691)二數大葉 / 『靑詠』(300)二數大葉 / 『靑六』(952)界二數大葉 / 『興比』(291)푸려부로난거시라 / 『源國』(772(107))平擧 / 『源奎』(771(107))平擧막드는쟈즌한닙 / 『源河』(768)平擧 / 『源六』(728(102))平擧 / 『源佛』(733(102))平擧 / 『源朴』(643(106))平擧막ᄂᆡ는ᄌᆞ즌한입 / 『源皇』(629(107))平擧막드는ᄌᆞ즌ᄒᆞᆫ입 / 『海樂』(780(122))界面調 平擧, × / 『源가』(378(63))막드는ᄌᆞ즌ᄒᆞᆫ입 / 『協律』(743(101))平擧막드는ᄌᆞ즌한닙 / 『女謠』(105)막ᄂᆡ는자즌한입 / 『歌謠』(92)× / 『詩謠』(38)막ᄂᆡ / 『大東』(204)界平調中數大葉 / 『永言』(464)女唱界面調[二數大葉]

이 작품은 18세기에는 〈이삭대엽〉, 19세기 초중반에는 여창 계면 〈이사대엽〉으로 『가곡원류』계에는 여창 계면 〈평거〉, 20세기 초에는 계평조 〈중삭대엽중거〉로 악곡이 나타나고 있다. 이 작품의 위치는 위에서 본 것처럼 '해가解歌'의 위치이다. 즉, 이 작품은 『홍비부』의 여창을 마무리하는 '해가'의 역할을 하고 있다. '해가'를 설명한 '풀어 부르는 것'에서도 남창의 '해가' 역할을 할 수 있음을 알 수 있다.

현행 여창 가곡은 〈편삭대엽〉 뒤에 '태평가'를 부르며 '가곡 한바탕'을 마무리한다. 그러나 『홍비부』가 편찬되던 시기에는 『가곡원류』계와는 다

32 신경숙, 앞의 책, 1994, 62면.

른 형태의 '가곡 한바탕'이 존재했음을 〈푸려부로난거시라〉를 통해 확인할 수 있다.

### (4) 각조음

『홍비부』의 체제를 살펴보면 그 당대 가곡 연행 실상을 가장 잘 담고 있는 가집임을 알 수 있다. 특히 '장진주'와 '뒤바침'의 레퍼토리가 끝난 후 수록된 '각조음'은 다른 가집에서는 나타나지 않는 『홍비부』만의 특징이다. 신경숙은 '각조음'은 우조와 계면조를 지칭하는 것으로 이 부분에 수록된 사설들은 각각의 調에 맞춰 부를 수 있으며 남창과 여창을 정리한 후 편자의 음악 기호에 맞춰 새롭게 수집한 노랫말이나 창작한 작품을 수록한 것으로 봤으며,[33] 성무경은 여타 가집에서 찾아볼 수 없는 독특한 편목인 '각조음'을 두어, 남·여창의 분화와 파생 곡조의 활발한 생성 과정 속에 놓인 가곡 작품군을 묶어 제시했다는 점에서 당대 가곡 문화의 결을 충실하게 간직한 가집이라고 『홍비부』를 평가한 바 있다.[34]

전재진은 『홍비부』와 나손본 『악부』와의 실증적 비교를 통해 '각조음'에 대한 신경숙의 진단이 정확했음을 확인했으며 『홍비부』의 '각조음'은 해당 시기, 지역의 가곡 텍스트 향유 선호도에 따라 나손본 『악부』 편찬 과정에서 기존에 배분된 노랫말들을 대체할 가능성을 지닌 '유동적' 텍스트들의 'Pool' 역할을 했으며 나손본 『악부』의 '각조음'은 당대 유행했던 시조창 곡목들의 일부까지 수록했음을 밝히고 『홍비부』의 '각조음'이 악곡 중 어딘가에 배속될 수 있는 유동적인 성격을 지녔다면 나손본 『악부』 '각조음'

33 신경숙, 앞의 책, 1994, 63~65면.
34 성무경, 『19세기 초반 가곡 가집, 영언』, 보고사, 2007, 24면.

에 수록된 '시조창'은 '가곡창'으로 올라올 수 있는 유동적 존재가 아닌 단지 유행곡을 수집 차원에서 함께 넣은 것이라고 하였다.[35]

특히 '각조음'에는 『홍비부』에만 수록된 신출작이나 다른 가집과는 다른 사설을 가지고 있는 작품이 많이 수록되어 있다. 이 장에서는 이러한 작품을 중점으로 살펴 '각조음'의 특성을 파악해 보도록 하겠다.

'각조음'을 분석해 보면 대다수의 작품이 18세기 가집에서는 〈이삭대엽〉으로 악곡이 나타나고 있다. 143수 중 약 88수나 되는 많은 작품이 18세기 가집에서는 〈이삭대엽〉 부분에 수록하고 있는데 〈삼중대엽〉 1수, 〈삼삭대엽〉 약 6수, 〈만횡청류계만삭대엽, 만횡 등〉 약 23수, 『홍비부』에만 수록된 작품 약 18수, 18세기 가집에 등장하지 않는 작품 약 4수 등에 비해 매우 많은 작품수이다. 따라서 '각조음'은 기존에 〈이삭대엽〉으로 부르던 작품이 '우조'와 '계면조'로 바뀌는 시점에서 '우조'와 '계면조'로 모두 부를 수 있는 작품을 수록한 것이라는 신경숙의 진단은 정확하다. 왜냐하면 동시기 가집에서 '각조음'의 악곡을 보면 우조 〈이삭대엽〉으로 부른 경우가 56번, 계면 〈이삭대엽〉으로 부른 경우가 47번일 정도로 우조와 계면조를 나눠 많이 부르던 작품이기 때문이다.

결국 기존에 〈이삭대엽〉으로 부르던 작품이 우조와 계면조 두 조로 나눠던 19세기에 오면 세 가지 방법으로 부르게 되는 것이다. ①우조 〈이삭대엽〉으로만 부르는 작품 ②계면조 〈이삭대엽〉으로만 부르는 작품 ③우조 〈이삭대엽〉과 계면조 〈이삭대엽〉 모두 부르는 작품으로 나눌 수 있는데 각각 약 26수, 약 23수, 약 25수의 작품을 수록하고 있다.

그런데, 문제는 과연 '각조음'에 여창이 수록되어 있느냐는 점이다. 여창

35 전재진, 「19~20세기 초기 시조문화의 교섭 양상 연구」, 성균관대 박사논문, 2010, 77~78면.

은 19세기 초중반 『홍비부』, 『가보』, 『영언』, 육당본 『청구영언』에 수록되어 있다가 19세기 후반 『가곡원류』에는 여창 항목을 설정하며 수록하거나 『여창가요록』이나 『시가요곡』처럼 여창만을 수록한 독립된 가집이 등장한다. 남창과 여창을 각조에 따라 정리했다는 신경숙의 논의는 다시 한 번 면밀하게 고찰할 필요가 있다. 신경숙은 여창 연구 방법으로 『가곡원류』계의 여창부분을 19세기 초중반 가집에 적용하여 '여창' 부분을 확인하는 것을 제시한 바 있다.[36] 이러한 방법을 적용해 『가곡원류』 여창으로 전승된 작품 수는 143수 중 9수라는 매우 작은 수를 수록하고 있으며 동시기의 여창을 확인해도 단지 2수 밖에 수록하고 있지 않아 '각조음'에는 여창을 정리한 부분이 아님을 추정할 수 있다.

그렇다면 '각조음'의 특성을 어떻게 파악해야 하는가? 이 부분은 『홍비부』에만 수록되거나 동시기 가집 중 『홍비부』에만 전승되고 이후 가집으로 전승되지 않은 작품을 분석하면 어느 정도 해결이 가능하다.

#### ① '각조음'의 특성 파악

'각조음'에는 『홍비부』 〈이삭대엽〉에 수록된 것과 유사한 작품이 수록되어 있어 '각조음'이 갖는 특성을 이해하는데 도움이 된다.

| 각조음(396) | 이삭대엽(74) |
| --- | --- |
| <u>孟浩然 타든 져나귀 등에 李白太 먹든 千日酒 싯고</u><br>陶淵明 차즈려 五柳村 드러가니<br><u>金樽에</u> 술듯낫 쇼릐는 細雨聲인가 ᄒᆞ노라[37] | <u>黃山谷 도라 드러 李白花 것거 쥐고</u><br>陶淵明 차즈지라 五柳村에 드러가니<br><u>葛巾에</u> 술 듯난 쇼릐 細雨聲인가 하노라 |

이 작품은 『홍비부』에 〈이삭대엽〉 부분과 '각조음' 부분에 중복 수록되

36 신경숙, 앞의 책, 1994, 48~66면.

37 이 작품의 악곡양상은 다음과 같다.

어 있다. 사설의 변화를 보면 '각조음'이라는 항목에 굳이 이 작품을 넣으려고 했는지를 파악할 수 있다. 중장과 종장의 사설변화는 거의 없다. 이에 비해 초장의 변화는 매우 크다. 특히 '이삭대엽'의 사설은 일반적인 '평시조'의 모습이다. 그러나 '각조음'의 사설은 초장에서 형식적 '파격미'를 느낄 수 있다. 평시조라기보다는 엇시조에 가깝다. '각조음'의 특징 중 하나가 기존의 사설을 더 길게 늘려 문학적 의미뿐만 아니라 음악적 변화 또한 감지되는 것이다. 이러한 점은 『홍비부』가 편찬될 당시의 사회 변화와 관련이 있다. 19세기 초반의 역동적인 사회 변화 속에 문학적으로든 음악적이든 역동적 변화가 예술에도 영향을 끼친 것이다.

'황산곡 도라드러'로 시작되는 〈이삭대엽〉은 『병와가곡집』, 『시가』, 가람본 『청구詠언』, 육당본 『청구영언』, 『가곡원류』계, 『가요』, 『시가요곡』, 『대동풍아』에 이르기까지 널리 전승된 작품이고 '맹호연이 타던'으로 시작하는 작품은 『병와가곡집』, 『시가』, 서울대본 『악부』, 『동국가사』, 육당본 『청구영언』에만 계승되고 『가곡원류』계에는 계승되지 않는 작품이다.

이것은 『흥비부』라는 가집이 가지고 있는 특성을 함축적으로 나타낸다. 19세기 조선의 예술과 문화는 중앙과 지방에 걸쳐 다소간의 차이는 있겠지만 다양한 변화를 맞이한 시기였음은 부인할 수 없다. 김학성은 예술이 생성되는 공간으로서의 문화적 층위를 그 성격에 따라 크게 ①'궁정-관각문

---

『甁歌』(692)二數大葉 / 『詩歌』(337)× / 『靑詠』(399)二數大葉 / 『靑六』(917)界二數大葉 / 『永類』(145)× / 『興比』(74)二數大葉 / 『調詞』(2)× / 『源國』(721(56))界面調二數大葉 / 『源奎』(720(56))界二數大葉 / 『源河』(712(55))界二數大葉 / 『源六』(676(50))界數大葉 / 『源佛』(681(50))界數大葉 / 『源朴』(585(48))界二數大葉 / 『源皇』(571(49))界二數大葉 / 『海樂』(716(58))界二數大葉 / 『源가』(351(36))계면됴이슈ᄃᆡ엽 / 『協律』(692(50))界二數大葉 女唱初數大葉 / 『女謠』(51)계면긴자진한입 / 『歌謠』(73)× / 『詩謠』(22)계면쳣치 / 『大東』(194)界平調長數大葉 / 『시쳘가』(8)× / 『三家樂府』(續小樂府31-16)× / 異『甁歌』(683)二數大葉 / 異『詩歌』(561)三數大葉 / 異『樂서』(407)二數大葉 / 異『東國』(270)界面調 / 異『靑六』(552)界二數大葉 / 異『興比』(396)各調音 / 『永言』(466)女唱界面調[二數大葉]

화', ②'여항-시정문화', ③'향촌-촌락문화'의 세 영역으로 나누고 그 문화권적 변화의 흐름을 18·19세기로 넘어가면서 ②의 문화영역이 크게 성장하여 ①과 ③의 어느 면에도 소속되지 않는 제 3의 문화로서 그 독자성을 확보하게 되고 나아가 ①과 ③을 점차 문화의 주변부로 밀어내고 자신이 그 중심부를 차지하게 되는 과정이라고 요약했다.[38]

지방도시도 시정문화가 관변문화에 영향을 주었을 가능성이 높다. 김석회는 『홍비부』에 한양 도성의 문물이나 풍광을 드러낸 작품이 거의 없다[39]고 했으며 고정희는 『홍비부』의 경우 영남 방언이 사용되었을 가능성을 높게 추정하면서 방언형 종결형의 출현, 비어두非語頭에서의 혼기混記, '어'의 'ㅡ'로의 변화, '휴지休紙'에서 ㆅ-구개음화를 겪은 어형인 '슈지'의 출현, '거믜'를 '거무'로 표기한 것, '두어라' 대신'두아라'로 표기한 것 등을 중부 방언의 반영이 아니라는 취지의 사례로 들고 있다.[40] 또한 전재진은 『홍비부』의 전사본인 나손본 『악부』의 문화도상이 통영뿐만 아니라 진주에까지 걸쳐 있었을 가능성에 대해 논한바 있다.[41]

이렇듯 '각조음'의 특징은 한양과는 다른 중앙에서는 전승되지 않고 『홍비부』가 향유하고 있는 문화도상 내의 작품, 즉 편찬자가 향유하거나 편찬자가 속한 집단에서 유행하던 곡을 수록한 것이다.

---

38 김학성, 「18·19세기 예술사의 구도와 시가의 미학적 전환－여항, 시정문화와의 관련양상을 중심으로」, 『한국시가연구』 11집, 한국시가학회, 2002, 10~11면.

39 김석회, 「『홍비부』와 육당본 『청구영언』을 통해 본 노랫말 변용의 두 흐름」, 『조선 후기 시가 연구』, 월인, 2003, 81면.

40 고정희, 「『홍비부』를 통한 시조 정전 교육의 반성적 고찰」, 『국어교육연구』 24집, 서울대 국어교육연구소, 2009, 215면.

41 전재진 박사논문, 150~188면.

### ② 가창으로 전승이 덜 된 유형의 변형

'각조음'에는 다른 가집과는 다른 형태로 사설이 변화되어 나타나는 경우가 많다. 다른 가집과의 상관성을 확인하는 방법으로 '최소 수록 빈도'를 들 수 있다. 이러한 방법으로 '각조음' 중 『시가』와만 공출되는 작품이 다수 있어 그 의미를 살펴보고자 한다.

『시가』는 『청구영언』계열이나 『해동가요』계열과는 다른 계열로 파악된다.[42] 즉, 중앙의 산물과는 다른 주변부나 지방의 산물이라고 할 수 있다. 즉, 『시가』와만 공출하는 작품은 그 자체로 중앙의 산물과는 다른 특성을 갖는다고 할 수 있다.

| 각조음(310) | 『시가』(361) |
|---|---|
| 碧海水 말은 後에 千年秋 심겻다가<br>그 남기 다 ᄌᆞ라 열ᄆᆡ가 열니거든<br>柯枝씨 것거 獻壽宴에 고ᄌᆞ 볼가 ᄒᆞ노라 | 碧海 말근 後에 千年桃 씨를 심거<br>그 남무 ᄌᆞ라셔 열음이 열인 後에<br>그 ᄌᆡ야 가지쌔 것거다가 獻壽樽에 ᄭᅩᄌᆞ리라 |

이 작품은 『시가』와만 공출하는 작품으로 내용면으로 보면 차이가 거의 없고, 어휘가 조금 변화된다거나 첫 종장 3음절이 바뀌는 정도이다. 이 작품에서 주목할 점은 중장사설이다. 『시가』에서는 '남무'로 나오는 어휘가 『홍비부』에서는 '남기'로 바뀐 것을 알 수 있는데 '남무'는 '나무'이고 '남기'는 경상도 지역의 방언이다. 이것은 기존의 연구가 진단한대로 『홍비부』가 중앙이 아닌 지방에서 향유되었음을 확인시켜 준다.

---

42 이에 대해서는 성무경(「18세기 중반, 가집 편찬의 동향과 『시가』」, 『열상고전연구』 19집, 열상고전연구회, 2004)과 이상원(「『가조별람』의 문헌적 특성과 『시가』와의 관계」, 『한민족어문학』 54집, 한민족어문학회, 2009)의 논문을 참조하면 된다.

| 각조음(360) | 시가(390) |
| --- | --- |
| 沈香枕 躑躅杖이 늙온 後 有信토다<br>누을지 베고 눕고 어셜재 집고 셔니<br>너희로 千年枕 萬年杖코 함게 늙ᄌᆞ ᄒᆞ노라 | 枕香枕 躑躅杖이 늘근 後에 有信토다<br>누을 제 베고 눕고 이러날 직 집고 셔니<br>千年枕 萬年杖ᄒᆞ야 널노죠ᄎᆞ 늙그리라 |

이 작품 역시 내용적인 측면에서 변화는 거의 없다. 『홍비부』의 경우 종장 첫 3음절이 '너희로'가 삽입되어 있어 연행시 새로운 사설이 추가되었음을 추정할 수 있다. 그런데 이 작품 또한 중장에서 변화가 있음을 알 수 있는데 『시가』에서 '이러날직'로 나타나는 사설이 『홍비부』에서는 '어셜재'로 변이가 되어 나타난다. 둘 다 '일어날 때'를 나타내는 표현으로 『홍비부』의 경우 '축약'되어 나타나는데 이 또한 경상도 방언에서 흔히 일어나는 현상이다.

| 각조음(361) | 『시가』(410) |
| --- | --- |
| 늙은 쥴 몰낫드니 兒孩가 자랏고나<br>이 兒孩 다 늙어셔 어ᄃᆡ로 가려 ᄒᆞ노<br>두어라 天命이 有數ᄒᆞ니 갈ᄃᆡ 좃차 알니요 | 늙은 쥴 모로더니 아ᄒᆡ들이 ᄌᆞ라고나<br>이 아ᄒᆡ야 늙거든 어드러로 가려니고<br>두어라 天命이 그러커니 갈 ᄃᆡ 아라 무슴ᄒᆞ리 |

이 작품은 앞에 두 작품과 달리 내용적으로 변화가 있다. 『시가』의 경우 늙는 것은 하늘의 명이니 갈 곳 알아서 무슨 의미가 있겠느냐고 하는 반면 『홍비부』에서는 갈 곳을 따르면 된다는 의지적 어조를 담고 있다. '각조음'의 주제를 은일과 유흥으로 구분한 논의[43]처럼 은일의 모습을 드러낸다고 할 수 있다.

| 각조음(369)[44] | 『시가』(427) |
| --- | --- |
| 首陽山 月暈中에 뉘러셔 忠烈인고<br>靖忠은 萬春이요 烈逸은 霽雲이라<br>아마도 爲國한 至誠이야 千萬秋의 가싀랴 | 睢陽城 月暈中에 누고 누고 男子ㅣ런고<br>貞忠은 滿春이오 烈日은 霽雲이라<br>아마도 烈烈貞忠은 너ᄲᅳᆫ인가 ᄒᆞ노라 |

이 작품은 변이가 가장 심하다고 할 수 있다. 초장에서는 '성城'이 '산山'으

43 김석회, 앞의 글, 177~184면.

로 '누고 누고 남자男子 ㅣ 런고'가 '뉘러셔 충렬忠烈인고'로 변이 되었다. 중장의 경우는 한자 표기에 있어 동음이의어가 나타나는 것이 특징이다. '정貞'과 '정靖', '만滿'와 '만萬', '일日'과 '일逸'로 바뀌어 나타나는데 이것은 『홍비부』가 연행의 실제를 잘 담고 있다는 증거이다. 『홍비부』의 편찬자는 실제 연행에서 불리던 작품을 기억해서 기록했을 가능성이 높다. 기억에 의존해서 기록했기 때문에 『시가』와 '동음이의어'를 기록하고 있는 것이다.

종장의 경우 『시가』는 '아마도 烈烈貞忠은 너뿐인가 ᄒᆞ노라'라고 노래하는 반면 『홍비부』는 '아마도 爲國한 至誠이야 千萬秋의 가싀랴'라고 하여 나라를 위하는 마음이 천만번의 가을 뒤에도 변하지 않는다는 일편단심의 마음을 노래하고 있다.

| 각조음(423) | 『시가』(682) |
|---|---|
| 무셜리 숤이 되여 滿山草木 다 머기니<br>엇그졔 푸로든 닙이 오날 아참 다 불것다<br>우리도 少年行樂이 어제른 듯 ᄒᆞ여라 | 무셔리 술이 되야 萬山을 다 勸ᄒᆞ니<br>어졔 푸른 닙히 오날 아ᄎᆞᆷ 다 붉거다<br>白髮도 검길 줄 알면 우리 님도 勸ᄒᆞ리라 |

이 작품은 『시가』뿐만 아니라 『가곡원류』계, 『시철가』 등과 공출하는 작품이다. 종장사설에 있어 『홍비부』만 '우리도 少年行樂이 어제른 듯 ᄒᆞ여라'로 나타나며 다른 가집에는 모두 '白髮도 검길 줄 알면 우리 님도 勸ᄒᆞ리라'로 기록되어 있다. 이 작품은 가곡창 가집의 경우 『가곡원류』계 가집에서만 나타난다. 결국 『가곡원류』계가 중앙의 산물이라면 『홍비부』의 사설

44 이 작품은 『시가』와만 공출하는 작품은 아니다. 악곡양상은 다음과 같다.
『海一』(422)二數大葉, × / 『源國』(268)界面調中擧 즁허리 드는 쟈즌한닙, × / 『源奎』(268)[中擧], × / 『源河』(266)中擧즁허리드는쟈즌한닙, × / 『源六』(248)中擧, × / 『源佛』(250)中擧附平頭, × / 『源朴』(257)中擧즁허리드는ᄌᆞ진ᄂᆞᆫ입, × / 『源皇』(255)中擧즁허리드ᄂᆞᆫ자즌한입, × / 『海樂』(259)中擧즁허리드ᄂᆞᆫ쟈즌한닙, × / 『源一』(262)界中擧, × / 『源東』(261)中擧, × / 『協律』(257)界中擧, × / 『花樂』(273)界中擧, × / 異『詩歌』(427)×, × / 『靑詠』(136)二數大葉, 隱臥堂 / 『靑六』(393)界二數大葉, × / 異『興比』(369)各調音, × / 『永言』(57)羽調 二數大葉

은 중앙에서는 잘 부르지 않는 형태로 변이되었다고 할 수 있다.

한편 '각조음'에는 『시가』를 포함 두 개의 가집에서만 나타나는 작품이 있다.

각조음 367

君山은 안쥬 삼고 洞庭湖 슐를 삼아
萬化를 거나리고 岳陽樓 올나가니
景物이 모도다 날을 좃차 즐기난 듯 ᄒᆞ드라

『시가』 338

君山을 安酒 삼고 洞庭湖를 술을 삼고
春風을 거나리고 岳陽樓에 올나가니
乾坤이 날다려 이르기를 홈긔 늙ᄌᆞ ᄒᆞ노라

육당본 『청구영언』 476

群山으로 安酒 삼고 洞庭湖로 술을 삼아
春風을 거느리고 岳陽樓에 올나가니
乾坤이 날더려 니르기ᄅᆞᆯ 홈긔 늙쟈 ᄒᆞ더라

이 작품은 『시가』와 육당본 『청구영언』과 공출하는데 『시가』와 육당본 『청구영언』의 경우 사설이 같다. 그러나 『홍비부』의 경우 '春風'이 '萬化'로 '乾坤이 날다려 이르기를 홈긔 늙ᄌᆞ ᄒᆞ노라'가 '景物이 모도다 날을 좃차 즐기난듯 ᄒᆞ드라'로 변이되어 내용에 큰 변화가 있다. 『시가』가 자연에 순응하는 것을 노래했다면 『홍비부』는 자연을 즐기는 모습을 노래하고 있다.

이것은 『홍비부』의 문화도상이 『시가』의 문화도상보다는 조금 더 역동적이었음을 추정할 수 있는데 자연에 순응하는 것이 아닌 동화되어 즐기는 능동적 모습을 나타내고 있기 때문이다.

각조음403

ᄂᆡ 본ᄃᆡ 天上 玉京仙人으로 黃庭經 한 字 그릇 닑은 罪로
塵寰에 謫降ᄒᆞ여 百年 다ᄉᆞ도록 五福을 누리다가
伊後에 廣漢殿을 나가셔 八仙과 周遊ᄒᆞ며 長生不死 ᄒᆞ리라

『시가』 603

ᄂᆡ 本是 上界人으로 黃庭經 一字 誤讀ᄒᆞ고
塵寰에 謫下ᄒᆞ여 五福을 누리다가 乘彼白雲ᄒᆞ고 帝鄕에 올라가셔
녜 노던 群仙을 만나 八極에 周流ᄒᆞ여 長生不死 ᄒᆞ리라

육당본 『청구영언』 688

ᄂᆡ 本是 上界人으로 黃庭經 一字 誤讀ᄒᆞ고
塵寰에 謫下ᄒᆞ여 五福을 누리다가 乘彼白雲ᄒᆞ고 帝鄕에 올나가셔
녜 노던 群仙을 다시 만나 八極에 周遊ᄒᆞ여 長生不死 ᄒᆞ리라

이 작품도 『시가』와 육당본 『청구영언』의 사설은 같다. 『홍비부』와 『시가』의 사설은 변화가 있으나 결국 '長生不死'를 노래하고 있다. 『시가』가 옛날에 놀던 신선 무리를 만나 사방팔방을 주유하면서 장생불사를 노래하고 있다면 『홍비부』의 경우는 좀 더 구체적이라고 할 수 있다. 광한전에 살

고 있던 화자는 거주하던 곳을 떠나 '팔선'과 함께 세상을 즐기며 장생불사함을 노래하고 있다. '팔선'은 이미 '장생불사'의 경지에 들어서 있는 만큼 화자는 '팔선'을 자신과 동일시하고 있다. 『시가』의 '군선'보다는 '팔선'이 좀 더 구체화되어 있음을 알 수 있다.

각조음 388

瀟湘江 시름 겨온ᄃᆡ을 불희진 뉘러옴겨와
나ᄌᆞ는 紗窓 밧기 구타나 심을쑬리
밤중만 구즌 비 바람불졔 不勝悲感 ᄒᆞ여라

(『시가』 381)

瀟湘江 시름 겨온 ᄃᆡ을 뉘라셔 옴겨다가
나 자ᄂᆞᆫ 窓밧긔 외로이 심건ᄂᆞᆫ고
밤中만 구진 비 쇼ᄅᆡ예 ᄌᆞᆷ 못 드러 ᄒᆞ노라

『영언류초』 104

瀟湘江 시름 겨온 대를 뉘라셔 옴겨다가
나 자ᄂᆞᆫ 窓밧긔 외로이 심것ᄂᆞᆫ고
밤듕만 구즌 비 소ᄅᆡ예 애긋ᄂᆞᆫ 듯 ᄒᆞ여라

이 작품은 『시가』, 『영언류초』[45]와 공출하는 작품으로 종장 사설이 모두

45 『영언류초』에 대해서는 김윤희의 논문(「18세기 중, 후반 가집 특성의 일국면-『영언류초』, 『해아수』를 대상으로」, 『한국시가연구』 25집, 한국시가학회, 2008)과 강경호의 논문(「『영언류초(永言類抄)』의 편찬 특징과 가집사적 맥락」, 『어문논집』 99, 민족어문학회, 2023; 「『영언

다르다. 『시가』는 궂은 비 소리에 잠 못 들어하고 있으며, 『영언류초』는 궂은 비 소리에 애타게 그리워함을 노래하고 있는데 『시가』에 비해 『영언류초』의 화자가 그리움이 더 애절하다. 『홍비부』의 경우는 궂은비에 바람까지 부니 슬픔을 이길 수 없음을 노래하고 있어 두 가집보다 더 간절하다.

지금까지 『홍비부』의 '각조음'과 공출하는 『시가』, 육당본 『청구영언』, 『영언류초』의 작품과 비교를 통해 기존의 가집들과는 다른 모습을 보이고 있음을 확인했다. 노랫말 변이를 통해 『시가』나 육당본 『청구영언』, 『영언류초』보다는 좀 더 능동적인 모습을 지향하고 있음을 알 수 있다. 또한 『시가』나 『영언류초』와만 공출하는 작품이 있다는 점은 '각조음'이 가지고 있는 문화도상이 중앙이 아닌 주변이나 지방에 있음을 추정할 수 있게 해준다.

### ③ 가창으로 전승이 잘된 유형의 변형

'각조음'에는 많은 가집에 수록된 전승이 잘된 변형의 이본 또한 존재하고 있다. 이러한 작품의 의미가 무엇인지 타 가집 사설과의 비교를 통해 살펴보도록 하겠다.

| 각조음(303) | 『병와가곡집』(503) |
|---|---|
| 桃李花 一度春光 고이라 자랑마라<br>蒼松 綠竹은 千萬秋 긴 봄이라<br>貞貞코 灑落 淸節을 못니 부러 ᄒᆞ노라 | 春風 桃李들아 고은 양ᄌᆞ ᄌᆞ랑마라<br>蒼松 綠竹을 雪寒의 보려무나<br>亭亭코 落落ᄒᆞᆫ 節을 곳칠 줄이 이시랴 |

이 작품[46]은 김천택본 『청구영언』에서부터 시작하여 『가곡원류』계까지

류초』에 수록된 단독 작품의 특징과 의미」, 『어문론집』 96, 중앙어문학회, 2023)을 참조하기 바란다.

46 타 가집 수록현황은 다음과 같다.
『靑김』(249)[二數大葉], 金裕器 / 『甁歌』(503)二數大葉, 金裕器 / 『海一』(276)二數大葉, 金裕器 / 『海周』(289)二數大葉, 金裕器 / 『詩歌』(271)×, 金裕器 / 『樂서』(147)二數大葉, 金裕器 字大哉 / 『靑가』(265)二數大葉, 金裕器 / 『靑詠』(175)二數大葉, 金裕器 / 『東國』(158)界面調, × / 『古今』(39)[貞操]×, × / 『靑六』(237)羽二數大葉, 金裕器 / 『源國』(314/774(109))界面調平擧 막

전승된 작품으로 20여 종 이상의 가집에 수록된 매우 인기가 많았던 작품이다. 중장의 '千萬秋'라는 어휘는 '각조음'에서 타 가집과의 작품과 이본으로 처리되는 시조에서 나타나는 어휘로 『홍비부』의 풍류공간에서 쓰였던 언어로 보인다. 종장은 변형이 심한데 다른 가집과 달리 『홍비부』는 자신의 감정을 솔직하게 토로하고 있다.

| 각조음(322) | 『병와가곡집』(54) |
|---|---|
| 五百年 都邑地를 匹馬로 도라드니<br>山川은 依舊ᄒᆞ되 人傑은 간 ᄃᆡ 업ᄂᆡ <u>어듸간고</u><br><u>夕陽에 물차누 燕雀드라 네나 알가 ᄒᆞ노라</u> | 五百年 都邑地을 匹馬로 도라드니<br>山川은 依舊ᄒᆞ되 人傑은 간 듸 업다<br><u>어즈버 太平烟月이 쑴이런가 ᄒᆞ노라</u> |

이 작품[47]은 타 가집의 사설과 '각조음'의 사설이 다르게 변형되어 나타난다. 타 가집에서는 길재가 고려의 수도를 바라보며 망국의 한을 슬프게 노래하는데, '각조음'에서는 망국의 슬픔은 이제 아무도 모르고 석양에 물 차는 제비와 참새들과 같은 자연물만 알고 있음을 노래하고 있다. 이것은 『홍비부』의 향유공간이 '충忠'을 강조하기 보다는 '은일'과 연관이 있음을 추정할 수 있게 해준다.

이 작품[48] 또한 20여개 이상의 가집에 수록된 김유기가 창작한 노래이다.

---

드는 쟈즌 한닙/界面調平擧 막드는쟈즌한닙, 金裕器 字大哉 肅宗朝散人 名歌/× …중략… / 『女謠』(107)막ᄂᆡ는자즌한입, × / <u>異『興比』(303)各調音, ×</u> / 『永言』(107)界面二數大葉

47 타 가집 수록현황은 다음과 같다.
『青김』(364)[懷古][二數大葉], × / 『瓶歌』(54)二數大葉, 吉再 / 『海一』(404)二數大葉, × / 『詩歌』(323)×, × / 『樂서』(358)二數大葉, × / 『青洪』(19)[二數大葉], 徐甄麗末掌令 守節 / 『青가』(383)二數大葉, × / 『青詠』(28/283)二數大葉/二數大葉, 市隱 徐甄 高麗掌令/冶隱 吉再高麗門下侍人 / 『古今』(92)[懷古]×, × / 『青六』(41)羽二數大葉, 吉再 號冶隱 字雨之 善山人 高麗注書 / 『永類』(31)×, × / 『東歌』(16)[忠]二數大葉, 吉再 號冶隱 高麗注書 / 『源國』(310)界面調平擧 막드는 쟈즌 한닙, 吉再 字雨父 號冶隱 高麗注書 / 『源奎』(310)[平擧], 吉再 字雨父 號冶隱 高麗注書 / 『源河』(305)平擧, 吉再 字雨父 號冶隱 高麗朝注書 / 『源六』(276)中擧, 吉再 字雨父 號冶隱 高麗注書 / 『源佛』(278)中擧附平頭, 吉再 字雨父 高麗注書 號冶隱 / 『源朴』(296)平擧막ᄂᆡ는ᄌᆞ즌난입, 吉再 / 『源皇』(293)平擧막ᄂᆡ는자즌ᄒᆞᆫ입, 吉再 字再父 高麗注書 號冶隱 / 『海樂』(298)平擧막ᄂᆡ는ᄌᆞᄂᆞᆫ ᄒᆞᆫ닙, × / 『源一』(302)界平擧, 吉再 高麗注書 / 『源東』(303)平擧, 吉再 字再父 號冶隱 麗朝注書 / 『協律』(296)界平擧, 吉再號冶隱 高麗注書 / 『花樂』(317)界平擧, 吉再 / 異『홍비』(322)各調音, ×

| 각조음(353) | 김천택본 『청구영언』(255) |
|---|---|
| 慶星出 卿雲興에 日月이 光華로다<br>三皇에 禮樂이요 五帝에 文物이라<br><u>四海로 南風詩 노릐ᄒᆞ며 五絃琴을 ᄐᆞ리라</u> | 景星出 慶雲興ᄒᆞ니 日月이 光華ㅣ로다<br>三王 禮樂이오 五帝ㅣ 文物이로다<br><u>四海로 太平酒 비저 萬姓同醉 ᄒᆞ리라</u> |

종장의 사설이 변형되어 수록된다. 대다수의 가집에는 '四海로 太平酒 비저 萬姓同醉 ᄒᆞ리라'로 '각조음'에는 '四海로 南風詩 노릐ᄒᆞ며 五絃琴을 ᄐᆞ리라'로 종장사설이 변개된다. 사해로 태평주를 빚어 모든 백성과 함께 취하겠다는 노랫말은 결국 태평성대를 기원하는 것이고, 남풍시를 노래한다는 것도 또한 남풍이 백성들의 노여움을 풀어주고 백성들의 재물을 풍성히 해주겠다는 의미를 담고 있기에 태평성대를 기원한 노래이다. 결국 사설의 변화를 주었지만 담고자 한 뜻은 같다고 할 수 있다. '각조음'은 같은 뜻을 향유공간에서 익숙한 표현으로 바꾸었을 가능성이 높다. '태평주'보다는 '남풍시'가 더 익숙한 향유공간은 기존 연구에서 지적했듯 해양도시와 연관이 있다.

| 『시가』(411) | 『시가』(503) |
|---|---|
| 幽僻을 ᄎᆞ자 가니 구름 쇽이 집이로다<br>山菜을 맛 드리니 世味을 이즐노라<br>아히야 날 보 리 오셔든 뒨ᄂᆡ호로 뫼셔라 | 幽僻을 ᄎᆞ자 가니 구름 쇽에 집이로다<br>山菜에 맛 드리니 世味을 니즐노다<br>이 몸이 江山風月과 함긔 늙ᄌᆞ ᄒᆞ노라 |

48 타 가집 수록현황은 다음과 같다.
『靑김』(255)[二數大葉], 金裕器 / 『瓶歌』(502)二數大葉, 金裕器 / 『海周』(295)二數大葉, 金裕器 / 『詩歌』(277)×, 金裕器 / 『樂서』(152)二數大葉, 金裕器 / 『靑가』(270)二數大葉, 金裕器 / 『靑詠』(172)二數大葉, 金裕器 / 『東國』(185/246)界面調/界面調, ×/× / 『古今』(31)[頌祝]×, × / 『槿樂』(31)[頌祝]×, × / 『靑六』(241)羽二數大葉, 金裕器 / 『東歌』(132)二數大葉, 金裕器 / 『源國』(83)羽調平擧, × / 『源奎』(83)羽平擧, × / 『源河』(77)平擧, × / 『源六』(80)平擧, × / 『源佛』(80)平擧, × / 『源朴』(78)平擧, × / 『源皇』(77)平擧, × / 『海樂』(53)平擧, × / 『源가』(57)平擧막ᄂᆡ는ᄌᆞ즌ᄒᆞ닙, × / 『源一』(82)羽平擧, × / 『源東』(79)平擧, × / 『協律』(76)羽平擧, × / 『花樂』(78)羽平擧, × / 『大東』(113)界二數大葉, × / 異『瓶歌』(664)[異文1]二數大葉, × / 異『樂서』(63)二數大葉, 金裕器 / 異『靑詠』(368)二數大葉, × / 異『靑淵』(176)×, × / 異『永類』(172)×, × / 異『興比』(353)[異文2]各調音, × / 『永言』(15)羽調 二數大葉

| 『시가』(411) | 『시가』(503) |
|---|---|
| 각조음 362<br>幽僻에 혼자 사니 구름이 집이로다<br>山菜를 맛드리니 世味를 이줄놋다<br>兒孩야 鶴仙이 오시거든 긴여 홀노 차자라 | 국악원본 『가곡원류』 76<br>幽僻을 ᄎᆞ쟈가니 구름속에 집이로다<br>山菜에 맛드리니 世味를 니즐노다<br>이몸이 江山風月과 함께 늙쟈 ᄒᆞ노라 |
| 『동국가사』 212<br>幽僻을 차자 가니 구름 속이 집이로다<br>山菜을 맛 드리니 世味를 이즐노라<br>아희야 柴扉를 여지마라 世上 알가 ᄒᆞ노라 | |

이 작품[49]은 『시가』에 수록된 두 작품이 다른 전승 경로를 가지고 있다. 하나는 '이 몸이 江山風月과 함긔 늙ᄌᆞ ᄒᆞ노라'는 『가곡원류』계로 전승이 된 경우고 다른 하나는 '아희야 날 보 리 오셔든 뒨ᄂᆡ흐로 뫼셔라'로 전승된 경우이다. 첫 번째 전승된 작품은 자연과 벗하며 함께 늙고자 함을 노래한 것이라면 두 번째 전승의 경우 각 가집마다 종장이 변형되어 나타난다. 『시가』는 아이에게 날 보러 오시는 손님을 뒷내로 모시라고 당부하고 있고 『홍비부』에서는 아이에게 '학선鶴仙이 오시거든 기녀를 홀로 찾으라고 하며 『동국가사』에서는 아이에게 세상이 알지 못하게 사립문을 열지 못하게 하고 있다. 『홍비부』를 제외하고는 다 자연 친화적인 작품이다. 속세를 벗어나 자연과 함께 하고 싶은 모습을 드러내고 있다면 『홍비부』는 기녀가 등장하는 것으로 볼 때 좀 더 세속적임을 알 수 있다. 이것 또한 이 가집의 향유 집단과 관련이 있다.

---

49 타 가집 수록현황은 다음과 같다.
『詩歌』(503)×, × / 『源國』(76)羽調中擧, 趙岦 字景陽 號龍門 平壤人 中宗朝學逸 拜宗薄主薄 / 『源奎』(76)羽中擧, 趙岦 字景陽 號龍門 平壤人 中宗朝學逸 拜宗薄主薄 / 『源河』(73)中擧, 趙岦 字景陽 號龍門 平壤人 中宗朝學逸 拜宗薄主薄 / 『源六』(75)中擧, 趙岦 字景陽 號龍門 平壤人 中宗朝學逸 拜宗薄主薄 / 『源佛』(75)中擧, 趙岦 字景陽 號龍門 平壤人 中宗朝學逸 拜宗薄主薄 / 『源朴』(72)中羽擧, 趙岦 字景陽 號龍門 平壤人 / 『源皇』(71)中羽擧, 趙岦 字景陽 號龍門 平壤人 中宗朝學逸 拜宗薄主薄 / 『海樂』(74)羽中擧, 趙岦 字景陽 号龍門 平壤人 中宗朝學逸 拜宗薄主薄 / 『源가』(51)羽中擧 중허리드는것, 趙岦 / 『源一』(75)羽中擧, 趙岦 中宗朝時宗主 / 『源東』(61)二數大葉, 趙岦 字景陽 號龍門 平壤人 中宗朝學逸 拜宗薄主薄 / 『協律』(71)羽中擧, 趙岦 號龍門 中宗時 官主薄 / 『花樂』(74)羽中擧, 趙岦 / 異『詩歌』(411)×, × / 異『東國』(212)界面調, × / 異『興比』(362)各調音, ×

| 각조음(369) | 국악원본 『가곡원류』(268) |
| --- | --- |
| 首陽山 月暈中에 뉘러셔 忠烈인고<br>靖忠은 萬春이요 烈逸은 霽雲이라<br>아마도 爲國한 至誠이야 千萬秋의 가싀랴 | 睢陽城 月暈中에 누구누구 男子ㅣ런고<br>秋霜은 萬春이요 烈日은 霽雲이라<br>아무나 英雄을 뭇거든 두 ᄉᆞ룸을 니르리라 |

이 작품[50]은 가창으로 덜 전승된 작품의 변화 양상에서 살펴본 바 있는데 『가곡원류』계에는 다른 사설로 전승이 된 경우이다. '각조음'이 나라를 위한 일편단심을 노래했다면 『가곡원류』계는 누구든지 영웅을 물어보면 두 사람을 이르겠다고 노래하고 있다. 이렇듯 종장의 사설 변화는 그 가집이 가지고 있는 연행의 실제를 보여준다.

『흥비부』(각조음370)

言忠信 行篤敬ᄒᆞ고 酒色을 삼갓드며

ᄂᆡ 몸에 病이 업고 남 아니 위힐거슬

③ 이갓치 病이라 是非나니 ᄋᆡ닭은가 ᄒᆞ노라

『병와가곡집』(629) ① 行ᄒᆞ고 餘力이 잇거든 學問쇼ᄎᆞ ᄒᆞ리라

『영언류초』(181) ② 世上의 이 두일 밧근 부롤 일이 업ᄉᆡ라

이 작품[51] 또한 20여개 이상 가집에 수록된 김광욱 혹은 성석린으로 작

50 타 가집 수록현황은 다음과 같다.
『海一』(422)二數大葉, × / 『源國』(268)界面調中擧 즁허리 드는 쟈즌한닙, × / 『源奎』(268)[中擧], × / 『源河』(266)中擧즁허리드는쟈즌한닙, × / 『源六』(248)中擧, × / 『源佛』(250)中擧附平頭, × / 『源朴』(257)中擧즁허리드는ᄌᆞ진ᄂᆞᆫ입, × / 『源皇』(255)中擧즁허리드ᄂᆞᆫ쟈즌한입, × / 『海樂』(259)中擧즁허리드ᄂᆞᆫ쟈즌한닙, × / 『源一』(262)界中擧, × / 『源東』(261)中擧, × / 『協律』(257)界中擧, × / 『花樂』(273)界中擧, × / 異『詩歌』(427)×, × / 『靑詠』(136)二數大葉, 隱臥堂 / 『靑六』(393)界二數大葉, × / 異『興比』(369)各調音, × / 『永言』(57)羽調 二數大葉

51 타 가집 수록현황은 다음과 같다.

가가 표기되는 시조다. 『좌씨춘추』의 '행하고 힘이 남으면 학문을 하라行有餘力 則以學文'는 구절을 번역한 작품으로 종장 사설이 세 가지 형태로 나타난다. ①『병와가곡집』, 『가곡원류』계, 『대동풍아』에 나타나는 사설은 『좌씨춘추』에 나오는 구절을 그대로 번역했으며, ②『영언류초』는 세상에 이 두 가지 일 밖에는 부를 일이 없다고 노래하고 있으며, ③『홍비부』에서는 이와 같이 병이기 때문에 시비가 생겨 애달픔이 생긴다고 노래하고 있다. 이렇게 종장사설이 변형되는 것 역시 각 가집이 함의하고 있는 문화의 결이 다르기 때문이다.

이렇듯 가창으로 전승이 잘된 작품의 변형이 '각조음'에서 많이 나타나는 이유는 그 가집을 향유하는 향유문화와 연관이 있다. 이러한 변화는 『홍비부』의 향유집단이 일반적 가집을 편찬했던 집단과는 전혀 다른 향유 양상을 가지고 있었기 때문인데 『홍비부』라는 가집이 중앙의 산물이 아니기 때문에 나타나는 현상이다. 이것은 일반적으로 가곡의 중심으로 생각하는 중앙의 산물인 '『가곡원류』'계뿐만 아니라 지방의 산물인 가집들도 그 당대의 문화를 함의하고 있기에 중요함을 보여준다.

#### ④타 가집과 악곡비교 양상을 통해 본 '각조음'

'각조음'은 우조와 계면조로 각각 부를 수 있는, 미처 악조를 정하지 못한 작품을 수록했다. 그렇다면 왜 미처 악조를 설정할 수 없었는지를 『홍비

---

『靑김』(432)三數大葉, × / 『甁歌』(629)二數大葉, × / 『詩歌』(293)×, × / 『靑가』(491)三數大葉樂戱幷抄, × / 『靑詠』(390)二數大葉, × / 『東國』(45)羽數葉, 金光煜 / 『古今』(21)[勸戒]×, × / 『槿樂』(18)[勸戒]×, × / 『靑六』(142)羽二數大葉, 金光煜 / 『東歌』(85)[意]二數大葉, 金光煜 竹所 / 『源國』(26)羽調二數大葉 成石磷 字自守 號獨谷 昌寧人 恭愍王時登第 入我朝官至領相 勳功昌寧府院君 謚文景公 / …중략… / 『大東』(10)羽二中大葉, 金光煜 / 異『영류』(181)×, × / 異『홍비』(370)各調音, × / 『永言』(34)羽調 二數大葉

부』보다 이전 시기인 18세기 가집, 동시기인 19세기 초중반 가집, 19세기 후반인 『가곡원류』계 가집, 20세기 초 가집 『대동풍아』의 악곡변이 양상을 통해 살펴보고자 한다.[52]

'각조음'에는 143수의 작품[53]이 수록되어 있는데 시작하는 작품은 18세기에는 〈삼중대엽〉, 동시기와 『가곡원류』기에는 우조 〈삼중대엽〉으로 불리는 '부히고 셥거을숀~'을 수록하고 있다.

이 부분을 타 가집과 악곡 분류를 하면 18세기 〈이삭대엽〉으로 불리던 작품들이 동시기에는 295~304번까지는 우조 〈이삭대엽〉[54]으로, 305~308번까지는 계면 〈이삭대엽〉[55]으로 309번은 '우조'로 311~313번은 '계면', 314번은 '우조', 315번은 '우조', '계면조' 모두, 316~317번은 '우조', 318~321번은 '계면',[56] 322번은 '우조', 323~324번은 '우조', '계면조' 모두, 325~327, 332, 334번은 '계면', 336~347번은 '우조',[57] 350번은 '우조', 351번은 남창은 '우조', 여창은 '계면', 352번은 『홍비부』를 제외하곤 전승되지 않으며 353~369번은 '계면',[58] 370번은 '우조', 373번

52 이러한 양상은 원본을 볼 수 있는 가집 외에는 『고시조대전』을 참고하여 확인했는데 『고시조대전』이 2차 자료인 관계로 100% 정확하지는 않다.

53 정확한 악곡의 변화 양상을 살펴보기 위해 『홍비부』에만 수록되는 작품과 악곡의 변화양상이 심하지 않은 '사설시조' 작품의 경우 제외한다. 『홍비부』에만 수록되는 작품은 307, 329, 331, 333, 335, 348, 358, 359, 366, 371, 372, 380, 383, 385, 389, 410, 411, 436번 총 18수이고, '사설시조'는 328, 330, 349, 386, 395, 397, 398, 399, 400, 401, 402, 403, 404, 405, 406, 407, 408, 409, 413, 414, 422, 424, 425, 426, 427, 428, 429, 432, 434, 435번 총 30수로 48수를 제외한 95수를 대상으로 한다.

54 295번의 경우 '계면 이삭대엽'으로 303번의 경우 '계면조'로도 불리고 있다.

55 308번의 경우 '우조 이삭대엽'으로도 불리고 있다.

56 318번은 우조로도 불린다.

57 342번은 계면으로도 불리며 343, 346번은 계면으로 불리는 경우 사설의 변이가 발생한다. 345번의 경우는 『홍비부』를 제외한 동시기 가집에 전승되지 않는다.

58 353, 369번은 '우조'로도 불리며, 357, 360, 361, 368번은 『홍비부』를 제외한 동시기 가집에 전승되지 않는다.

은 '계면조', 374~375번은 '우조'와 '계면조' 모두, 377~378번은 '우조', 379, 381번은 '우조', '계면조' 모두, 382번은 '계면', 390~391번은 '우조', '계면조' 모두, 392~393번은 '계면', 394번은 '우조', 396번은 여창 '계면', 414번은 '계면', 415번은 '우조', 416번은 '계면', 417~418번은 '우조', '계면' 모두, 419번은 '우조', 420, 431번은 '우조', '계면' 모두, 433번은 '우조'로 불렸음을 확인할 수 있다.

이렇듯 '각조음'에 속한 작품들은 동시기에는 '우조'나 '계면조'로 불리던 작품임을 확인할 수 있다.

또한 '각조음'에 속한 작품들이 후대에는 어떠한 악곡으로 변이되었는지 확인할 필요가 있다. 『가곡원류』계의 악곡변화 양상을 살펴보면 우조 〈이삭대엽〉으로 전승되는 작품은 297, 308, 313, 316, 318[여창], 324, 338, 350, 365, 370, 381, 431번으로 총 12수, 계면 〈이삭대엽〉으로 전승되는 작품은 301, 304, 305, 315, 317, 325, 334, 339, 341, 347, 356, 374, 396, 415, 420, 433번으로 총 16수, 우조 〈두거〉로 전승되는 작품은 296, 299, 323, 340, 387, 417[남녀창]번으로 총 6수, 계면조 〈두거〉로 전승되는 작품은 327, 342, 344, 363, 364, 379, 390, 392, 393, 423[여창]번으로 총 10수, 우조 〈중거〉로 전승되는 작품은 295, 298, 362번으로 총 3수, 계면조 〈중거〉로 전승되는 작품은 301, 320, 321, 326, 346, 369, 400, 416[여창], 418번으로 총 9수, 우조 〈평거〉로 전승되는 작품은 353, 416번으로 총 2수, 계면조 〈평거〉로 전승되는 작품은 303[남녀창], 312, 322, 351[여창], 375번으로 총 5수를 수록하고 있다. 〈두거〉, 〈평거〉, 〈중거〉는 19세기 초반에 〈이삭대엽〉에서 파생된 곡이다. '각조음'에는 『가곡원류』계에 〈이삭대엽〉으로 전승된 작품이 총 28수, 〈두거〉, 〈중거〉, 〈평거〉로 전승된 작품이 총

36수가 수록되어 있다. '각조음'에만 수록된 곡과 '사설시조'를 제외한 95수 중 36수가 파생곡이라는 점은 이 항목에 수록된 작품들이 유동적 특성을 가지고 있다는 것을 보여준다.

『홍비부』의 '각조음' 부분의 타 가집 악곡 수록현황을 정리하면 다음과 같다.

<table>
<tr><th>18세기</th><th>홍비부 '각조음'</th><th>동시기</th><th>19세기 후반</th><th>20세기 초</th></tr>
<tr><td>삼중대엽</td><td>294 "부히고 셥거을숀"</td><td>우조 삼중대엽</td><td>우조 삼중대엽</td><td>가창으로<br>전승되지 않음</td></tr>
<tr><td>이삭대엽</td><td>295 "滄浪에 낙슈너코"</td><td>우조 이삭대엽<br>계면 이삭대엽</td><td>우조 중거</td><td>가창으로<br>전승되지 않음</td></tr>
<tr><td>이삭대엽</td><td>296 "泰山에 올나안ᄌᆞ"</td><td>우조 이삭대엽</td><td>우조 두거</td><td>가창으로<br>전승되지 않음</td></tr>
<tr><td>이삭대엽</td><td>297 "마음이 어린 後에"</td><td>우조 이삭대엽</td><td>우조 이삭대엽</td><td>가창으로<br>전승되지 않음</td></tr>
<tr><td>이삭대엽</td><td>298 "烟霞로 집을 삼고"</td><td>우조 이삭대엽</td><td>우조 중거</td><td>우조 이삭대엽</td></tr>
<tr><td>이삭대엽</td><td>299 "白玉을 돌노보니"</td><td>우조 이삭대엽</td><td>우조 두거</td><td>우조 이삭대엽</td></tr>
<tr><td></td><td>300 "어버이 사라신졔"</td><td>우조 이삭대엽</td><td colspan="2">가창으로 전승되지 않음</td></tr>
<tr><td>이삭대엽</td><td>301 "天地도 唐虞天地"</td><td>우조 이삭대엽</td><td>계면 이삭대엽<br>계면 중거</td><td>가창으로<br>전승되지 않음</td></tr>
<tr><td>이삭대엽</td><td>302 "헛글고 엿근 文券"</td><td>우조 이삭대엽</td><td colspan="2">가창으로 전승되지 않음</td></tr>
<tr><td>이삭대엽</td><td>303 "桃李花一度春光"</td><td>우조 이삭대엽<br>계면조</td><td>남창 계면 평거<br>여창 계면 평거</td><td>가창으로<br>전승되지 않음</td></tr>
<tr><td>이삭대엽</td><td>304 "唐虞는 언졔 時節"</td><td>우조 이삭대엽</td><td>계면 이삭대엽</td><td>가창으로<br>전승되지 않음</td></tr>
<tr><td>이삭대엽</td><td>305 "琵琶를 빗기 안고"</td><td>계면 이삭대엽</td><td>계면 이삭대엽</td><td>가창으로<br>전승되지 않음</td></tr>
<tr><td>초삭대엽<br>이삭대엽</td><td>306 "白沙場 紅蓼过에"</td><td>계면 이삭대엽</td><td>가창으로<br>전승되지 않음</td><td>우조 이중대엽</td></tr>
<tr><td colspan="5">『홍비부』에만 수록 : 307 "北으로 가는 구름"</td></tr>
<tr><td>이삭대엽<br>삼삭대엽</td><td>308 "仁凬이 부는 날에"</td><td>우조 이삭대엽<br>계면 이삭대엽</td><td>우조 이삭대엽</td><td>가창으로<br>전승되지 않음</td></tr>
<tr><td>이삭대엽</td><td>309 "泰山이 平地 되고"</td><td>우삭엽<br>우조 이삭대엽</td><td colspan="2">가창으로 전승되지 않음</td></tr>
</table>

| 18세기 | 홍비부 '각조음' | 동시기 | 19세기 후반 | 20세기 초 |
|---|---|---|---|---|
| 이삭대엽 | 310 "碧海水 말은 後에" | 가창으로 전승되지 않음 | | |
| 이삭대엽 | 311 "瞻彼淇澳ᄒᆞ니" | 계면 이삭대엽 | 가창으로<br>전승되지 않음 | 계면 이삭대엽 |
| 이삭대엽 | 312 "洞庭湖 秋夜月에" | 계면조<br>계면 이삭대엽 | 계면 평거 | 가창으로<br>전승되지 않음 |
| 이삭대엽 | 313 "柴栗裡 五柳村에" | 계면조<br>계면 이삭대엽 | 우조 이삭대엽 | 가창으로<br>전승되지 않음 |
| 이삭대엽 | 314 "쥬려셔 쥭려고" | 우삭엽<br>우조 이삭대엽 | 가창으로 전승되지 않음 | |
| 이삭대엽 | 315 "松壇에 션잠 ᄭᆡ여" | 계면조<br>우조 이삭대엽<br>계면 이삭대엽 | 계면 이삭대엽 | 계면 초삭대엽 |
| 이삭대엽 | 316 "버들은 실이 되고" | 우조 이삭대엽 | 우조 이삭대엽 | 우평조 장삭대엽 |
| 이삭대엽 | 317 "興亡이 有數ᄒᆞ여" | 우조 이삭대엽 | 계면 이삭대엽 | 가창으로<br>전승되지 않음 |
| 이삭대엽 | 318 "蒼梧山崩聖帝魂이" | 우조 이삭대엽<br>계면 이삭대엽 | 여창 우조 이삭대엽 | 가창으로<br>전승되지 않음 |
| 이삭대엽 | 319 "막ᄃᆡ노아 돌에 셰고" | 계면 이삭대엽 | 가창으로 전승되지 않음 | |
| 이삭대엽 | 320 "百年 三萬六千日을" | 계면조<br>계면 이삭대엽 | 계면 중거 | 가창으로<br>전승되지 않음 |
| 이삭대엽 | 321 "밤비에 ᄭᅩᆺ지 픠고" | 계면 이삭대엽 | 계면 중거 | 계면 이삭대엽 |
| 이삭대엽 | 322 "五百年 都業地를" | 우조 이삭대엽 | 계면 평거 | 가창으로<br>전승되지 않음 |
| 이삭대엽 | 323 "力拔山 盖世氣는" | 우조 이삭대엽<br>계면 이삭대엽 | 우조 두거 | 계면 삼삭대엽 |
| 이삭대엽 | 324 "梧桐에 雨滴하니" | 우조 이삭대엽<br>계면 이삭대엽 | 우조 이삭대엽 | 계면 이삭대엽 |
| 이삭대엽 | 325 "山밋테에 ᄉᆞ자ᄒᆞ니" | 계면 이삭대엽 | 계면 이삭대엽 | 가창으로<br>전승되지 않음 |
| 이삭대엽 | 326 "小園 百花叢에" | 계면 이삭대엽 | 계면 중거 | 계면 이삭대엽 |
| 이삭대엽 | 327 "百川이 東到海ᄒᆞ니" | 계면 이삭대엽<br>계면 삼삭대엽 | 계면 두거 | 계평조 장삭대엽 |
| 만횡 | 328 "山밋테 집을 지여두고" | 농 | 가창으로 전승되지 않음 | |
| 『홍비부』에만 수록 : 329 "草野에 뭇쳐시니" | | | | |
| 편삭대엽<br>악 | 330 "슐붓다가 업다하는 쳡과" | 언락 | 가창으로 전승되지 않음 | |

<table>
<tr><th>18세기</th><th>홍비부 '각조음'</th><th>동시기</th><th>19세기 후반</th><th>20세기 초</th></tr>
<tr><td colspan="5">『홍비부』에만 수록 : 331 "韓나라 張子房이"</td></tr>
<tr><td>삼삭대엽</td><td>332 "말ᄒᆞ기 좃타ᄒᆞ고"</td><td>계면 이삭대엽</td><td colspan="2">가창으로 전승되지 않음</td></tr>
<tr><td colspan="5">『홍비부』에만 수록 : 333 "나잇난 蓼寂村에"</td></tr>
<tr><td>이삭대엽</td><td>334 "네 집이 어ᄃᆡ잇고"</td><td>계면 이삭대엽</td><td>계면 이삭대엽</td><td>가창으로<br>전승되지 않음</td></tr>
<tr><td colspan="5">『홍비부』에만 수록 : 335 "松亭에 ᄃᆡᄉᆞ립을"</td></tr>
<tr><td>이삭대엽</td><td>336 "山頭에 閒雲起요"</td><td>우조 이삭대엽</td><td>가창으로<br>전승되지 않음</td><td>우조 이삭대엽</td></tr>
<tr><td>이삭대엽</td><td>337 "覆載ᄒᆞᆫ 仁厚天地"</td><td>우조 이삭대엽</td><td colspan="2">가창으로 전승되지 않음</td></tr>
<tr><td>이삭대엽</td><td>338 "幽蘭이 在谷ᄒᆞ니"</td><td>우조 이삭대엽</td><td>우조 이삭대엽</td><td>가창으로<br>전승되지 않음</td></tr>
<tr><td>삼삭대엽<br>이삭대엽</td><td>339 "風霜이 석근 날에"</td><td>우조 이삭대엽</td><td>계면조 이삭대엽</td><td>가창으로<br>전승되지 않음</td></tr>
<tr><td>이삭대엽</td><td>340 "ᄃᆡ막ᄃᆡ 너를 보니"</td><td>우삭엽<br>우조 이삭대엽</td><td>우조 두거</td><td>가창으로<br>전승되지 않음</td></tr>
<tr><td>이삭대엽</td><td>341 "功名이 긔 무엇고"</td><td>우조 이삭대엽</td><td>계면 이삭대엽</td><td>가창으로<br>전승되지 않음</td></tr>
<tr><td>이삭대엽</td><td>342 "ᄌᆞᄂᆡ 슐 익거든"</td><td>계면조<br>우조 이삭대엽<br>계면 두거</td><td>남창 계면 두거<br>여창 농가</td><td>계면 이삭대엽</td></tr>
<tr><td>이삭대엽</td><td>343 "日月도 녜로 갓고"</td><td>우조 이삭대엽<br>계면조-이본</td><td>가창으로<br>전승되지 않음</td><td>우조 이중대엽</td></tr>
<tr><td>이삭대엽</td><td>344 "太日中 三足烏야"</td><td>우사엽<br>우조 이삭대엽</td><td>계면 두거</td><td>우조 이중대엽</td></tr>
<tr><td>이삭대엽</td><td>345 "어버이 날 나으사"</td><td colspan="3">가창으로 전승되지 않음</td></tr>
<tr><td>이삭대엽</td><td>346 "胷에 中블이 나니"</td><td>우조 이삭대엽<br>계면조-이본</td><td>계면 중거</td><td>가창으로<br>전승되지 않음</td></tr>
<tr><td>이삭대엽</td><td>347 "슐 ᄭᆡ여 이러 안져"</td><td>우조 이삭대엽</td><td>계면 이삭대엽</td><td>계면 이삭대엽</td></tr>
<tr><td colspan="5">『홍비부』에만 수록 : 348 "陶山谷 淸溪上에"</td></tr>
<tr><td>편삭대엽<br>편낙병초</td><td>349 "져 건너 明堂를 어더"</td><td>편삭대엽</td><td>편삭대엽-이본</td><td>가창으로<br>전승되지 않음</td></tr>
<tr><td>이삭대엽</td><td>350 "三白王世 좃커니와"</td><td>우조 이삭대엽</td><td>우조 이삭대엽</td><td>가창으로<br>전승되지 않음</td></tr>
<tr><td>이삭대엽</td><td>351 "楚江에 漁夫드라"</td><td>남창 우조 이삭대엽<br>여창 계면 이삭대엽</td><td>여창 계면 평거</td><td>가창으로<br>전승되지 않음</td></tr>
</table>

| 18세기 | 흥비부 '각조음' | 동시기 | 19세기 후반 | 20세기 초 |
|---|---|---|---|---|
| 이삭대엽 | 352 "國不忠 家不孝코" | 가창으로 전승되지 않음 | | |
| 이삭대엽 | 353 "景星出 卿雲興에" | 계면조<br>우조 이삭대엽 | 우조 평거 | 계면 이삭대엽 |
| 이삭대엽 | 354 "올벼는 고기 솎고" | 계면 이삭대엽<br>계면 두거 | 계면 평거 | 우조 이삭대엽 |
| 이삭대엽 | 355 "늙은의 不死藥과" | 계면 이삭대엽 | 가창으로 전승되지 않음 | |
| 이삭대엽 | 356 "뫼밧게 뫼이스니" | 계면 이삭대엽 | 계면 이삭대엽 | 가창으로<br>전승되지 않음 |
| 이삭대엽 | 357 "泰山이 놉다ᄒᆞ되" | 가창으로 전승되지 않음 | | |
| 『흥비부』에만 수록 : 358 "山中에 別味업셔" | | | | |
| 『흥비부』에만 수록 : 359 "三皇世 五帝時를" | | | | |
| 이삭대엽 | 360 "沈香枕 躑躅杖이" | 가창으로 전승되지 않음 | | |
| 이삭대엽 | 361 "늙은 쥴 몰낫드니" | 가창으로 전승되지 않음 | | |
| 이삭대엽 | 362 "幽僻에 혼자사니" | 계면조 | 우조 중거 | 가창으로<br>전승되지 않음 |
| 이삭대엽 | 363 "冊덥고 窓을 여니" | 계면조<br>우조 이삭대엽 | 계면 두거 | 가창으로<br>전승되지 않음 |
| 이삭대엽 | 364 "졋소릭 반기듯고" | 계면조<br>계면 이삭대엽 | 계면 두거 | 가창으로<br>전승되지 않음 |
| 이삭대엽 | 365 "남우도 병이 드니" | 계면조<br>우조 이삭대엽<br>계면 이삭대엽 | 우조 이삭대엽 | 가창으로<br>전승되지 않음 |
| 『흥비부』에만 수록 : 366 "天地는 逆旅이요" | | | | |
| 이삭대엽 | 367 "群山 안쥬 삼고" | 계면 이삭대엽 | 가창으로<br>전승되지 않음 | |
| 이삭대엽 | 368 "公변된 天下業을" | 가창으로 전승되지 않음 | | |
| 이삭대엽 | 369 "首陽山 月暈中에" | 우조 이삭대엽<br>계면 이삭대엽 | 계면 중거 | 가창으로<br>전승되지 않음 |
| 삼삭대엽<br>이삭대엽 | 370 "言忠信 行篤敬ᄒᆞ고" | 우삭엽<br>우조 이삭대엽 | 우조 이삭대엽 | 우조 이중대엽 |
| 『흥비부』에만 수록 : 371 "딋디는 鶴일넌가" | | | | |
| 『흥비부』에만 수록 : 372 "짓던 鶴 털진 사슴" | | | | |
| 이삭대엽 | 373 "十年을 經營ᄒᆞ여" | 계면조<br>계면 이삭대엽 | 가창으로<br>전승되지 않음 | 계면 이삭대엽 |
| 이삭대엽 | 374 "歸去來 歸去來ᄒᆞ되" | 계면 두거 | 계면 이삭대엽 | 우조 이삭대엽 |

<table>
<tr><th>18세기</th><th>홍비부 '각조음'</th><th>동시기</th><th>19세기 후반</th><th>20세기 초</th></tr>
<tr><td></td><td></td><td>우조 이삭대엽<br>계면 이삭대엽</td><td></td><td></td></tr>
<tr><td>이삭대엽</td><td>375 "山은 녯山으로 잇고"</td><td>계면조<br>우조 이삭대엽<br>계면 이삭대엽</td><td>계면 평거</td><td>가창으로<br>전승되지 않음</td></tr>
<tr><td>이삭대엽</td><td>376 "술 어드면 벗시 업고"</td><td colspan="3">가창으로 전승되지 않음</td></tr>
<tr><td>이삭대엽</td><td>377 "父生母育ᄒᆞ오시니"</td><td>우조 이삭대엽</td><td>전승되지 않음</td><td>계면 이삭대엽</td></tr>
<tr><td>이삭대엽</td><td>378 "紅塵榮辱 다 썰치고"</td><td>우조 이삭대엽</td><td colspan="2">가창으로 전승되지 않음</td></tr>
<tr><td>이삭대엽</td><td>379 "뉘러 나를 늙다튼고"</td><td>우조 이삭대엽<br>계면 이삭대엽</td><td>계면 두거<br>계락</td><td>계면 이삭대엽</td></tr>
<tr><td colspan="5">『홍비부』에만 수록 : 380 "우리 부모 계신 방에"</td></tr>
<tr><td>이삭대엽</td><td>381 "冢宰周公 聖人이라"</td><td>우삭엽<br>계면 이삭대엽<br>우조 이삭대엽</td><td>우조 이삭대엽</td><td>가창으로<br>전승되지 않음</td></tr>
<tr><td>삼삭대엽<br>이삭대엽</td><td>382 "樽酒相逢 十載前에"</td><td>계면 이삭대엽</td><td colspan="2">가창으로<br>전승되지 않음</td></tr>
<tr><td colspan="5">『홍비부』에만 수록 : 383 "姜太公에 죠은 낙ᄃᆡ"</td></tr>
<tr><td>삼삭대엽</td><td>384 "우리갓치 소ᄅᆡ난 님"</td><td>계면 삼삭대엽</td><td>계면 삼삭대엽</td><td>가창으로<br>전승되지 않음</td></tr>
<tr><td colspan="5">『홍비부』에만 수록 : 385 "綺窓아ᄅᆡ 픠온 쏫치"</td></tr>
<tr><td>삼삭대엽<br>낙희조</td><td>386 "九十春光 졈은 곳에"</td><td>낙시조<br>우락시조<br>편롱</td><td>우락</td><td>가창으로<br>전승되지 않음</td></tr>
<tr><td>이삭대엽<br>삼삭대엽</td><td>387 "白髮인ᄌᆡ 功名ᄒᆞ면"</td><td>계면 이삭대엽<br>우조 이삭대엽</td><td>우조 두거</td><td>우조 이중대엽</td></tr>
<tr><td>이삭대엽</td><td>388 "瀟湘江 시름 겨온ᄃᆡ"</td><td colspan="3">가창으로 전승되지 않음</td></tr>
<tr><td colspan="5">『홍비부』에만 수록 : 389 "草綠長堤 白馬嘶요"</td></tr>
<tr><td>이삭대엽</td><td>390 "雪白月明乾坤이라"</td><td>계면 이삭대엽<br>우조 이삭대엽</td><td>계면 두거</td><td>계평조 장삭대엽</td></tr>
<tr><td>이삭대엽</td><td>391 "ᄌᆡ 너머 成勸農 집의"</td><td>계면조<br>편롱<br>우조 이삭대엽<br>계면 이삭대엽</td><td>가창으로<br>전승되지 않음</td><td>우조 이중대엽</td></tr>
<tr><td>이삭대엽</td><td>392 "鶴타고 져부는 兒孩"</td><td>계면조 이삭대엽</td><td>계면 두거</td><td>가창으로<br>전승되지 않음</td></tr>
<tr><td>이삭대엽</td><td>393 "雪月은 前朝色이요"</td><td>계면조</td><td>계면 두거</td><td>가창으로</td></tr>
</table>

| 18세기 | 흥비부 '각조음' | 동시기 | 19세기 후반 | 20세기 초 |
|---|---|---|---|---|
| | | 계면 이삭대엽 | | 전승되지 않음 |
| 이삭대엽 | 394 "白髮翁이 남글지고" | 우조 두거-이본 | 계락-이본 | 가창으로<br>전승되지 않음 |
| 낙시조<br>낙희조 | 395 "淸明時節 紛紛雨에" | 계락시조<br>계락<br>편롱 | 남녀창 계락 | 가창으로<br>전승되지 않음 |
| 이삭대엽 | 396 "孟浩然 타든 져나귀 등에" | 여창 계면 이삭대엽 | 여창 계면 이삭대엽 | 계평조 장삭대엽 |
| 만횡청류<br>낙희조<br>삼삭대엽 | 397 "北邙山이 엇더ᄒᆞ여" | 율당삭엽<br>계면조<br>언락 | 전승되지 않음 | 우락 |
| 삼삭대엽<br>만횡 | 398 "擊鼉鼓 吹龍笛에" | 계면조<br>계면 이삭대엽<br>편롱 | 계면 삼삭대엽 | 가창으로<br>전승되지 않음 |
| 만횡<br>편락 | 399"極目天涯에 恨孤鴈之失侶오" | 농가<br>계면조 농가<br>언롱<br>편롱 | 만횡 | 가창으로<br>전승되지 않음 |
| 이삭대엽<br>편락 | 400 "萬頃蒼波 欲暮天에" | 계면조<br>계면 이삭대엽<br>긴송 | 계면 중거 | 가창으로<br>전승되지 않음 |
| 만횡<br>편락 | 401 "三春色 자랑마라" | 농 | 농가 | 우롱 |
| 만횡청류<br>낙시조<br>낙희조 | 402 "썩거진 활 부러진 살과" | 계낙시조<br>계락<br>편롱 | 계락 | 편락 |
| 만횡 | 403 "닉 본딕 天上玉京仙人으로" | 농 | 가창으로 전승되지 않음 | |
| 만횡청류<br>삼삭대엽 | 404 "漢武帝에 北斥西擊과" | 농가<br>계면조<br>농 | 만횡 | 가창으로<br>전승되지 않음 |
| 낙시조<br>편락 | 405 "푸른 山에 白髮翁이" | 낙시조<br>우낙시조<br>우언락<br>편롱 | 엇락 | 우락 |
| 만횡청류 | 406 "平生에 景慕ᄒᆞ든 白香山에" | 농가<br>농<br>편롱 | 농가 | 가창으로<br>전승되지 않음 |
| 만횡청류<br>편삭대엽 | 407 "어이 못 오드냐 어이 못 어더냐" | 농 | 가창으로 전승되지 않음 | |

| 18세기 | 홍비부 '각조음' | 동시기 | 19세기 후반 | 20세기 초 |
|---|---|---|---|---|
| | 408 "赤壁江水火地에 겨오 자라난 曺孟德이" | 언롱 | 만횡 | 가창으로 전승되지 않음 |
| 만횡 | 409 "山靜ᄒᆞ니 似太古요" | 농<br>편롱 | 농가 | 가창으로 전승되지 않음 |
| 『홍비부』에만 수록 : 410 "紛紛大雪 滿山野커늘" | | | | |
| 『홍비부』에만 수록 : 411 "人生을 혜알이니 榮辱이" | | | | |
| 이삭대엽<br>삼삭대엽<br>삭대엽 | 412 "黃菊丹楓 九月九日" | 반엽 | 우조 반엽 | 가창으로 전승되지 않음 |
| 만횡청류 | 413 "千古羲皇天과 一村無懷地에" | 농 | 농가 | 가창으로 전승되지 않음 |
| 만횡<br>삼삭대엽 | 414 "有馬有金코 兼有酒ᄒᆞᆯ지" | 계면 이삭대엽 | 계락 | 가창으로 전승되지 않음 |
| 이삭대엽 | 415 "長沙王에 賈太傅야" | 우조 이삭대엽 | 계면 이삭대엽 | 가창으로 전승되지 않음 |
| 이삭대엽 | 416 "武王伐紂여시늘" | 계면 이삭대엽 | 남창 우조 평거<br>여창 계면 중거 | 가창으로 전승되지 않음 |
| 이삭대엽 | 417 "綠水靑山 깁픈 골에" | 우조 이삭대엽<br>계면 이삭대엽 | 남녀창 우조 두거 | 우평조 측삭대엽 |
| 이삭대엽 | 418 "細버들 柯枝것거" | 계면조<br>우조 이삭대엽<br>계면 이삭대엽 | 계면 중거 | 우조 이중대엽 |
| 이삭대엽 | 419 "荊山璞玉을 어더" | 우조 이삭대엽 | 가창으로 전승되지 않음 | |
| 이삭대엽 | 420 "靑山아 말 무러보ᄌᆞ" | 우조 이삭대엽<br>계면 이삭대엽 | 계면 이삭대엽 | 전승되지 않음 |
| 삼삭대엽 | 421 "簫聲咽 秦娥夢斷 秦樓月" | 계면조<br>계면 삼삭대엽 | 계면 삼삭대엽 | 가창으로 전승되지 않음 |
| 삼삭대엽<br>편락 | 422 "轅門樊將軍이 氣雄豪ᄒᆞ니" | 계면조<br>계면 삼삭대엽<br>편롱 | 계면 삼삭대엽 | 가창으로 전승되지 않음 |
| | 423 "무셜리 술이 되여" | | 여창 계면 두거 | 가창으로 전승되지 않음 |
| 낙희조 | 424 "閣氏네 ᄎᆞ오신 칼이" | 계면조<br>계면 삼삭대엽<br>계면 이삭대엽 | 우조 삼삭대엽 | 가창으로 전승되지 않음 |
| 만횡<br>만삭대엽 | 425 "十載를 經營屋數間ᄒᆞ니" | 계면조<br>언롱 | 만횡 | 우롱 |

| 18세기 | 홍비부 '각조음' | 동시기 | 19세기 후반 | 20세기 초 |
|---|---|---|---|---|
| | | 편롱 | | |
| 만횡 | 426 "萬古離別ᄒᆞ든 즁에" | 농 | 농가 | 가창으로 전승되지 않음 |
| 만횡 만삭대엽 | 427 "二十四橋 淸夜月에" | 계면조 편롱 농 | 만횡 | 가창으로 전승되지 않음 |
| | 428 "飛禽走獸 숨긴 즁에" | 농 계면조 | 엇락 | 가창으로 전승되지 않음 |
| 이삭대엽 낙희조 | 429 "싱미 갓튼 져 閼氏 남의 간장 그만긋쇼" | 언락 | 엇락 | 엇락 |
| 『시가』 악곡 확인 불가[59] | 430 "아희드라 남무가자" | 가창으로 전승되지 않음 | | |
| 이삭대엽 | 431 "天地로 帳幕삼고" | 우삭엽 계면조 우조 이삭대엽 | 우조 이삭대엽 | 우조 이중대엽 |
| 만횡청류 편락 | 432 "天公衙門에 所志 아리나이다" | 농 | 전승되지 않음 | |
| 이삭대엽 | 433 "술 씨여 이러안져" | 우조 이삭대엽 | 계면 이삭대엽 | 계면 이삭대엽 |
| 만횡 | 434 "어우화 벗님네야" | 계면조 편삭대엽 | 편삭대엽 | 가창으로 전승되지 않음 |
| 만횡청류 낙희조 | 435 "李座首는 가문 암소 타고" | 낙시조 우낙시조 우락 | 우락 | 우락 |
| 『홍비부』에만 수록 : 436 "春風에 지친 나뷔" | | | | |

그렇다면 『홍비부』의 편찬자는 남녀창이 다 끝난 후 '각조음'이라는 항목을 다시 기록한 것일까? 『홍비부』는 '우조'와 '계면조'로 고정화 현상이 정착되어 가는 중에 발생한 가집으로 추정된다. 그렇기에 〈우조〉와 〈계면조〉에 맞춰 배열을 한 남녀창이 모두 끝난 후 '각조음'이라는 항목을 다시 기록하고 있는 것이다.

59 박상수본 『시가』의 경우 원본을 확인할 수 없어 『고시조대전』(1079.2)을 통해 악곡을 확인할 수밖에 없는데 악곡 정보가 없다.

가집은 대다수의 작품이 공출하는 경향이 매우 크다. 연관성이 없다하더라도 약 70% 정도 이상 축적된 시조 작품을 수록하고 있다. 예를 들어, 19세기 초반 가집인 이한진편 『청구영언』은 가집의 앞부분에는 대부분의 가집과 마찬가지로 당대의 연행 현장에서 유행하는 곡을 수록하고 있으며 뒷부분은 이한진 본인 혹은 그가 향유하던 향유층의 미감을 담고 있다.[60] 이한진본 『청구영언』뿐만 아니라 다른 가집에도 가장 뒷부분은 다른 가집과는 다른 편찬자 고유의 미감을 담고 있는 것이 일반적이다. 이것은 그 향유층의 실제 향유 양상을 담지하고 있다. 이렇듯 결국 가집 편찬자들이나 그 향유층의 특성을 파악하기 위해서는 축적된 시조문화가 아닌 이 가집에만 나타나는 특징을 이해할 때 그 가집을 정확하게 이해할 수 있게 되는 것이다.

『홍비부』의 '각조음'은 그 시기 음악적으로 가장 민감할 수 있는 향유층의 역동성을 담고 있다. 이것은 『병와가곡집』의 〈삭대엽〉과 서울대본 『악부』의 〈율당대엽〉과 마찬가지로 편찬자가 당대의 새로운 변화를 민감하게 반응하고 그러한 변화를 가집에 기록하려고 노력한 흔적이다.

결국 『홍비부』의 '각조음'도 편찬자의 특성이 고스란히 담겨 있는 지점이다. 따라서 여기에는 그 시기 음악적으로 가장 민감할 수 있는 향유층의 역동성을 담고 있으며 이것은 『병와가곡집』의 〈삭대엽〉과 서울대본 『악부』의 〈율당대엽〉과 마찬가지로 '유동적 악곡'으로 명명해야 한다. 특히 '유동적 악곡' 부분은 가집 편찬자가 가장 많은 공을 들인 것으로 당대의 새로운 음악적 변화를 민감하게 반응하고 그러한 변화를 놓치지 않은 흔적이다.[61]

60 김태웅, 「이한진편 『청구영언』의 특성 탐색」, 『어문연구』 154, 한국어문교육연구회, 2012.
61 김태웅, 「18세기 후반에서 19세기 초중반 가곡문화의 변모와 가집 편찬의 양상」, 『국제어문』 72, 국제어문학회, 2017, 289~290면.

제4장

# 18세기 후반에서 19세기 초중반 가집의 시가사적 특징

가집을 '영언계'와 '가창계'로 나눈다면 18세기 초중반 가집은 '통합가집영언계+가창계'로 18세기 말에서 19세기 초중반 가집은 '가창계' 가집으로 부를 수 있다. 특히 '가창계'의 특징은 '민멸방지'가 목적인 '영언계' 가집과 달리 가창으로 향유된 그 당대의 실상을 담지하고 있다.

'가창계' 가집은 문화복합체이다. 왜냐하면 ① 가집에는 그 향유층이 가지고 있는 풍류사회가 어떠했는지를 보여주는데 그것을 통해 그 시대의 풍류가 얼마나 활성화되었는지를 유추하게 해주며, ② 각 가집마다 다양한 음악실험이 나타나고, ③ 사대부뿐만 아니라 가객, 중인으로까지 향유층이 확산되며, ④ 〈삭대엽〉, 〈율당대엽〉, 〈조을음〉 같은 새로운 다양한 악곡을 담아내려는 노력이나 필요 등이 가집을 새롭게 거듭나게 하기 때문이다.

이러한 변화 속에 남창과 여창의 분화 등이 나타나게 되고 이러한 현상을 하나의 가집에 다 담고 있기 때문에 문화복합체이다.

## 1. 18세기 후반 가집의 전개와 『병와가곡집』

18세기 초중반 가집들이 편찬자나 편찬 연대가 분명하고 반드시 서문을 갖추고 있고 작자 표기 의식도 분명하다. 또한 악곡별 분류를 하고 있는데 그 체계가 정연한 것이 특징이다. 대표적인 가집인 김천택본 『청구영언』과 일석본 『해동가요』의 체계를 보면 18세기 초중반 가집이 19세기 가집에 비해 얼마나 단순했는지를 쉽게 알 수 있다.

**김천택본 『청구영언』**

초중대엽-이중대엽-삼중대엽-북전-이북전-초삭대엽-(이삭대엽)-삼삭대엽-낙시조-장진주사-맹상군가-만횡청류

**일석본 『해동가요』**

초중대엽-이중대엽-삼중대엽-초북전-이북전-초삭대엽-이삭대엽-삼삭대엽-낙시조-편낙시조-소용-편소용-만삭대엽

위에서 볼 수 있듯이 김천택본 『청구영언』과 일석본 『해동가요』의 체제를 보면 초기의 형태답게 아직 악곡의 분화가 되기 전의 모습을 담고 있기 때문에 후대의 가집에 비하면 단순하다.

**가람본 『청구영언』**

초중대엽-이중대엽-삼중대엽-북전-이북전-초삭대엽-이삭대엽-**삼삭대엽낙희병초-만대엽낙희병초-편락병초**-악-소용-장진주사-맹상군가

가람본 『청구詠언』

초중대엽-이중대엽-삼중대엽-북전-초삭대엽-이삭대엽-삼삭대엽-**만횡 낙시조 편삭엽 농가**

18세기 중후반 가집인 가람본 『청구영언』과 가람본 『청구詠언』은 김천택본 『청구영언』과 일석본 『해동가요』와 체제가 거의 비슷하지만 여러 악곡을 묶어 놓은 악곡이 수록되어 있는 것이 차이점이다. 〈삼삭대엽〉과 〈낙희조〉를, 〈만대엽〉과 〈낙희조〉를, 〈편〉과 〈악〉을 묶어 놓은 가람본 『청구영언』의 악곡명, 〈만횡 낙시조 편삭엽 농가〉를 나누지 않고 함께 묶어 놓은 가람본 『청구詠언』의 악곡명은 18세기 중후반은 19세기라는 복잡한 변화를 준비하는 이행기적 특징임을 추정할 수 있게 해 주는 실제적 증거이다. 이러한 모습은 18세기 후반의 대표적 가집이라고 할 수 있는 『병와가곡집』에도 나타난다.

초중대엽-이중대엽-삼중대엽-북전-이북전-초삭대엽-이삭대엽-삼삭대엽-**삭대엽**-소용-만횡-**낙희조**-편삭대엽

『병와가곡집』은 〈삭대엽〉이라는 특이한 악곡이 등장하는데 이 악곡은 앞에서 살펴본 것 같이 **〈계면조〉**, **〈반엽〉**, **〈두거〉**로 전승이 되는 것이 특징이다. 이러한 악곡계면조, 반엽, 두거은 19세기 초중반 가집에도 나타난다.

『병와가곡집』의 이러한 현상은 우조적 성격이 약화되고 가변적 성격을 가지고 있음을 나타낸다. ①〈우조〉에서 〈계면조〉로 악조의 강화가 변하면서 노랫말 구분이 엄격해지고, ②〈우조〉에서 〈계면조〉로의 '편가' 형태가

정리되면서 〈반엽〉이 필요하게 되고, ③〈두거〉와 같은 새로운 악곡이 탄생하면서 다양화되는 것이다.

이렇듯 18세기 초중반에는 없던 변화가 18세기 후반으로 오면서 생겨났고 이러한 변화를 감지한 18세기 후반 가집 편찬자들은 자신들 고유의 '유동적 악곡'을 만들게 되며 이러한 변화가 19세기 초중반에 새로운 악곡으로 파생되어 나타나는 것이다. 결국 『병와가곡집』의 〈삭대엽〉은 '유동적 악곡'의 실제적 예가 된다.

이렇듯 18세기 후반 가집의 시가사적 의의는 가집 편찬자가 변화하는 흐름을 감지하면서 그 향유층의 역동성이 드러나는 '유동적 악곡'을 가집에 반영하고 있는 것이다.

## 2. 19세기 초중반 가집의 전개와 서울대본 『악부』, 『홍비부』

19세기 가집은 편찬자와 편찬 연대를 알 수 없으며 18세기 가집과 달리 서문도 없고 작가 표기 의식 또한 18세기에 비해 약해지고 있다. 또한 19세기 후반이 『가곡원류』계가 지배를 하고 있는 것과 달리 19세기 초중반은 뚜렷한 계통성을 보이는 가집도 거의 없다.

19세기는 역사나 문화사적 측면에서 보면 중세와 근대를 연결해 주는 아주 중요한 시기이다. 이러한 역사나 문화에 있어 역동적 변화를 겪게 되는 시기이기에 예술적 측면 또한 변화가 심할 수 밖에 없다.

| | 평(平) | 계(界) |
|---|---|---|
| 우(羽) | 우조(평조) | (우조)계면조 |
| 평(平) | 평조(평조) | 평조 계면조 |

이 시기는 여창이 등장하며 〈우조〉와 〈계면조〉 두 조로 정착된다. 원래 네 조였기 때문에 부를 수 있는 방법이 훨씬 더 많았다. 그러나 두 조로 정착되면서 부를 수 있는 방법이 줄었기 때문에 새로운 변화가 필요하게 되었다. 이렇기 때문에 가집에 있어 19세기 초중반은 〈반엽〉, 〈두거〉와 같은 새로운 악곡이 생성되는 한편 〈만횡청류〉 내에서의 파생곡이 발생하는 등 음악적 변화가 심하게 일어난다.

『동국가사』

초중대엽-이중대엽-삼중대엽-우조 초삭엽-**우조 삭엽-소용(율당삭엽 포함)-계면조**-낙시조

서울대본 『악부』

초중대엽-이중대엽-삼중대엽-북전-초삭대엽-이삭대엽-삼삭대엽-소용-율당대엽-농가

『흥비부』

〈남창〉 우조 초중화엽-이중화엽-삼중화엽-계면 초중화엽-이중화엽-삼중화엽-우조 초삭대엽-이삭대엽-조을음-삼삭대엽-소용-계면 초삭대엽-이삭대엽-조을음-삼삭대엽-삼삭대엽후 후려브르는거시라-만롱-언롱-평우락-언락-계락-계편-일편후해가

〈여창〉 후정화-진하엽-우조-우조 머리드난것-계면-계면거두-농-우락-계락-편-푸려부로난거시라-장진주-딕바침

〈각조음〉

『영언』

〈남창〉 초중화엽-진화엽 대초중화-이중화엽 계면주역가-삼중대엽-우조 초삭대엽-이삭대엽-삼삭대엽-소용이-반엽반삭 사장반계면-계면 초삭대엽-이삭대엽-삼삭대엽-만횡 반지기-언롱-롱-계락-우락-우언락-편락-편삭대엽-북전 후정화

〈여창〉 우조 이삭대엽-계면 이삭대엽-롱-계락-우락-편삭대엽-장진주-대

육당본 『청구영언』

〈남창〉 우조 초중대엽-이중대엽-삼중대엽-진화엽-계면 초중대엽-이중

대엽-삼중대엽-북전-우조 초삭대엽-이삭대엽-삼삭대엽-소용이-**율당삭엽**-계면 초삭대엽-이삭대엽-삼삭대엽-만횡-언롱-롱-계면낙시조-우락시조-언락-편락-편삭대엽

〈여창〉 우조 이삭대엽-**율당삭엽**-계면 이삭대엽-롱-우락시조-계낙시조-편삭대엽-장진주-대

19세기 초중반 가집의 체제는 앞선 시기 가집의 체제와 비교하면 매우 복잡하다. '남창'과 '여창'을 구분해서 편찬되는 가집이 등장하고 '우조'와 '계면조' 두 개 조가 확립된 체제를 갖는 것이 특징이다. 물론 서울대 『악부』처럼 '우·계면' 의식만 있는 '우·계면' 초기 모습을 가지고 있는 가집도 있다. 이 시기는 '우조'와 '계면조'의 두 개 조가 확립되면서 『홍비부』를 제외한 가집에 〈반엽〉이 모두 나타나고 있다. 특히 이 가집들 중 서울대본 『악부』는 '우조'와 '계면조'가 정착되기 이전 과도기에 편찬된 가집으로 이 가집에 나타나는 〈율당대엽〉은 〈반엽〉이라는 새로운 악곡이 아직 정착되지 않은 '미정착 시기'이며, 아직 악곡이 정착되지 않은 '미확정 악곡'으로 설명할 수 있다. 〈반엽〉은 '우조'와 '계면조'를 연결해서 부를 때 필요한 악곡이기 때문에 이 악곡이 있다는 것은 '우조'와 '계면조'로 악조가 바뀌어 가는 조짐을 서울대본 『악부』의 편찬자가 민감하게 느꼈음을 알 수 있다.

한편, 『홍비부』의 특이한 악곡이 가지는 특징 역시 서울대본 『악부』의 〈율당대엽〉과 비슷하다. 하지만 『홍비부』의 경우 서울대본 『악부』와 달리 '우조'와 '계면조'가 확립되었을 뿐만 아니라 남창과 여창이 구분되어 있고 '가곡 한바탕'의 형식을 지향하고 있다. 처음으로 '태평가'로 남창을 마무리하는 것에서 이러한 현상을 알 수 있다. 또한 『홍비부』는 중앙의 산물이

아니기 때문에 용어에 있어서도 〈조을음〉, 〈삼삭대엽후 후려브르는거시라〉, 우조 〈머리드난것〉, 계면 〈거두〉, 〈푸려부로난거시라〉 등 중앙의 산물에서는 등장하지 않는 생소한 언어를 사용하고 있다. '각조음' 역시 다른 가집에는 등장하지 않는 것으로 『홍비부』를 향유하던 향유층의 역동성을 나타내는 것이라고 할 수 있다.

19세기 후반 가집인 『금옥총부』에는 '회계삭대엽回界數大葉 속칭俗稱 율당삭栗餹數'이라는 기록과 함께 〈반엽〉 4수가 수록되어 있다.

회계삭대엽 속칭 율당식 1

南山松柏 鬱鬱蒼蒼 漢江流水 浩浩洋洋

聖世子ㅣ 萬年壽 가지ᄾ 太平으로 누리실 제

우리넌 康衢의 逸民되야 擊壤歌로 질길져

'회계삭대엽回界數大葉 속칭俗稱 율당식栗餹數'의 첫 번째 작품으로 『금옥총부』에만 수록되어 있고 『가곡원류』계에도 수록되어 있지 않다. 두 번째 작품[1]은 『해동악장』에 남창은 '반엇삭대엽', 여창은 '율당 삭대엽'으로 등장하고, 세 번째 작품[2]은 『가곡원류』계에 남창 '율당 삭대엽'으로 등장한다.

---

1 三月 花柳 孔德里오 九月 楓菊 三溪洞를 / 我笑堂 봄 바룸과 米月舫 가를달를 / 어지버 六花ㅣ 紛紛時에 煮酒詠梅ᄒᆞ시더라
(『金玉』(100)羽調回界數大葉 俗稱栗餹數, 安玟英 / 『海樂』(159/715(57))半嵆數大葉/栗糖數大葉, ×/安玟英)

2 東閣에 숨은 쏫치 躑躅인가 杜鵑花ㅣ가 / 乾坤이 눈이여늘 제 엇지 감히 퓌리 / 알괘라 白雪陽春은 梅花밧게 뉘 이시리
『金玉』(101)羽調回界數大葉 俗稱栗餹數, 安玟英 / 『源國』(165)栗糖數大葉, 安玟英 / 『源奎』(165)栗糖數大葉, 安玟英 / 『源六』(158)栗糖數大葉, 安玟英 字荊寶 / 『源佛』(158)栗糖數大葉, 安玟英 / 『源朴』(156)半嵆數大葉, 安玟英 / 『源皇』(154)半嵆數大葉, 安玟英 / 『海樂』(158)半嵆數大葉, 安玟英 / 『源東』(156)栗糖數大葉, 安玟英 / 『協律』(155)羽栗糖數大葉, 安玟英

마지막 작품[3]의 경우 『금옥총부』에만 등장한다. 4곡 중 2곡이 새로 창작될 정도로 〈반엽〉이라는 악곡은 정착이 된 후에도 새롭게 창작할 수 있는 음악이었다. 따라서 19세기 초반은 복잡하고 빠른 변화 속에 가집 편찬에 있어서도 변화가 발생하였고 그 결과 다른 가집에는 보이지 않는 지금의 관점에서 보면 아주 독특한 현상이 나타난다. 이러한 가집의 특이한 악곡들 또한 그 당대의 실상을 담고 있는 것이기 때문에 『병와가곡집』의 '삭대엽'과 같은 '유동적 악곡'의 특성을 가지고 있으며 '미정착·미확정 악곡'으로 부르는 것이 옳다.

이렇듯 19세기 초중반 가집의 전개 양상은 가집 편찬자가 복잡한 변화의 흐름 속에서 그 가집을 향유하는 향유층의 역동적 현상을 담으려고 노력했으며 18세기보다 더 음악적 실험이 활발하게 나타난다는 점에서 18세기보다 더 문화 복합체로서의 모습을 가지고 있다.

결국 이 시기 가집은 '미비·불비'한 것이 아니라, 그 당대의 연행 상황에서의 역동성을 드러내는 문화 복합체로서 이해해야 할 필요가 있다.

3 弼雲臺 好林園에 詩酒歌琴 八十年을 / 喜怒를 不形ᄒᆞ니 君子之風이로다 / 至今에 鶴駕鸞驂을오 乘彼白雲ᄒᆞ언져

제5장

# 유동적 악곡의 후대적 전승과 의의*

18세기 후반에서 19세기 초중반의 가집에는 18세기 초중반이나 19세기 후반 가집에는 없는 〈삭대엽〉『병가』, 〈율당대엽〉『악서』, 〈각조음〉『홍비』, 우조 〈삭엽〉, 〈계면조〉이상 『동국』, 〈계면〉『영언』 등의 악곡이 나타나며 이 악곡에 수록된 작품이 19세기 중반 이후 가집에는 〈두거〉, 〈평거〉, 〈중거〉 등 이삭대엽의 파생곡으로 나타난다. 이것은 18세기 후반에서 19세기 초중반의 가집에 나타나는 '유동적 악곡'은 특이한 것이 아닌 보편적 현상 이라고 할 수 있다.[1]

---

* 이 장은 저자의 논문(「나손본 『가사』와 한글박물관본 『율보』 '유동적 악곡'('부조')의 의의」(김태웅, 『한국연구』 14, (재)한국연구원, 2023)을 수정 · 정리한 것이다.

1 김태웅, 「18세기 후반에서 19세기 초중반 가집의 전개양상 연구」, 성균관대 박사논문, 2013; 「18세기 후반~19세기 초 가집(歌集) 편찬과 [동국가사]의 가치」, 『한국시가연구』 37, 한국시가학회, 2014; 「〈삭대엽〉(『병가』), 〈율당대엽〉(『악서』), '각조음'(『홍비』) 등 유동적 악곡에 대한 소고」, 『한국언어문학』 95, 한국언어문학회, 2015; 「19세기 초반 가집 서울대본 『악부』의 성격과 시가사적 의미」, 『우리어문연구』 54, 우리어문학회, 2016; 「19세기 초중반 가곡문화의 변모와 가집편찬의 양상 – 규장각본 『영언』을 대상으로」, 『한국고전연구』 33, 한국고전연구학회, 2016; 「18세기 후반에서 19세기 초중반 가곡문화의 변모와 가집 편찬의 양상」, 『국제어문』 72, 국제어문학회, 2017; 「나손본 〈가사〉의 성격과 시가사적 의미」, 『동양학』 90, 단국대 동양학연구원, 2023.

'유동적 악곡'은 가집이 편찬된 그 당시를 기준으로 그때까지 정착되지 않아 변동이 심하거나 여러 악곡을 포괄하는 것을 가리키는 용어로 후대에는 주로 〈이삭대엽〉의 파생곡인 〈중거〉, 〈두거〉, 〈평거〉 등으로 나타난다.

18세기 후반에서 19세기 초중반의 가집에 보편적으로 나타나는 '유동적 악곡'은 연행현장의 역동적 모습을 담지하고 있다. 이 장에서는 나손본 『가사』와 한글박물관본 『율보』의 '유동적 악곡'인 〈부조〉의 의미를 탐색해 '유동적 악곡'의 후대전승과 의미에 대해 살펴보고자 한다.

## 1. 나손본 『가사』 '부조浮調'의 전승 및 의의

나손본 『가사』는 단국대 율곡기념 도서관에 소장되어 있는 가집으로 해제만 소개[2]되다가 최근 이 가집에 대해 종합적인 연구가 진행되었다.[3] 저자는 나손본 『가사』의 '가곡'과 '시조' 부분의 연구를 진행했는데 '가곡'과 '시조' 사이에 '부조浮調'라는 특이한 항목에 대해 다음과 같이 결론지었다.

> 부조 항목에 있는 작품들은 나손본 『악부』의 '각조음'의 조가 시조창으로 부를지 가곡창으로 부를지를 고민한 것처럼 나손본 『가사』의 〈부조〉는 이미 시조창으로 부르는 작품이지만 가곡 한바탕 안에 수록될 수도 있는 작품, 즉 유동적 악곡으로 이해할 수 있다.[4]

2 권순회, 「가사 나손본」, 『고시조 문헌 해제』, 고려대 민족문화연구원, 2012, 296~298면.

3 김태웅, 「나손본 『가사』의 성격과 시가사적 의미」, 『동양학』 90집, 단국대 동양학연구소, 2023; 배대웅, 「『가사』(나손본)의 성격-부조, 시조 부분을 중심으로」, 『한국시가문화연구』 51, 한국시가문화학회, 2023; 이상원, 「『가사』(나손본)의 성격-가사, 가곡 부분을 중심으로」, 『한국시가문화연구』 51, 한국시가문화학회, 2023.

특히 배대웅은 나손본 『가사』의 '부조浮調'에 대해 자세하게 다루었다.

> 애초에 필사자는 가곡과 시조의 모든 특성을 갖고 있는 작품이라 생각한 것을 부조 항목에 수록했을을 예상할 수 있다. 또한 부조 항목에 수록된 8수의 작품은 다음 세 가지의 성격을 가지고 있다. ㉮ 가곡창 가집과 시조창 가집에 동시에 수록된 작품, ㉯ 여러 군집 작품이 존재하는데 가나 가 속한 군집은 시조창 가집에만 수록된 것으로 확인된 작품, ㉰ 시조창 가집에만 수록된 경우, 이렇게 세 가지 성격을 가졌다고 할 수 있다. 이러한 것을 통해 우리는 **부조가 가곡과 시조 양면으로 불리던 유동적 가곡**이었다는 것을 예상해볼 수 있다.(…중략…) 이 부조 항목을 따로 분류한 것으로서 **가곡창과 시조창이 경쟁하던 시기의 실상**을 그대로 보여준 것이다.[5]강조-저자

배대웅은 나손본 『가사』의 〈부조〉 항목을 가곡과 시조 양면으로 불리던 유동적 악곡이며, 가곡창과 시조창이 경쟁하던 시기의 실상을 그대로 보여준 것이라 주장하였다.

결국 저자와 배대웅 모두 나손본 『가사』의 〈부조〉 항목이 '유동적 악곡' 이라는 것에 동의한다. 저자 역시 〈부조〉가 '유동적 악곡' 임은 동의하지만 가곡창과 시조창이 경쟁하던 시기의 실상이라는 주장은 좀 더 면밀한 고찰이 필요할 것으로 판단되는데, 경쟁보다는 공존하던 시기의 모습으로 보는 것이 더 타당하다. 따라서 이 장에서는 나손본 『가사』의 〈부조〉항목의 후대 전승 및 노랫말 변이 양상을 통해 이 항목의 의의를 살펴보고자 한다.

---

4 김태웅, 위의 글, 2023, 21면.
5 배대웅, 위의 글, 10~11면.

나손본 『가사』의 〈부조〉 항목을 정리하면 다음과 같다.

| 가번 | 작품 | 특이사항(『고시조대전』) |
|---|---|---|
| 62 | 주렴의 달 빗쳣다 먼 듸셔 나넌 옥져 소ᄅᆡ 들니넌구나<br>벗임네더리 피레 져와 장구 가지고 달 쓰거던 오마던니<br>동자야 달빗 살펴라 함아 올가 | 시조창 가집에만 수록<br>2개의 파생 버전 중 첫 번째 버전 |
| 63 | 져 건너 일편석은 강ᄐᆡ공의 조ᄃᆡ로다<br>문왕은 어ᄃᆡ 가고 빈 ᄇᆡ 홀노 ᄆᆡ여난야<br>셕양의 짝 일은 갈마기난 오락가락 | 3개의 버전 중 2번째 버전<br>2번째 버전은 시조창 가집과 잡가집에 수록<br>1번째 버전 『악나』 각조음 |
| 64 | 달 쓰자 ᄇᆡ 써난니 이졔 가면 언졔 올가<br>만경창파 깁푼 물의 나넌 다시 단여옴셰<br>밤즁만 지곡종 닷 감넌 소ᄅᆡ아 경셩을 | 4개의 버전 중 4번째 버전<br>3번째 버전 『악나』 각조음 |
| 65 | 니러니 져러니 ᄒᆞ여도 날드를낭 말을 마소<br>인ᄉᆡᆼ 죽엄 무덤 우의 논을 푸려 밧츨 갈지<br>주부도유령분상토라 안니 노던 | 4개의 버전 중 3번째 |
| 66 | 달 발고 셔리 찬 밤의 울고 가넌 기럭기야<br>소상 동졍 어ᄃᆡ 두고 여관한등 잠든 날을 ᄭᆡ우넌야<br>밤즁만 네 우름소ᄅᆡ 잠 못 일워 상각이라 | 다른 부조 사설과 달리<br>가곡창 사설-종장 말구가 생략되지 않음. |
| 67 | 기럭기 훨훨 다 나러가고 임의 소식 뉘 젼하리<br>수심은 쳡쳡함듸 잠니 와야 ᄭᅮᆷ니나 ᄭᅮ지<br>지금의 잠좃쳐 가져간니 ᄉᆡᆼ각 무삼 | 9개의 버전 중 2번째 |
| 68 | 공명니 갈건야복으로 남병산 상상봉의 올나<br>칠셩단 뭇고 동남풍 빈 연후의 단ᄒᆞ로 나려간니<br>희상의 일엽소션 타고 안져 가라리난 장ᄉᆞ난 조운인가 | 3개의 버전 중 1번째<br>『악나』 각조음과 같은 버전 |
| 69 | 장판교상의 고리눈 부릅쓰고 ᄉᆞ모창 들너메고 셧넌<br>져 장ᄉᆞ야 네 승명니 무엇시야<br>나넌 한종실 유황숙의 셋ᄌᆡ 아오<br>거긔장군 연인 장익덕이을 네 모로난야<br>아마도 삼국명장은 익덕인가 | 나손본 『가사』부터 수록<br>『율보』, 『시평』에 수록, 특히 같은 계열 가집인 한글박물관본 『율보』 〈부조〉 항목에 수록. |

나손본 『가사』 〈부조〉 항목에는 8수62~69의 작품이 수록되어 있는데 『고시조대전』을 통해 타 가집과 사설 변화 양상을 살펴보면 8수 중 7수가 2개 이상의 파생 버전을 가지고 있다.[6] 〈부조〉와 비슷한 것으로 『홍비부』와 나손본 『악부』의 '각조음'이 있다. 모두 유동적 악곡의 모습을 가지고 있다. 『홍비부』의 '각조음'이 우조나 계면조에 대한 유동성을 편찬자가 의식했다

6 김태웅, 「나손본 『가사』의 성격과 시가사적 의미」, 2023, 19면.

면 나손본 『악부』의 '각조음'은 편찬자가 노래의 방식을 의식한 것으로 판단한다.[7] 그렇다면 나손본 『가사』의 〈부조〉는 어떻게 봐야하는가? 이 항목이 유동적 악곡임은 분명하다. 가곡이 끝나고 시조가 시작되는 부분에 시조창 사설을 하고 있는 작품을 수록하고 있는 것 자체가 시조와는 다른 의미를 가지고 있다고 할 수 있다. 위에서 제시한 작품에 대해 전승경로를 통해 나손본 『가사』의 정확한 의미를 탐색해보고자 한다.

나손본 『가사』 62번 작품

주렴의 달 빗쳣다 먼 듸셔 나넌 옥져 소ᄅᆡ 들니넌구나

벗임네더리 **피레 져와 장구** 가지고 달 ᄯᅳ거던 오마던니

동자야 달빗 살펴라 함아 올가

『남훈태평가』 191번 작품

쥬렴에 달 비취엿다 멀니셔 난다 옥져 쇼ᄅᆡ 들리난고나

벗님네 오자 **ᄒᆡ금 져 피리 ᄉᆡᆼ황 양금 죽장고 거문고** 가지고 달 ᄯᅳ거든 오마드니

동자야 달빗만 살피여라 ᄒᆞ마 올 ᄯᆡ

고대본 『시조』 54번 작품

珠簾에 달 비쳐싸 멀니셔 나는 옥져 소ᄅᆡ 들니는고나

**五絃琴 가진** 버시 달 ᄯᅳ거든 오마든니

---

7 배대웅, 「『악부 나손본(건)』의 가집사적 위상-'각조음' 항목 수록 작품을 바탕으로」, 『한국시가연구』 57, 한국시가학회, 2022.

동자야 달밋만 살피여라 하마 와도

위 작품은 『고시조대전』 4392번에 수록되어 있다. 2개의 버전이 존재하는데 시조창 가집이나 가곡창과 시조창이 모두 수록된 가집에서 시조창 부분에 수록된 작품이다. 1번째 버전과 2번째 버전의 차이는 중장에 있는데 1번째 버전도 악기에 차이가 있다. 나손본 『가사』는 피리, 저笛, 장구 등 세 가지 악기만 나오고 같은 계열 가집인 연대본 『시조집』[8]은 피리, 저, 장구, 북 등 네 가지 악기만 등장하는데 『남태』, 『시여』, 『남하』, 『시조』, 『교주』는 해금, 저, 피리, 생황, 양금, 죽장고, 거문고 등 나손본 『가사』나 연대본 『시조집』에 비해 다양한 악기가 등장한다. 2번째 버전 작품은 악기가 더 줄어 오현금五絃琴 하나만 등장하는데 이것은 상징적 악기지 실제 악기를 표현한 것은 아니다. 이 작품은 『남훈태평가』 계열에서 나손본 『가사』계열, 그리고 고대본 『시조』 계열로 바뀐 것으로 보인다. 원래 버전은 악기가 많았는데 이러한 경우 궁 같은 곳에서 하는 큰 행사에서 하는 모습을 나타낸 것이라면 다른 계열은 악기가 축소된 큰 행사가 아닌 작은 행사나 평민들이 노는 모습을 그렸을 가능성이 높다. 『고시조대전』은 이 작품 유형을 두 가지로 구분했지만 『남훈태평가』계열, 나손본 『가사』 계열, 고대본 『시조』 계열 세가지로 나눠야 한다.

더욱이 이 작품은 단순히 노래가 축소되는 것을 넘어 작품 속에서 악기도 축소되는 것으로 시조창이 상황에 따라 관현악을 다 갖춰서 불리기도 하지만 지역이나 향유층에 따라 관현악을 다 갖추고 부를 수 없는 여건 속에서도 부를 수 있다는 것을 보여준다고 할 수 있다. 『남훈태평가』 계열의 관

---

8 김태웅, 앞의 글, 2003, 21~23면; 배대웅, 앞의 글, 2023, 19~21면.

점에서 보면 덜 갖춰진 모습으로 이해할 수도 있지만 없는 것이 아닌 소박함으로 이해해야 한다.

나손본 『가사』 63번 작품

져 건너 일편셕은 강ᄐᆡ공의 조ᄃᆡ로다
문왕은 어ᄃᆡ 가고 빈 ᄇᆡ 홀노 ᄆᆡ여난야
<u>셕양의 ᄶᅡᆨ 일은 갈마기난 오락가락</u>

장서각본 『청구영언』 419번 작품

져 건너 一片石이 <u>師尙父</u>의 釣臺로다
文王은 어ᄃᆡ 가시고 뷘 터만 남앗ᄂᆞ니
<u>夕陽의 물 ᄎᆞᄂᆞᆫ 져비 네나 알가 ᄒᆞ노라</u>

나손본 『악부』 326번 작품 음가 각조음

져 건너 일편셕은 <u>강ᄐᆡ공</u>에 죠ᄃᆡ로다
문왕은 간 곳 업고 ᄃᆡ만 홀노 남나 잇구나
<u>셕양의 물 ᄎᆞᆫ 제비 오락가락</u>

『무명시조집가본』 38번 작품

져 건너 一片石은 姜太公의 釣台로다
文王은 간 ᄃᆡ 업고 뷘 ᄇᆡ 홀로 ᄆᆡ여는니
<u>夕陽에 ᄶᅩᆨ 일은 갈막이 오락가락</u>

『해아수』 227번 작품

뎌 것너 一片石이 姜太公의 釣臺로다

文王은 어듸 가고 뷘 臺 만 나맛ᄂᆞ니

千古에 잇 쓧 알 니는 대수핀가 ᄒᆞ노라

위 작품은『고시조대전』4237번에 수록되어 있다. 3개의 버전이 존재하는데 1번째 버전은 가곡창과 시조창 가집에 수록되어 있고 2번째 버전은 시조창 가집에만 수록되어 있다. 3번째 버전은『해아수』에만 수록되어 있다. 이 작품은 초장과 중장은 비슷한데 종장에서 차이를 나타낸다. 1번째 버전은 1번째 버전과 2번째 버전은 감정이입의 대상으로 제비가 등장하는데 1번째 버전 제비는 중장의 문왕이 어디 갔는지 제비 너도 모른다고 하는데 반해 2번째 버전은 단순히 그냥 제비가 아닌 짝을 잃은 결핍의 대상으로서 감정이입의 대상으로 설정함으로써 좀 더 감정의 표출을 극대화하고 있다는 점에서 시조창이 가곡창보다 좀 더 통속화되었다는 것을 보여준다고 할 수 있다.

여기서 주목할 점은 1번째 버전이 나손본『악부』'각조음'에 수록되어 있고, 2번째 버전이 나손본『가사』'부조'에 수록되어 있다는 것이다. '각조음'과 〈부조〉 모두 유동적 악곡인데 배대웅은 나손본『악부』의 '각조음'은 가곡창으로 부를지, 시조창으로 부를지 애매한 경우 수록한 즉 창의 방식, 노래의 방식을 의미한다고 진단한 바 있다.[9] 사설이 다르다는 것은 '각조음'과 〈부조〉가 별로 관계가 없음을 보여준다고 할 수 있다.

9 배대웅, 앞의 글, 2022.

**나손본 『가사』 64번 작품**

달 쓰자 ᄇᆡ 써난니 이제 가면 언졔 올가

만경창픅 깁픈 물의 나넌 다시 단여옴셰

밤즁만 지곡종 닷 감넌 소ᄅᆡ아 경셩을

**박상수본 『시가』 503번 작품**

닷 드쟈 ᄇᆡ 써나니 이ᄌᆡ 가면 언ᄌᆡ 올고

萬頃蒼波에 가ᄂᆞᆫ ᄃᆞᆺ 도라옴ᄉᆡ

밤中만 닷 드ᄂᆞᆫ 쇼ᄅᆡ에 ᄋᆡ긋ᄂᆞᆫㄴ ᄃᆞᆺᄒᆞ여라

**『병와가곡집』 644번 작품**

ᄃᆞᆯ 쓰쟈 ᄇᆡ 써나니 인제 가면 언제 오리

萬頃蒼波에 가ᄂᆞᆫ ᄃᆞᆺ 도라옴ᄉᆡ

밤中만 至菊悤 소ᄅᆡ에 ᄋᆡ긋ᄂᆞᆫᄃᆞᆺ ᄒᆞ여라

**나손본 『악부』 345번 작품**

달 쓰ᄌᆞ ᄇᆡ 써난이 인졔 가면 언졔 오리

만경ᄎᆞᆼ파지수의 나난 드시 도라옴셰

밤중만 지국총 닷 감난 소ᄅᆡ ᄌᆞᆷ 못 일워 ᄒᆞ노라

**『영언총록』 34번 작품**

달 쓰자 ᄇᆡ 써나니 이졔 가며 언졔 오리

萬頃蒼波의 가ᄂᆞᆫ 드시 도라옴ᄉᆡ

밤즁만 치어의야 닷 뎐ᄂᆞᆫ 소ᄅᆡ 잇거든 닌 쥴 아쇼

위 작품은 『고시조대전』 1274번에 수록되어 있다. 4개의 버전이 존재하는데 1번째 버전은 가곡창 가집에만 수록되고, 2번째 버전도 대부분 가곡창 가집에 수록되어 있다. 3번째, 4번째 버전의 경우 가곡창 가집에서 시작됐지만 대부분 시조창 가집에 수록되어 있다. 버전이 4개나 된다는 것은 이 작품이 인기가 많았다는 것을 뜻하고 1~3번째 버전의 경우 고요한 밤에 닻 감는 소리만 들려 내 마음을 더 애끓게 하거나 그러한 마음으로 인해 잠을 자지 못하는 마음을 노래하고 있어 애상감을 드러낸다고 할 수 있다. 하지만 4번째 버전의 경우 임을 기다리며 잠못 드는 게 아니라 그 임이 실제로 돌아와 난 줄 알아라라고 좀 더 적극적이고 실제적인 모습을 보여주고 있다. 그런데 나손본 『가사』의 경우 '밤즁만 지곡종 닷 감넌 소ᄅᆡ아 경셩을'로 종장이 끝나 닻 감는 소리 나면 '아름다운 경치를 보러가자'거나 '아름다운 경치를 떠올려라'든가 다른 작품과는 다른 미감을 가지고 있다. 〈부조〉라는 유동적 악곡에 사설 또한 아직 확정되지 않은 특이한 모습을 보인다고 할 수 있다. 부르는 사람에 따라 가사를 달리하는 유동적인 모습을 잘 나타내는 작품이라고 할 수 있다. 시조창 사설이 단순히 가곡창의 종장 말구를 생략하는 것이 아니라 부르는 창자에 따라 열려 있다는 것을 단적으로 보여주는 작품이다.

나손본 『가사』의 64번 작품은 63번 작품과 마찬가지로 나손본 『악부』 '각조음'에 수록되어 있는 작품인데 버전이 다르다. 이것은 같은 유동적 악곡도 향유층이나 지역에 따라 다른 형태로 나타남을 보여준다고 할 수 있다.

나손본 『가사』 65번 작품

니러니 져러니 ᄒᆞ여도 날드를낭 말을 마소

인싱 죽엄 무덤 우의 논을 푸려 밧츨 갈지

주부도유령분상토라 안니 노던

『청진』 438번 작품

ᄀᆞ르지나 셰지낫 즁에 주근 後ㅅ면 내 아ᄃᆞ냐

나 주근 무덤 우희 맛칠 가나 논을 ᄆᆡ나

酒不到劉伶墳上土 ㅣ니 아니 놀고 어이리

『근화악부』 377번 작품

ᄀᆞᄅᆞ지나 셰여지나 즁의 나 주근 後의 내 아더냐

나 주근 무덤 우희 논을 갈고 밧츨 갈고 나 주근 後의 내 아더냐

아희야 잔 ᄀᆞ득 브어라 살아신 제 놀리라

나손본 『악부』 254번 작품

일언니 져련니 ᄒᆞ고 날다려난 말을 마오

나 죽은 무덤 우의 밧틀 갈지 논을 풀지

酒不到劉伶墳上土이 아니 놀고 어니ᄒᆞ리

국립민속박물관본 『남훈태평가』 24번 작품

이런니 저런니 ᄒᆞ여도 날드러란 마를 마소

인싱 죽음 무듬 우의 논을 풀씨 밧철 갈씨

논 풀고 밧 갈 닌싕이 안니 놀고

위 작품은 『고시조대전』 29번에 수록되어 있다. 4개의 버전이 존재하는데 1~2번째 버전은 가곡창 가집에만, 3번째 버전은 나손본 『악부』와 『홍비부』는 가곡창, 나머지는 시조창으로만 수록되어 있고 4번째 버전은 시조창 가집인 『남훈태평가』에만 수록되어 있다. 4개 버전 다 내용상 큰 차이는 없다. 다만 나손본 『가사』의 경우 중장을 보면 다른 가집은 '나'로 나타나는데 나손본 『가사』와 『남훈태평가』의 경우에는 '인생'으로 나타나 1인칭에서 객관화되는 모습을 보인다. 문학에서 객관화는 다른 말로 바꾸면 보편화로 바꿀 수 있는데 이 현상 자체는 대중성을 확보해 가는 모습으로도 이해할 수 있다. 다만 노래의 관점에서 보면 그리 큰 문제는 아니다. 문학의 관점에서 볼 때 의미가 있다고 할 수 있다.

『고시조대전』 1082.1

노ᄌ 졀머 노ᄌ 늘거지면 못 노는이

인싕 쥭근 무던 우의 논을지 밧슬 갈지

쥬부도유령분상톤니 안이 놀여(전북대본 『해동가보』)

『고시조대전』 3762.1

일언니 절언니 하여도 날달여는 말을 말소

秦皇塚 漢武陵도 暮年秋草샌이로다

아마도 酒不到劉伶墳上土허니 안이 놀가(『금성옥진』)

특히 근접 작품이 2수 존재하는 것은 이 작품이 당대에 인기가 많았던 작품으로 풍류공간에서 사설의 변화가 자유로웠음을 보여준다.

나손본 『가사』 66번 작품

달 발고 셔리 찬 밤의 울고 가넌 기럭기야

소상 동정 어듸 두고 여관한등 잠든 날을 씌우넌야

밤중만 네 우름소릐 잠 못 일워 상각이라

『남훈태평가』 18번 작품

달 밝고 셜이 치는 밤에 울고 가는 기러기야

소상 동정 어듸 두고 녀관한등에 잠든 나를 씌우느냐

밤중만 네 우름소릐 잠 못 니러

관서본 『시조』 58번 작품

달 밝고 서리찬 밤에 울고 가는 저 기력아

소상 동정 어데 두고 여관한등 잠든 나를 쌔우느냐

기럭아 내 한 말 전하여라 임 계신 곳에

위 작품은 『고시조대전』을 확인해 보면 2개의 버전이 존재하는데 1~2번째 버전 모두 시조창 사설이다. 그런데 나손본 『가사』만 가곡창 사설을 가지고 있다. 단순히 필사자의 실수일 수 있다. 이 가집의 편찬자는 시조에 관심이 많았던 것으로 판단되고 가곡에도 관심이 많았던 것으로 보이는데 다른 가집에는 모두 시조창 사설로 나타나는데 시조창만을 수록하고 있는

〈부조〉에서 유일하게 이 작품만 가곡창을 수록하고 있는 것이 단순한 실수로 치부하기에는 의미가 있다. 나손본 『악부』도 유동적 악곡인 '각조음'에 가곡과 시조 모두 수록되어 있다. '각조음'에 총 24수의 시조창 작품이 수록되어 있고 신출 작품이 11수나 된다. 그런데 나손본 『가사』의 경우 8수의 작품이 수록되어 있고 8수 중 7수가 시조창이고 1수만 가곡창인데 한 작품도 신출작 없이 당대에 유행하던 곡으로 판단된다. 이러한 점을 생각해 보면 시조창 사설 4수 그 다음에 가곡창 1수, 이후 3수의 시조창 사설은 가곡창을 통해 시조창에 대한 환기 정도로 이해할 수도 있다.

**박씨본 『해동가요』 476번 작품**

길어기 외길어기 洞庭 瀟湘 어ᄃᆡ 두고
旅館寒燈의 ᄌᆞᆷ든 날을 ᄭᆡ우ᄂᆞᆫ다
千里의 님 離別ᄒᆞ고 ᄌᆞᆷ 못 드러 ᄒᆞ노라

**『해아수』 271번 작품**

새벽 ᄃᆞᆯ 블근 밤에 울고 가ᄂᆞᆫ 뎌 지러가
洞庭瀟湘 어ᄃᆡ 두고 旅館殘燈에 愁眠을 ᄭᆡ오ᄂᆞᆫ다
짝 일코 ᄉᆞᆯ아져 우ᄂᆞᆫ 情懷야 네오 내오 ᄃᆞ르랴

**『남훈태평가』 12번 작품**

사벽 셔리 찬바람에 울구 가는 기럭이야
쇼상으로 향ᄒᆞ는냐 동정호로 향ᄒᆞ느냐
밤중만 네 우름소ᄅᆡ 잠 못 니러

또한 세 개의 근접 작품을 가지고 있고 이유원의 『가오고략嘉梧藁略』〈소악부〉에 서강월이라는 제목으로 한역시가 수록되어 있다. 소악부가 민간에 유행하던 작품을 한역시[10]로 수록한 것을 생각해 보면 이 작품이 당대에 어느 정도 인기가 있었는지를 짐작하게 한다.

나손본 『가사』 67번 작품

기럭기 훨훨 다 나러가고 임의 소식 뉘 젼하리

수심은 쳡쳡함듸 잠니 와야 숣니나 ᄉᆞ지

지금의 잠좃쳐 가져간니 ᄉᆡᆼ각 무삼

위 작품은 『고시조대전』을 확인해 보면 9개의 버전[11]이 존재하는데 이것은 이 작품은 당대에 엄청난 인기가 있었던 작품이었고 연행공간에서 유동적으로 쉽게 바꿔 부를 수 있는 노래로 추정할 수 있다.

① 출하로 져 ᄃᆞᆯ이 되야셔 빗최여나 볼이라

② 잠좃ᄎᆞ 가져간 님을 ᄉᆡᆼ각ᄒᆞ야 무ᄉᆞᆷ ᄒᆞ리

③ 千里에 님 李髗ᄒᆞ고 ᄌᆞᆷ 못 일워 ᄒᆞ노라

④ 잠조차 야속히 안이 오니 그을 스러

⑤ 찰ᄒᆞ리 안즌 곳의셔 김 밤 ᄉᆡᆯ가

⑥ 엇지타 千里遠客이 歸不歸를

⑦ 기러가 ᄂᆡ ᄒᆞᆫ 말 드러다가 님 계신 ᄃᆡ

10 此夜月明落玉霜 洞庭何處隔瀟湘 寒燈旅館忽驚起 隻雁聲哀憶故鄕

11 『고시조대전』 573번 작품

⑧ 千里에 님 離別ᄒᆞ고 즘 못 일워 ᄒᆞ노라

⑨ 우리도 만리장공의 ᄯᅮ렷시 ᄡᅥᆺ는 저 달이나 되얏스면 임의 겻헤 빗처나

①은 『해일』, 『병가』, 『악서』, 『청영』, 『청연』, 『시김』, 『시경』, 『청육』, 『악나』, 『지음』, 『원국』, 『원육』, 『원불』, 『원연』, 『원하』, 『원황』, 『해악』, 『화악』, 『협률』, 『원규』, 『원가』, 『원일』, 『원김』, 『원박』, 『성악』, 『성악』, 『대동』, 『가선』, 『해영』, 『악고』, 『정가』, 『잡고』, 『잡무』, 『잡선』, 『잡대』, 『교주』, 『원증』, 『잡쌍』[12] 등에 수록되어 있는데 모두 가곡창 사설로 수록되어 있다. 여기서 주목해야 할 것은 『성악원조가곡』에 중복수록 되어 있다는 점이다.

79번, 롱

기러기 훨훨 다 날아가니 님의 消息 뉘 傳ᄒᆞ리

愁心은 疊疊ᄒᆞᆫ듸 잠이 와야셔 ᄭᅮᆷ인들 아니 ᄭᅮ랴

차라리 져 달이 되야 님 계신 데 빗취여나 볼가 ᄒᆞ노라

85번, 계락

기러기 훨훨 다 나라니 님의 消息 뉘 傳ᄒᆞ리

愁心은 疊疊ᄒᆞᆫ데 잠이 와야 ᄭᅮᆷ인들 아니 ᄭᅮ랴

차라리 져 달이 되아 님 계신 창에 빗추어 볼가 ᄒᆞ노라

같은 가집에 악곡에 따라 동일한 작품이 수록되는 것은 이 노래가 당대에 연행 공간에서 많이 불렸다는 것을 의미한다. 또한 약간의 사설 변이는

12 가집의 약칭은 고시조대전을 따른다.

악곡에 따라 노래 부르기에 더 적합한 모습으로 변한 것을 뜻하며 이렇게 변동이 쉬울 수 있는 것 자체가 이 노래가 가지고 있는 유동성을 보여준다고 할 수 있다.

2번째 버전은 『가보』, 『영규』, 『시경』, 『시권』, 『근악』, 『가나』, 『조연』 등에 수록되어 있는데 나손본 『가사』와 연대본 『시조집』은 시조창 사설이고 나머지는 가곡창 사설이다.

> 잠좃ᄎᆞ 가져간 님을 ᄉᆡᆼ각ᄒᆞ야 무ᄉᆞᆷ ᄒᆞ리
> 지금의 잠좃쳐 가져간니 ᄉᆡᆼ각 무삼

그런데 가곡창 사설과 시조창 사설의 종장은 종장 말구의 생략 유무도 차이가 있지만 일반적으로 시조에서 가장 중요하게 여기는 종장 첫 3음절에도 차이가 있다. 시조창 사설은 좀 더 상황을 구체화해서 '지금의'라는 표현을 통해 시간을 구체적으로 표현하고 있다.

3번째 버전은 나손본 『악부』와 『홍비부』, 8번째 버전은 『헤이수』에 수록되어 있는데 가곡창 사설이고 4~7, 9번째 버전은 시조창 사설로 수록되어 있다. 이렇듯 버전이 9개나 된다는 것은 이 작품이 가지고 있는 유동성 및 유행했을 가능성을 시사한다. 연행 공간에서 쉽게 바꿔 부를 수 있었고 그 자체로 유행의 흔적을 보여주는 것이다.

하씨본 『시조』의 3번째 작품은 '秋夜長 밤도 길다 남도 이리 밤이 긴가 / 愁心이 첩첩ᄒᆞ야 잠을 자야 ᄭᅮᆷ을 ᄭᅮ지 / 구ᄐᆡ여 잠한지 가져간 임을 ᄉᆡᆼ각 무삼'이다. 초장을 제외하고 중장과 종장은 나손본 『가사』와 유사하다. 이것은 결국 이러한 사설이 당대에 유행했음을 보여주고 초·중·종장을 바꿔

가며 불러도 전혀 문제가 없는 유동성을 가지고 있었음을 보여준다.

나손본 『가사』 68번 작품

공명니 갈건야복으로 남병산 상상봉의 을나
칠셩단 뭇고 동남풍 빈 연후의 단ᄒᆞ로 나려간니
ᄒᆡ상의 일엽소션 타고 안져 가라리난 장ᄉᆞ난 조운인가

나손본 『악부』 324번 작품, '각조음'

공ᄆᆡᆼ이 갈건야복으로 남병ᄉᆞᆫᄒᆞ의 칠셩단 모고
동남풍 빈 연후의 단ᄒᆞ로 나러가니
ᄒᆡ중의 일엽소션 타고 날 기달일손 져 ᄌᆞ룡이라

공명이 갈건야복으로 남병산 상봉에 늘나
칠셩단 모고 동남풍 비 년후에 단하로 ᄂᆡ려가니
ᄒᆡ즁에 일엽소션 타고 안져 기다리ᄂᆞᆫ 장사는 됴자룡인가

위 작품은 『고시조대전』 336번에 수록되어 있다. 3개의 버전이 존재하는데 2~3번째 버전[13]은 사설시조로 1번째 버전의 평시조가 확장된 것으로

13 孔明이 葛巾野服으로 壇 무어 五方旗幟을 쫍고 東南風 다한 后 壇下을 굽어보니 江上의 써난 배난 趙子龍이 分明허다 / 孔明이 子龍을 재촉허여 夏口로 向船할 제 東南風 더 大作할 제 구진비는 쑥쑥쑥 西城 正鳳 明劍을 들고 저기 가는 저 배 孔明先生 와서거든 잠관만 머물너 주오 / 孔明이 微笑하고 西城아 말 듯거라 東南風 빌린 恩惠 무어시 不足하여 나을 害할여 하느야(『금성』 161) 공명이 갈건야복으로 남병산 상상봉에 올나 / 칠셩단 도두 뭇고 하ᄂᆞ님젼의 비ᄂᆞ이다 동남풍 빌어낸 지 삼일만에 청긔 황긔ᄂᆞᆫ 셔복으로 펄펄 날아셔 셔셩 뎡봉의 니마 눈썹을 근질너 내니 뎡봉이 필마단긔로 남병산 샹샹봉에 올나셔셔보니 다만 잇ᄂᆞᆫ 거슨 동ᄌᆞ쌘이라 야야 동ᄌᆞ야 너희 션ᄉᆡᆼ이 계신가 보아라 그 동ᄌᆞ ᄃᆡ답ᄒᆞ되 우리 션ᄉᆡᆼ님은 앗가 단하로 ᄂᆡ려갓ᄉᆞ오니 쇼동은 아지 못ᄒᆞᄂᆞ이다 뎡봉이 분긔를 ᄎᆞᆷ지 못ᄒᆞ여 필마단창으로 남병산 ᄂᆡ려 강변을 당도ᄒᆞ니 다만 잇ᄂᆞᆫ

파악해 같은 군에 분류한 것으로 파악되지만 과연 같은 군집으로 묶는 게 타당한지는 회의적이다. 초장은 같으나 시조는 결국 종장에 주제가 나타나는데 종장이 전혀 다른 미감을 가지고 있기 때문이다.

그렇다면 1번째 버전만 살펴보면 되는데 나손본 『악부』는 초장과 중장이 다른 가집과 다르게 나타난다. 부르는 방식이 다르게 나타나는 것으로 판단되는데 다른 가집이 종장이 '상상의 올라'로 끝나는데 반해 나손본 『악부』는 다른 가집의 중장 시작인 '칠성단 모고'로 끝난다. '각조음'이라는 유동적 악곡에 수록되어 있는데 다른 가집과는 끊는 방식이 다르다는 것은 그 자체로 유동적 악곡임을 보여주는 것이고 이와 마찬가지로 나손본 『가사』에 수록된 작품 역시 이렇기에 〈부조〉라는 유동적 악곡에 수록한 것으로 판단된다. 이후 시조창 가집에만 수록된 것으로 볼 때 더 이상 유동적인 모습이 아닌 정착된 모습으로 전승된 것이다.

나손본 『가사』 69번 작품

장판교상의 고리눈 부릅ᄯᅳ고 ᄉᆞ무창 들너메고 셧넌 져 장ᄉᆞ아 네 ᄉᆞᆼ명니 무엇시야

나넌 한종실 유황숙의 셋ᄌᆡ 아오 거긔장군 연인 장익덕이을 네 모로난야

아마도 삼국명장은 익덕인가

---

군ᄉᆞᄂᆞᆫ 슈군 장졸쌘이로다 이야 슈군 장졸아 이ᄌᆡ 공명이 일노 ᄂᆡ려왓스니 네가 간곳을 ᄌᆞ세히 ᄃᆡ지 아니ᄒᆞ면 내 ᄒᆞᆫ 창에 잔명을 보젼치 못ᄒᆞᆯ 터이니 네 ᄲᆞᆯ니 ᄃᆡ여라 그 군ᄉᆞ ᄒᆞᄂᆞᆫ 말이 이ᄌᆡ 공명션ᄉᆡᆼ이 발 싯고 산발ᄒᆞ여 일엽쇼션 타고 강샹으로 둥둥 ᄯᅥ나갓ᄂᆞ이다 셔셔셩은 륙디로 ᄯᆞ르며 뎡봉은 ᄇᆡ를 타고 ᄯᆞ를 즈음에 압헤 가ᄂᆞᆫ 져긔 져 ᄇᆡ야 그 ᄇᆡ에 공명이 톳거든 거긔 잠간 닷 노와라 ᄌᆞ룡이 내다보니 좃ᄎᆞ오ᄂᆞᆫ 장슈ᄂᆞᆫ 뎡봉이라 ᄌᆞ룡이 털궁에 왜전을 먹여 좌궁을 쏘ᄌᆞ ᄒᆞ니 우궁으로 졋고 우궁을 쏘ᄌᆞ ᄒᆞ니 좌궁으로 져즐가 즘 압ᄒᆞᆯ 놀가 즘 뒤를 놀가 망설이다가 싹지손을 진 듯 발마 노으니 비거공즁에 번개ᄀᆞᆺ치 가ᄂᆞᆫ 살이 뎡봉 탄 ᄇᆡ 돗ᄃᆡ 즁동을 와ᄌᆞ직근 맛쳐 부러치니 / ᄇᆡᆺ머리 빙빙 돌아갈 제 비ᄂᆞ이다 비ᄂᆞ이다 공명과 ᄌᆞ룡은 텬위 탄 쟝슈요 셔셩과 뎡봉은 다만 제 분긔쌘이로다(고대본 『악부』 886)

**『율보』 134번 작품**

張板橋으 고리눈 불읍쓰고 샤모창 들어미고 웃뚝 선넌 져 壯士야 너니 姓名이 무엇시야

져 壯士 딕답ᄒᆞ되 漢宗室 劉皇叔의 셰지 아우 車騎將軍 燕人 張익德을 아너냐 네 몰으너야

아마도 漢國의 猛將 張익德이냐

**평주본 『시조』 170**

장판교상의 고리눈 부릅뜨고 장팔사모 창 들너메고 웃둑 섯는 저 장사야 네 성명이 무엇이냐

그 장사 대답허되 나의 성명은 한종실 유호아숙의 셋재 아오 거긔장군 연인 장익덕을 네 아느냐 모르느냐

아마도 한국명장은 익덕인가

위 시조는 나손본 가사에 처음 등장하는 작품으로 율보와 시조 등 시조창 가집에만 등장하는데 전승 자체가 많이 되지 않아 보인다. 여기서 주목한 점은 나손본 가사의 편찬자는 '부조'에서조차 전통적인 가집 편찬의 방식을 따르고 있다는 것이다. 평시조를 수록하고 뒤에는 사설시조를 수록하고 있는 것인데, 이것은 편찬자가 음악적으로 어느 정도는 미감을 가지고 있음을 뜻하며 〈부조〉라는 항목을 넣을 때 분명한 의식을 가지고 편찬했음을 보여준다.

『해동가보』 117

저 건너 팔문금사진 안의 말 노코 창 스는 져 장슈 셩명이 뉘라 ᄒᆞ노

거믄 기 복판의 황금 ᄃᆡ자로 둥둘여시 ᄡᅥᆨ여스되 한종실 유환슉의 부장 장익덕이라 ᄒᆞ여덧라

아마도 삼국명ᄌᆞᆼ은 장익덕인가

또한 『해동가보』에 비슷한 작품이 수록되어 있다는 점은 시조 사설이 당대에 어느 정도는 유통되고 전승이 되었는데 후대로 전승이 되지 않은 정착되지 않고 유동적 악곡으로 끝났음을 보여준다.

## 2. 한글박물관본 『율보』의 '부조浮調'의 전승 및 의의

나손본 『가사』와 한글박물관본 『율보』는 같은 계열의 가집이다.[14] 권순회는 "1~17면에는 금보, 18~19면에는 가곡 장단도, 19~34면에 는 남녀창 가곡 한바탕, 35~39면에는 가사, 40~44면에는 **시조 9수**와 남창男唱 부조浮調 **8수**, 숙종대왕 작품 1수, 경종대왕 작품 2수, 삭대엽 거문고 구음보口音譜를 수록하였다"라고 논하였다.[15]

그런데 시조 9수와 남창 부조 8수 부분은 좀 더 살펴봐야 한다. 다음 페이지의 사진을 보면 '시조'라는 항목 아래에 시조창 8수가 수록되어 있고, 그 다음 '남창 우조' 항목 아래 작품이 수록되어 있는데 2~4번째 작품까지

14 권순회, 「국립한글박물관 소장 『율보』의 특성과 계보」, 『고전과 해석』 29, 고전문학한문학연구학회, 2019.

15 권순회, 앞의 글, 2019, 180면.

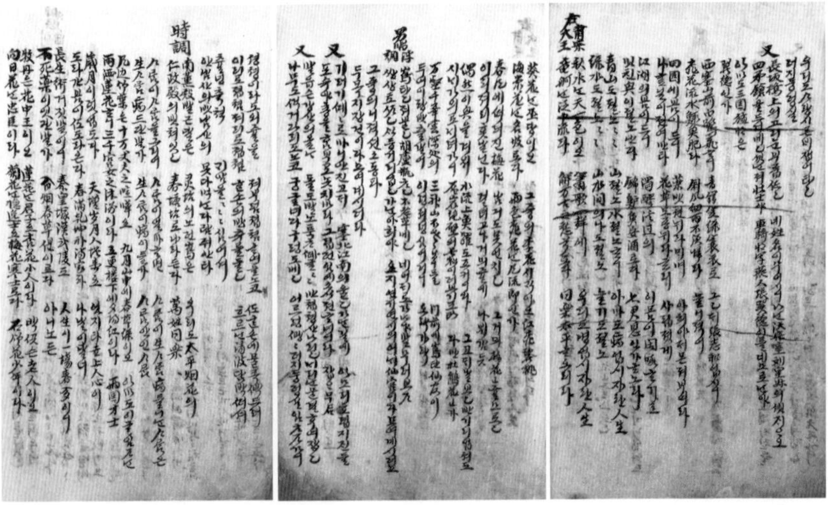

는 한자 '又'자가 기록되어 있다. 4번째 작품 이후 숙종대왕 작품이 나오기까지 시조창 4수가 더 나오는데 그 위에는 '又'가 없다. 이를 볼 때 한글박물관본 『율보』의 경우 '남창 우조' 4수, '시조' 13수가 수록되어 있다.

한글박물관본 『율보』의 편찬자는 시조 9수를 수록한 후 남창 부조 4수, 그 다음에 앞에서 수록하지 못한 시조 4수를 수록한 것이다. 따라서 이 장은 남창 부조 4수를 대상으로 전승과 의의를 살펴보고자 한다.

①남창 부조 2번째 작품

鶴타고 져 불고 胡盧甁 ᄎᆞ고 쌍상토 ᄡᅳ고 ᄉᆡᆨ등거거리 입고 가ᄂᆞᆫ 아희야

네 어ᄃᆡ로 가ᄂᆞ냐 말무러보ᄌᆞ 요지연 기연시의 어ᄂᆡ 仙官이라 모여계시러뇨

그즁의 니젹션 소동파 두목지 장건이라 모여계시더라

②나손본 『악부』 '각조음' 333번 작품

학 타고 졔 불고 ᄉᆡᆨ등걸 입고 호로병 ᄎᆞ고

불노처 메고 가는 아ᄒᆡ야 게 셕거라 말 무러보ᄌᆞ 요지연 션관드리 누구누구 모

여 게시던고

그곳듸 니젹션 여동빈 소동파 두목지 장경이 다 모여 게시오

③『정선조선가곡』 365번 작품

학 타고 뎌 불고 호로명 차고 불로초 메고

쌍쌍투 싸고 쇡등거리 닙고 나는 아희 게 좀 셧거라 말 무러보자 요진 진연시에 누구누구 모여 계시더냐

그곳에 영양공주 뎡경핏 란양공주 리쇼화 진치봉 가춘운 하븍에 젹경홍 계섬월 심효연 빅릉파가 다 모여 계시더라

이 작품은 중국 역사의 위인들을 신격화 하는데 학을 타고 피리를 불며 불로초를 메고 가는 동자를 묘사하면서 신비한 분위기를 나타내는 시조다. 요지연瑤池宴은 주나라 목왕穆王이 서왕모西王母의 생일에 벌인 잔치를 뜻하는데 이 작품에서는 술자리를 뜻한다.

『고시조대전』을 통해 확인해보면 ①과 ②는 같은 형태의 작품5271.1이고 ③은 다른 형태5271.2다. 두 형태 모두 초장과 중장은 같은데 종장에서 다른 모습이다. 첫 번째 형태는 종장에서 이적선, 소동파, 두목지, 장건 등 중국 역사 위인들이 등장하는 것과 달리 두 번째 형태는 영양공주 정경패, 난양공주 이소화, 진채봉, 가춘운, 정경홍, 계섬월, 심요연, 백릉파 등 소설 「구운몽」의 팔선녀가 등장하는데 결국 인물만 바뀌고 내용은 비슷하다.

그런데 여기서 주목할 점은 한글박물관본 『율보』의 경우 다른 가집과는 초장과 중장의 끊어 부르기가 다르다. '쌍상토 쯧고 쇡등거거리 입고 가는 아희야' 이 부분이 중장에 있는 것과는 달리 한글박물관본 『율보』는 초장

에 있다. 이것은 이 가집의 향유층이 다른 가집의 향유층과는 결을 달리한다고 할 수 있다. 〈부조〉가 유동적 악곡임을 생각하면 이러한 현상은 특이한 모습이 아니다. 더욱이 두 가지 형태에서 기존의 형태를 따르는 한글박물관본 『율보』는 사설의 변화보다는 노래 부르는 형식인 초장과 중장을 다른 가집과는 다르게 하는 것을 통해 유동적 악곡으로서의 〈부조〉를 염두에 둔 것으로 보인다.

남창 부조 2번째 작품

기러기 ᄣᅦᄣᅦ로 마니 안진고ᄃᆡ 포슈야 총을 ᄒᆞᆷ부로 놋치마라

塞北江南의 울고가는 길에 그립던 임에 소식 견ᄒᆞ너니라

아모리 호졉지진들 잡ᄋᆞ무슴

『남훈태평가』 27번 작품

기러기 ᄣᅦ ᄣᅦ 만니 안진 곳에 포슈야 총를 함부로 노치마라

ᄉᆡ북 강남 오구 가는 길에 임의 소식를 뉘 젼ᄒᆞ리

우리도 그런 쥴 알기로 아니 노씀네

『율보』 13번 작품

기력이 ᄣᅦ 만니 안진 곳에 砲手야 銃을 놋털 마라

塞北 江南 임 계신 ᄃᆡ 편지 傳턴 기력이라

우리도 글언 즁 아ᄋᆞᆸ기기로 안니 놋쇼

이 작품은 기러기를 그리운 임의 소식을 전하는 전령으로 여겨, 총을 쏘

지 말라고 부탁하는 작품으로 님의 소식을 그리는 애절한 마음을 노래하고 있다. 『고시조대전』 560번에 수록되어 있다. 두 가지 형태의 시조가 있는데 1번째, 2번째 버전 모두 종장이 '우리도'로 시작하는데 반해 한글박물관본 『율보』는 '아모리'로 시작한다. 1, 2번째 버전 모두 약간의 차이만 있을 뿐 주제나 미감의 차이가 거의 없다. 그에 반해 한글박물관본 『율보』는 중장에서 단순한 임이 아닌 그립던이라는 구체적 상황을 나타내며, 종장에서는 아무리 나비라도 잡아서 무엇하겠냐고 포수를 꾸짖고 있다. 〈부조〉는 유동적 악곡으로 기존에 있는 작품과는 다른 형태를 나타낸다. 첫 번째 작품이 초, 중장이 다른 가집과는 다른 형태를 띠는 것으로 유동적 악곡의 모습을 보여줬다면 이 작품은 종장의 변화를 통해 유동적 악곡의 모습을 나타낸다고 할 수 있다.

남창 부조 3번째 작품

<u>말읍슨</u> 강산의 올ᄂᆞ 나무도 썩거 다리도 노코

돌도 발로 툭ᄎᆞ 쎄굴쎄굴 궁 굴녀 다구렁 도메메 만첩청산 나릴 ᄂᆡ리ᄂᆞ 물결 후여 잡고 어르렁 쐉쐉 <u>더지둥렁실</u> 임ᄎᆞ자가니

<u>우리도 ᄉᆞ랑 시른 ᄇᆡ 잡어 타고 더지둥렁실</u>

『남훈태평가』 80번 작품

<u>물 업슨</u> 강산에 올ᄂᆞ ᄂᆞ무도 썩거 다리도 노코 돌두 발노 툭 차 데글데글 궁굴녀라

슈렁도 메고 만첩청산 ᄂᆡ리구 나린 물결 훠여 자바 타고 에릉렝 쏼쏼 더지둥 덩실 임 차자 가니

석양에 물 촌 제비난 오락가락

이 작품은 『남훈태평가』의 자장 아래서 편찬된 시조창 가집『교주』 제외에 수록된 시조이다. 우리 말의 의태어 활용이 매우 뛰어난 작품이다. 한글박물관본 『율보』는 다른 가집이 '물 없는'으로 초장이 시작되는 것과는 달리 '말 없는'으로 초장이 시작되는데 중장까지 다른 가집과 사설이 거의 유사한 것으로 볼 때 연행공간에서 부르는 발음의 차이에서 연유한 것으로 파악된다. 그것보다 종장을 통해 두 가지 형태가 다른 작품으로 이해할 수 있다. 『남태』 버전은 '석양에 물찬 제비는 오락가락'이라고 나오는 것과 달리 한글박물관본 『율보』는 '우리도 사랑 싫은 배 잡아 타고 더지둥렁실'이라고 불렀는데 이 경우는 중장의 '더지둥렁실'을 반복하면서 음악적 요소를 배가시키고 있다. 기존의 사설을 따르면서 종장에서 변이를 통해 유동적 악곡으로서 〈부조〉를 나타내고 있으며 1번째 작품처럼 초장과 중장이 다른 가집과 다른 형태를 띠고, 두 번째 작품처럼 종장의 변화를 줌으로써 1, 2작품의 유동적 악곡의 특성을 모두 갖춘 형태를 가지고 있다.

**남창 부조 4번째 작품**

長坂橋上의 고리눈 부릅쓰고 四矛槍을 드러메고 셧는 져 壯士야

네 姓名이 무어시니 나는 漢宗室 劉皇淑의 셋지ᄋᆞ오 車騎將軍 燕人 張翼德이를 네 모로는야

아마도 三國猛將은 翼德인가

**나손본 『가사』 69번 작품 〈부조〉**

장판교상의 고리눈 부릅ᄯᅳ고 ᄉᆞ모창 들너메고 셧넌 져 장ᄉᆞ야 네 승명니 무엇시야

나넌 한종실 유황숙의 셋ᄌᆡ 아오 거긔장군 연인 장익덕이을 네 모로난야

아마도 삼국명장은 익덕인가

이 작품은 중앙이 아닌 지방에서 편찬된 시조창 가집에만 수록된 작품으로 조선 후기 유행했던 『삼국지』의 '장비'를 소재로 창작된 노래로 한글박물관본 『율보』와 같은 계열 가집인 나손본 『가사』에도 〈부조〉 항목에 있는 시조다. 〈부조〉라는 항목에 공통적으로 수록되어 있고 내용도 유사하다. 다만 초, 중장의 형태가 다른 가집과 다르게 나타남을 알 수 있다.

결국 한글박물관본 『율보』의 편찬자는 〈부조〉를 '시조'와 '시조' 사이에 넣으면서 기존의 '시조'와는 다른 형태를 띠게 하는데 첫째, 초, 중장을 기존에 부르던 방식과는 다르게 부르는 것이며 둘째, 종장의 형태를 기존 시조와 다르게 바꾸는 것임을 알 수 있다. 이것은 결국 새로운 시도를 하는 것으로 아직 정착되지 않은 유동적 악곡으로서 〈부조〉를 이해했음을 보여준다고 할 수 있다.

## 3. '부조유동적 악곡'의 의의

가집은 문학 텍스트이면서 음악 텍스트다. 따라서 '노래책'이라는 관점으로도 연구를 해야 하지만 '인문학 연구'의 관점에서도 가집이 가지고 있

는 의미를 밝히는 것 또한 매우 중요하다. 따라서 이 장에서는 '유동적 악곡'의 의의에 대해서 살펴보려고 한다.

가집의 '유동성'은 양란 이후 급속하게 변해가는 조선 후기 사회상의 모습이 음악에도 반영된 결과이다. 18세기 이후 음악적 역량이 매우 뛰어난 가객들이 등장하는데 이들은 빠르게 변화되는 음악의 흐름을 정확하게 이해하고 그것을 가집을 편찬할 때 적극 수용하였다.

특히 실학자의 문집에 나타나는 실학자 풍류객, 서얼, 장악원 악사 등 모두가 풍류를 즐기는 모습을 볼 때 조선 후기 음악은 더 이상 유교적 인간상을 완성하는데 있는 것이 아닌 대중적인 음악으로 바뀌었다는 것을 알 수 있다. 실학자들은 실학의 현실반영을 위해 음악을 위한 풍류방, 악회 등을 구성하였고 이곳에서 전문가객들은 신분 차별 없이 음악인으로 인정받을 수 있었다.[16]

가곡문화는 18세기, 18세기 후반에서 19세기 초중반, 19세기 후반으로 나눠 살펴볼 수 있는데 18세기가 가객들의 능력에 따라 자유롭게 연출을 했다면 19세기 후반으로 갈수록 『가곡원류』라는 가곡의 표본을 위해 노력했음을 볼 수 있다. 하지만 모든 가객이 가곡의 표본에 동의한 것은 아니다. 저자는 '유동적 악곡'에 대해 다음과 같이 주장했다.

> 18세기 후반에서 19세기 초중반은 18세기 임의성과 19세기 후반의 닫힌 해석이라는 두 가지 특성을 모두 가지고 있으며 이것을 보여주는 것이 '유동적 악곡'이다. '유동적 악곡'이야말로 18세기 후반에서 19세기 초중반 가집

16 조유희, 「조선 후기 실학자의 신분제 인식과 음악활동」, 『한국음악사연구』 45, 한국음악사학회, 2010.

사 혹은 시조사에서 그 시기의 의미를 가장 잘 알려주는 증표이며 가집이 축적적 문화담론으로서의 역할을 했음을 보여주는 것이라고 할 수 있다.[17]

이렇듯 가곡에서 '유동적 악곡'이 가지고 있는 의의는 18세기 '임의성'과 19세기 후반의 '닫힌 해석'을 모두 가지고 있다는 점에 있다면 시조창 부분에서 가지는 '유동적 악곡'의 의의는 무엇일까?

이것은 편찬자의 음악적 관심이나 능력과 관련이 있어 보인다. 이 글에서 다루고 있는 나손본『가사』와 한글박물관본『율보』의 경우 동일 계열의 가집이고 특이한 악곡도 동일한다. 특히 〈부조〉라는 '유동적 악곡'이 있다는 점에서 편찬자의 음악적 능력이 뛰어나다고 할 수 있다. 그런데 나손본『가사』는 가곡과 시조 사이에 8수가 〈부조〉라는 항목에 수록되어 있고, 한글박물관본『율보』는 시조와 시조 사이에 4수가 수록되어 있다. 여기에 편찬자의 관심이나 음악적 능력에 따라 차이가 있음을 알 수 있다.

〈부조〉와 유사한 항목으로 '각조음'을 들 수 있다.『흥비부』의 '각조음'은 우조로 부를지, 계면조로 부를지 확정이 되지 않은 경우에 수록한 것이고, 나손본『악부』의 '각조음'은 가곡창으로 부를지, 시조창으로 부를지 확정이 되지 경우에 수록한 것이다. 그런데 앞에서 살펴본 것처럼 나손본『가사』의 〈부조〉는 가곡창과 시조창 사이에 있지만 시조창 사설만을 수록한다.

부조 항목에 수록된 8수의 작품은 다음세 가지의 성격을 가지고 있다. ㉮ 가곡창 가집과 시조창 가집에 동시에 수록된 작품, ㉯ 여러 군집 작품이 존재하는데  나손본『가사』가 속한 군집은 시조창 가집에만 수록된 것으로 확인

17 김태웅, 앞의 글, 2017, 299면.

된 작품, ㉰ 시조창 가집에만 수록된 경우, 이렇게 세가지 성격을 가졌다고 할 수 있다.[18]

배대웅의 논의는 결국 〈부조〉가 가곡과 시조 모두 불리던 유동적 가곡이라는 것이다. 이러한 점을 보면 나손본 『가사』의 편찬자는 가곡창과 시조창 모두에 능숙했던 전문가였음을 알 수 있으며 〈부조〉라는 항목이 최소한 이 편찬자의 향유층에서는 유행하던 그 당대의 변화를 담고 있음을 여실히 보여준다고 할 수 있다.

나손본 『가사』의 〈부조〉가 가곡과 시조 사이에 있는 것과 달리 한글박물관본 『율보』의 〈부조〉는 시조와 시조 사이에 있다. 이 가집의 편찬자도 가곡창과 시조창에 모두 능했던 것으로 판단된다.[19]

『율보』는 당대 가곡 연행 현장에서 실제로 널리 불리던 노랫말들만 수록하였다. 때문에 이들은 해당 악곡의 인기곡이자 대표곡들이라 할 수 있는 것들이다. 이들 가운데 상다수가 오늘날까지도 해당 악곡의 대표곡으로 전승되고 있는 이유이다. 하규일이 1926년부터 이왕직아악부李王職雅樂部에서 교습했던 가곡 목록인 '하규일전창'과 비교해 보면 남창은 57수 가운데 23수, 여창은 22수 가운데 16수나 일치하는 것이 그 방증이다. 이러한 사실은 『율보』가 가곡 연행의 현장에서 소용되던 연창 대본이었음을 말해준다. 다른 가집과 달리 가곡 반주가 포함된 금보를 같이 수록한 것도 같은 맥락으로 이해된다.[20]

---

18 배대웅, 앞의 글, 2023, 10~11면.

19 권순회의 논문을 참고하면 이 가집에는 남창가곡 19곡에 총 57수, 여창가곡 9곡에 22곡 등 총 79수라는 많은 작품을 수록하고 있는 것을 볼 때 가곡창에 조예가 깊은 것으로 볼 수 있다.

20 권순회, 앞의 글, 2019, 193~194면.

권순회의 논의대로 한글박물관본 『율보』는 가곡 연행 현장에서 불리던 인기곡을 수록하였다. 이 가집의 편찬자는 그만큼 그 당대의 음악적 유행 및 흐름에 민감하였다. 가곡에만 이러한 현상이 나타나기는 어렵다.

| 가번(『고시조대전』) | | 초장 | 타 가집 수록현황 |
|---|---|---|---|
| | 1(891) | 南薰殿 발근 달은 | 가곡창, 시조창 가집 등 50개 이상 |
| | 2(2224) | ᄉᆞ롬이 ᄉᆞ롬을 그리여 | 『원일』(안민영), 『악고』에만 수록 |
| | 3(5197) | 風動竹葉은 十萬丈夫之喧譁요 | 시조창 가집에만 수록 18개 |
| | 4(2687) | 歲月이 덧업도다 | 시조창 가집과 시조창 부분 등 25개 이상 |
| | 5(4197) | 長生術 거짓말이니 | 가곡창, 시조창 가집 등 45개 이상 |
| | 6(1648) | 牧丹은 花中王이오 | 가곡창, 시조창 가집 등 45개 이상 |
| | 7(382) | 春風에 ᄲᅧ러진 梅花 | 『청육』, 『무명』, 『시국』, 『원증』 등 4개 가집 |
| | 8(3605) | 偶然이 興을 겨워 | 가곡창, 시조창 가집 등 7개 |
| | 9(1567) | 萬壑千峰 雲深處에 | 시조창 가집 등 20개 이상 |
| 남창 부조 4수 | 10(2522) | 西塞山前 白鷺飛ᄒᆞ니 | 가곡창, 시조창 가집 등 50개 이상 |
| | 11(4299) | 田園에 봄이 드니 | 『시하』, 『시관』, 『시평』, 『잡평』 등 4개 가집 |
| | 12(177) | 江湖에 봄이 드니 | 가곡창 가집에만 20개 이상,<br>『율보』에도 가곡창 사설로 수록 |
| | 13(4753) | 靑山도 졀노졀노 | 가곡창, 시조창 가집 등 50개 이상 |

한글박물관본 『율보』의 시조창 부분을 『고시조대전』과 비교해 보면 4수의 작품을 제외하고는 많은 가집에 수록된 대체로 18세기부터 20세기 『잡가집』까지 인기가 많던 시조다.

한글박물관본 『율보』 가곡창의 독특한 악곡명은 한바탕의 분화 과정에서 새롭게 파생된 악곡들이 다양한 명칭으로 불리던 것을 뜻하는데 이러한 모습 자체가 이 가집의 편찬자가 그 당대의 흐름에 매우 민감한 즉 음악적 이해도가 상당히 높았던 것으로 추정된다.

같은 계열의 가집인 나손본 『가사』의 〈부조〉가 가곡창과 시조창 사이에 있는 것과 달리 시조와 시조 사이에 〈부조〉가 있는 이유는 『율보』의 편찬자가 시조창에 대한 관심이 컸음을 알 수 있다.

당대의 유행, 음악적 변화를 담고 있는 〈부조〉를 시조와 시조 사이에 수록한 것은 시조창에 매우 많은 관심을 가지고 있었고, 특히 이 향유층에서는 시조에 대한 관심이 더 커져가고 있었음을 보여준다.

나손본 『가사』, 한글박물관본 『율보』의 〈부조〉는 『홍비부』, 나손본 『악부』의 '각조음'과 비슷한 성격을 가지고 있다. 나손본 『가사』의 가곡 한바탕을 확인해 보면 많은 수의 작품이 종장 말구가 생략된 채 시조창 사설로 수록되어 있는데 〈부조〉라는 항목에 시조창 사설이 수록된 것을 보면 나손본 『가사』의 편찬자가 시조창 사설로 부를지 가곡창 사설로 부를지를 고민한 흔적이 〈부조〉이다. 한글박물관본 『율보』의 경우 시조와 시조 사이에 〈부조〉가 있는 것은 아직 시조창 사설로 고정이 되지 않은 작품을 수록한 것으로 보인다.

결국 〈부조〉는 그 편찬자의 풍류방과 향유층의 관심을 담고 있다. 그 시대의 음악적 변화는 지역이나 풍류방에 따라 다르게 나타나는데 이는 가집 등에 보이는 특이한 악곡을 통해 확인할 수 있다. 가집의 편찬자는 그 당대의 음악적 변화를 민감하게 받아들여 그 변화를 가집에 담고자 하였고 그렇게 나온 것이 유동적 악곡이다.

## 제6장

# 나가며

19세기는 중세에서 근대를 준비해 가는 '이행기'다. 이러한 사회적 변화가 문화에 미치는 영향은 크다. 18세기 후반은 19세기를 준비하기 위해 많은 변화가 일어나고 있었다. 정조正祖는 자급자족형 신도시를 건설하고 있었고 문화적으로도 중흥을 맞고 있었다. 이러한 현상 속에서 문화 복합체로서 가집 또한 영향을 받을 수밖에 없었다. 그러한 영향이 '유동적 악곡'으로 나타나는 것이다. 이를 확인하기 위해 18세기 후반의 대표적인 가집 『병와가곡집』과 19세기 초중반 가집인 서울대본 『악부』, 『홍비부』의 '특이 악곡'을 중심으로 이 시기 가집의 전개 양상을 살펴보았다.

제2장에서는 18세기 후반 가집의 전개 양상을 살펴봤는데 대표 가집인 『병와가곡집』의 특이 악곡인 〈삭대엽〉을 대상으로 하였다. 18수의 작품을 18세기 초중반 가집과 19세기 초중반 가집, 19세기 후반『가곡원류』계 가집, 20세기 초 가집에 이르기까지 악곡의 변이 양상을 살펴본 결과 〈삭대엽〉이 가지고 있는 특성이 복잡한 문화적 변화 속에서 아직 어디로 갈지 모르는

곡들을 모아 놓은 것임을 확인했으며, 이 곡들이 〈반엽〉, 〈두거〉, 〈계면조〉로 파생된다는 것을 통해 편찬자가 그 시기의 음악적 변화를 민감하게 감지하여 가집에 수록했음을 밝혀 '유동적 악곡'으로 〈삭대엽〉의 특성을 규명했다.

제3장에서는 19세기 초중반 가집의 전개 양상을 살펴봤는데 서울대본 『악부』와 『흥비부』를 대상 텍스트로 삼았다. 먼저 서울대본 『악부』의 〈율당대엽〉을 자세하게 살펴 이 시기에는 〈우조〉와 〈계면조〉를 연결하여 부르는 〈반엽〉이 필요했으며 이러한 악곡의 작품수가 다른 가집에 비해 많이 수록된 이유를 향유층의 기호적 특성과 아직 악곡이 정착되지 않은 시기이기 때문에 〈반엽〉으로 부를 수 있는 작품을 모두 수록했을 가능성을 추정했으며, 이 악곡 역시 『병와가곡집』의 〈삭대엽〉과 마찬가지로 '유동적 악곡'의 특성을 가지고 있는 '미정착·미확정 악곡'임을 밝혔다.

또한 『흥비부』의 경우 〈두거〉의 초기 버전이 여러 이름으로 나타난다는 기존의 논의에 문제를 제기하며 그 당대의 '현재성'을 중시하여야 한다고 논의했으며 후대에 〈두거〉와 비슷한 성격을 갖는 악곡으로 나타나 〈두거〉의 초기 버전으로 보고 있으나 이 시기에는 아직 악곡이 정해져 있지 않은 '미정착·미확정 악곡'으로 이해해야 하며, '각조음'의 경우도 '유동적' 텍스트를 수집해 놓은 것임을 살펴보았다.

제4장에서는 18세기 후반과 19세기 초중반 가집의 시가사적 의의에 대해 살펴봤는데 결국 이 시기 특히 『병와가곡집』, 서울대본 『악부』, 『흥비부』의 특이 악곡은 그 당대의 연행 상황 속에서 나타나는 역동성을 여실하게 보여주는 증거이며 '유동적 악곡', '미정착·미확정 악곡'으로 불러야 하며 더 이상 이러한 특이한 악곡으로 인해 이 시기 가집이 '미비·불비'한 가집으로 이

해하기 보다는 문화복합체로서 가집을 이해해야 한다고 주장했다.

제5장에서는 18세기 후반에서 19세기 초중반 가집에서 보편적으로 나타나는 현상인 '유동적 악곡'의 후대 전승에 대해 살펴 보았다. 나손본『가사』와 한글박물관본『율보』의 '유동적 악곡'인 '부조'를 분석해 전승과정을 살펴봤다.

가집에 대한 기존의 연구 시각은 3대大 가집인『청구영언』,『해동가요』,『가곡원류』를 가집의 전범典範으로 삼아 연구를 진행했다. 그 결과 3대 가집과는 다른 소小가집이나 체계가 다른 가집들은 특이한 가집으로 인식하는 경향이 강하다. 특히『가곡원류』기에 이르면 가곡 한바탕이 완성되어, 이러한 체계와 다르면 이상한 가집으로 인식하고는 했다.

하지만 가집은 노래책이기에 지역이나 향유층에 따라 다른 모습을 나타내는 것은 당연하다. 그렇다면 이 시기 등장하는 특이한 악곡이나 여러 개를 묶어 놓은 악곡은 더 이상 이상한 악곡이 아닌 당대의 음악적 변화를 민감하게 느끼고 그것을 기록하고 싶어 했던 편찬자들의 노력으로 이해해야 한다.

18세기 후반에서 19세기 초중반 가곡의 변모는 〈두거〉, 〈평거〉, 〈중거〉는 〈이삭대엽〉에서 파생된 악곡으로 아직까지는 고정되기 전의 모습이다. 이 시기의 가집에는 〈두거〉, 〈평거〉, 〈중거〉 등의 모습이 나타나지 않거나, 나타나더라도 악곡에 따른 작품의 고정화 현상이 없다.『병와가곡집』〈삭대엽〉, 서울대본『악부』〈율당대엽〉,『흥비부』'각조음',『영언』여창 〈계면〉,『동국가사』우조 〈삭엽〉, 〈계면조〉, 가람본『청구詠언』'만횡 낙시조 편삭엽 농가', 나손본『가사』, 한글박물관본『율보』〈부조〉 등이 이러한 악곡이라고 할 수 있다.

18세기 후반에서 19세기 초중반은 앞선 시기에 비해 음악적 변화가 역동적이었기에 다른 시기에는 보이지 않는 '유동적 악곡'이 등장하게 된다. 이것을 단순하게 과도기적 악곡으로 이해해서는 곤란하다. 이 악곡은 그 자체로 의미가 있어, 의미를 정확하게 파악한다면 그 가집을 이해하는 데 큰 도움이 된다. '유동'이라는 것이 단순히 이 악곡·악조를 저 악곡·악조로 불러도 된다는 의미가 아니라 이미 음악적 변화를 시작했고 이 곡이 향유되던 다른 곳에서는 인기곡이었을 수도 있고, 이 가집이 향유되던 곳에서는 아직은 정착되지 않은 악곡일 수도 있는, 변화에 가장 민감한 모습을 나타내는 것이라고 할 수 있다.

18세기 후반에서 19세기 초중반 가집들의 '유동적 악곡'은 특이한 것이 아닌 보편적 특성일 가능성이 높음을 증명해낸 것이 이 저서의 의의다.

# 참고문헌

## 1. 자료


가람본 『가곡원류』(규장각 소장).

구황실본 『가곡원류』(장서각 소장).

가람본 『청구詠언』(서울대 소장).

가람본 『청구영언』(서울대 소장).

경대본 『시조집』(서원섭, 『시조강해』, 경북대출판부, 1987).

국립국악원본 『가곡원류』(국립국악원 소장).

김천택본 『청구영언』(국립한글박물관 소장).

나손본 『가사』(단국대 소장).

나손본 『악부』(단국대 소장).

『대동풍아』(김교헌 편, 우문관, 1908).

『동국가사』(국립중앙도서관 소장).

박상수본 『시가』(박상수 소장).

박씨본 『해동가요』(황순구 편, 『시조자료총서』 2권, 한국시조학회, 1987).

『병와가곡집』(김동준 편, 『악학습령』, 동국대 한국학연구소, 1978).

불란서본 『가곡원류』(국립중앙도서관 소장).

『삼죽금보』(『한국음악학자료총서』 33, 국립국악원, 1998).

『시가요곡』(성균관대 소장).

서울대본 『악부』(서울대 소장).

『여창가요록』(동양문고 소장).

『영언』(규장각 소장).

육당본 『가곡원류』(황순구 편, 『시조자료총서』 4권, 한국시조학회, 1987).

육당본 『청구영언』(황순구 편, 『시조자료총서』 1권, 한국시조학회, 1987).

일석본 『해동가요』(황순구 편, 『시조자료총서』 2권, 한국시조학회, 1987).

『지음』(건)(단국대 소장).

장서각본 『청구영언』(장서각 소장).

주씨본 『해동가요』(황순구 편, 『시조자료총서』 2권, 한국시조학회, 1987).

『해동악장』(황순구 편, 『시조자료총서』 3권, 한국시조학회, 1987).
『협률대성』(황순구 편, 『시조자료총서』 4권, 한국시조학회, 1987).
『화원악보』(성균관대 존경각 소장).
『흥비부』(규장각 소장).
U.C. 본 『해동가요』(국립중앙도서관 소장).

## 2. 참고논저

### 1) 단행본

강경호, 『조선 후기 가곡원류 계열 가집의 전개』, 보고사, 2021.
권영철, 『병와 이형상 연구』, 한국연구원, 1978.
김영운, 『가곡연창형식의 역사적 전개양상』, 민속원, 2005.
김용찬, 『교주 병와가곡집』, 월인, 2001.
______, 『조선 후기 시가문학의 지형도』, 보고사, 2002.
______, 『조선 후기 시조사의 지형과 탐색』, 태학사, 2016.
김흥규 외, 『고시조대전』, 고려대 민족문화연구원, 2012.
변미혜 외, 『국악 용어 편수 자료집』 I, 민속원, 2008.
성무경, 『조선 후기 시가문학의 문화담론 탐색』, 보고사, 2004.
______, 『19세기 초반 가곡 가집, 영언』, 보고사, 2007.
송방송, 『한국음악통사』, 일조각, 1984.
신경숙, 『19세기 가집의 전개』, 계명문화사, 1994.
______, 『조선 후기 시가사와 가곡 연행』, 고려대 민족문화연구원, 2011.
______, 『조선 후기 시가사와 가곡 연행』, 고려대 민족문화연구원, 2011.
______ 외, 『고시조 문헌해제』, 고려대 민족문화연구원, 2012.
심재완, 『역대시조전서』, 세종문화사, 1972.
______, 『시조의 문헌적 연구』, 세종문화사, 1972.
윤덕진, 『고금가곡－18세기 중·후반 사곡(詞曲) 가집』, 보고사, 2007.
이동연, 『19세기 시조예술론』, 월인, 2000.
이상원, 『조선시대 시가사의 구도와 시각』, 보고사, 2004.
______, 『조선 후기 가집 연구』, 고려대 민족문화연구원, 2015.
전재진, 『19~20세기 초반 時調의 지역 문화적 연구』, 세종, 2013.

조윤제, 『조선시가사강』, 박문출판사, 1937.
최동원, 『고시조론』, 삼영사, 1980.
허영진, 『병와가곡집과 18세기의 가집』, 박문사, 2015.

2) 논문

강경호, 「가곡원류계 가집의 편찬 특성과 전개양상 연구」, 성균관대 박사논문, 2010.
______, 「가집 〈협률대성〉의 편찬 특성과 전승·향유의 문화적 의미」, 『시조학논총』 40, 한국시조학회, 2014.
______, 「김천택 편 『청구영언』의 편제적 특징과 가곡 문화사적 의미–유명씨 항목의 내적 체계와 작품 변화상에 주목하여」, 『한국시가연구』 43, 한국시가학회, 2017.
______, 「김천택 편 [청구영언] '무명씨(無名氏)' 작품 배열의 내적 체계–[청구영언] 무명씨, 주제별 분류인가?」, 『국제어문』 75, 국제어문학회, 2017.
강전섭, 「병와 이형상의 한역가곡소고」, 『국어국문학』 102호, 국어국문학회, 1989..
______, 「〈병와가곡집〉의 형성연대」, 『천봉 이능우박사 칠순기념논총』, 도서출판 한일, 1990.
강혜정, 「『청구영언』 박순호본, 국립한글박물관 소장 김천택 편 『청구영언』의 선행본일 가능성에 대하여」, 『열상고전연구』 60, 열상고전연구회, 2017.
고정희, 「『홍비부』를 통한 시조 정전 교육의 반성적 고찰」, 『국어교육연구』 24집, 서울대 국어교육연구소, 2009.
권순회, 「19세기 진반 가곡 가집 『시가곡』의 특성과 계보」, 『한국시가연구』 29집, 한국시가학회, 2010.
______, 「신발굴 가집 『詩歌』의 특성」, 『한민족어문학』 65, 한민족어문학회, 2013.
______, 「박효관이 하순일에게 준 생애 마지막 가집, 한창기본 『가곡원류』」, 『열상고전연구』 41, 열상고전연구회, 2014.
______, 「신발굴 가집 『音律』의 특성」, 『고전과해석』 17, 고전문학한문학연구학회, 2014.
______, 「신발굴 가집 『가사』의 특성」, 『한민족문화연구』 55, 한민족문화학회, 2016.
______, 「신발굴 가집 『가사』의 특성과 계보적 위상」, 『민족문화연구』 74, 민족문화연구원, 2017.
______, 「김천택(金天澤) 편 『청구영언(靑丘永言)』의 문헌 특성과 편찬 맥락」, 『한국시가연구』 43, 한국시가학회, 2017.

권순회, 「국립한글박물관 소장 『永言』의 특성」, 『고전과해석』 26, 고전문학한문학연구학회, 2018.
______, 「국립한글박물관 소장 『律譜』의 특성과 계보」, 『고전과해석』 29, 고전문학한문학연구학회, 2019.
김동준, 「악학습령고」, 『악합습령』, 동국대 한국학연구소, 1978.
김명준, 「새로 발견된 가집 『신정가보(新正歌譜)』의 성격과 의의」, 『인문학연구』 59, 인문학연구원, 2020.
______, 「나손본 『악부』곤(坤) 편과 비교를 통해 본 『신정가보』의 편찬 특징」, 『고전과해석』 29, 고전문학한문학연구학회, 2020.
김석회, 「19세기 초·중반 가집의 노랫말 변용 양상(1)」, 『한국시가연구』 10, 한국시가학회, 2001.
김석회, 「19세기 초중반 가집의 노랫말 변용양상(2)－『청구영언 육당본』의 경우」, 『고전문학연구』, 한국고전문학회, 2003.
______, 「『홍비부』와 육당본 『청구영언』을 통해 본 노랫말 변용의 두 흐름」, 『조선 후기 시가 연구』, 월인, 2003.
김용찬, 「『병와가곡집』의 형성연대에 대한 검토」, 『한국학연구』 7, 고려대 한국학연구소, 1995.
______, 「〈병와가곡집〉의 성격과 문학사적 위치」, 『교주 병와가곡집』, 월인, 2001.
______, 「〈병와가곡집〉의 형성 연대에 대한 검토」, 『조선 후기 시가문학의 지형도』, 보고사, 2002.
김태웅, 「가곡창 가집 『대동풍아』 연구」, 성균관대 석사논문, 2007.
______, 「이한진편 『청구영언』의 특성 탐색」, 『어문연구』 154, 한국어문교육연구회, 2012.
______, 「18세기 후반에서 19세기 초중반 가집의 전개양상 연구」, 성균관대 박사논문, 2013.
______, 「18세기 후반~19세기 초 가집(歌集) 편찬과 [동국가사]의 가치」, 『한국시가연구』 37, 한국시가학회, 2014.
______, 「19세기 초반 가집 서울대본 『악부』의 성격과 시가사적 의미」, 『우리어문연구』 54, 우리어문학회, 2016.
______, 「19세기 초중반 가곡문화의 변모와 가집편찬의 양상－규장각본 『영언』을 대상으

로」, 『한국고전연구』 33, 한국고전연구학회, 2016.
김태웅, 「18세기 후반에서 19세기 초중반 가곡문화의 변모와 가집 편찬의 양상」, 『국제어문』 72, 국제어문학회, 2017.
______, 「나손본 〈가사〉의 성격과 시가사적 의미」, 『동양학』 90, 동양학연구원, 2023.
______, 「나손본 『가사』와 한글박물관본 『율보』 '유동적 악곡'('부조')의 의의」, 『한국연구』 14, (재)한국연구원, 2023.
김학성, 「사설시조의 담당층 연구」, 『성균어문연구』 29집, 성균관대 국문학과, 1993.
______, 「조선 후기 시조집의 편찬과 국문시가의 동향」, 『한국고시가의 거시적 탐구』, 집문당, 1997.
______, 「시조사의 전개와 낙시조」, 『한국 고시가의 거시적 탐구』, 집문당, 1997.
______, 「18·19세기 예술사의 구도와 시가의 미학적 전환-여항, 시정문화와의 관련양상을 중심으로」, 『한국시가연구』 11집, 한국시가학회, 2002.
______, 「시조의 향유전통과 홍만종의 가집편찬」, 『고전문학연구』 34집, 한국고전문학회, 2008.
배대웅, 「『악부 나손본(건)』의 가집사적 위상-각조음 항목 수록 작품을 바탕으로」, 『한국시가연구』 57, 한국시가학회, 2022.
______, 「『가사』(나손본)의 성격-부조, 시조 부분을 중심으로」, 『한국시가문화연구』 51, 한국시가문화학회, 2023.
송방송, 「한국 전통음악의 羽調論」, 『한국음악사 연구』 10집, 한국국악학회, 1980.
손완섭, 「고시조의 새사료-가곡집 〈여중락〉을 발견」, 영남일보, 1956.9.12..
송안나, 「19세기 중후반 시초창 가집과 가곡창 가집의 상호소통 양상 연구-『남훈태평가』와 그 이후 시조창 가집을 대상으로」, 성균관대 석사논문, 2007.
______, 「18세기 중·후반 가집의 특징과 변모 양상 연구」, 성균관대 박사논문, 2018.
______, 「18세기 말~19세기 초 歌集 편찬과 악곡 변화의 특징적 국면-가람본[청구詠언]을 대상으로」, 『한국시가연구』 37, 한국시가학회, 2014.
______, 「18세기 후반 가집의 편찬 체제와 편가 구성의 방향-『청구영언』(가람본) 수록 낙 계열 악곡의 변화 양상을 중심으로」, 『국제어문』 73, 국제어문학회, 2017.
성무경, 「가곡 가집, 『영언』의 문화적 도상」, 『고전문학연구』 23집, 한구고전문학회, 2003.
______, 「18세기 중반, 가집 편찬의 동향과 『시가』」, 『열상고전연구』 19집, 열상고전연구회, 2004.

신경숙, 「조선 후기 여창가곡의 연구」, 고려대 박사논문, 1994.

______, 「시조 문헌 편찬의 역사－『청구영언』에서 『고시조대전』까지」, 『민족문화연구』 57호, 고려대 민족문화연구원, 2012.

______, 「고전시가연구와 가집문헌」, 『고전과해석』 18, 고전문학한문학연구학회, 2015.

신혜선, 「반엽 연구－19세기 20세기 가집을 중심으로」, 한국교원대 석사논문, 2010.

심재완, 「병와가곡집의 연구－문헌학적 고찰을 중심으로」, 『청구대학 창립 10주년 기념논문집』, 청구대학, 1958.

양승민, 「『여창가요록』 양승민본의 문헌적 특징과 자료적 가치」, 『한국시가연구』 33, 한국시가학회, 2012.

양희찬, 「시조집의 편찬계열 연구」, 고려대 박사논문, 1993.

어진호, 「가람본 『청구영언』을 중심으로 한 '낙시조(樂時調)'의 쟁점과 향유 양상」, 『한국시가문화연구』 29, 한국시가문화학회.

유정란, 「20세기 전반기 고시조 자료집의 편찬 경향과 그 특성」, 고려대 박사논문, 2021.

육민수, 「18세기 가집 편찬의 두 가지 문제에 대한 탐색－『병와가곡집』 편찬 시기와 『청진』의 위상을 중심으로」『어문연구』 41(2), 한국어문교육연구회, 2013.

이상원, 「18세기 가집 편찬과 『청구영언 장서각본』의 위상」, 『한국시가연구』 14집, 한국시가학회, 2003.

______, 「『가조별람』의 문헌적 특성과 『시가』와의 관계」, 『한민족어문학』 54집, 한민족어문학회, 2009.

______, 「병와가곡집의 악곡 편제와 가곡사적 위상－삭대엽과 낙희조를 중심으로」, 『한국시가문화연구』 33, 한국시가문화학회, 2014.

______, 「『가사』(나손본)의 성격－가사, 가곡 부분을 중심으로」, 『한국시가문화연구』 51, 한국시가문화학회, 2023.

이은성, 「『해동가요(박씨본)』 '무명씨부'의 편찬 특성」, 『제168회 전국대회 발표집』, 한국어문교육연구회, 2007.11월..

______, 「박씨본 『해동가요』의 이삭대엽 유명씨부 편제특성」, 『어문연구』 154, 한국어문교육연구회, 2012.

전재진, 「19~20세기 초기 시조 문화의 교섭 양상 연구－『홍비부』와 『악부』(나손본)를 중심으로」, 성균관대 박사논문, 2010.

______, 「『율보』(단대본)의 위상과 금강 유역 시조문화의 영향」, 『한국학논집』 48, 한국학

연구원, 2012.
정명세, 「고시조문헌의 연구」, 영남대 석사논문, 1982.
정민경, 「가곡 두거 선율 연구-거문고 고악보를 중심으로」, 이화여대 석사논문, 2007.
조해숙, 「자료로 본 김천택 편 『청구영언』의 몇몇 문제에 대하여」, 『국문학연구』 47, 국문학회, 2023.
최현재, 「새 자료 『청구영언』의 특징과 의의」, 『한국언어문학』 80, 한국언어문학회, 2012.
허영진, 「병와가곡집의 편찬 양상과 가집사적 특질」, 고려대 박사논문, 2015.
황충기, 「악학습령고」, 『국어국문학』 87, 국어국문학회, 1982.

## 찾아보기

**(재)한국연구원** **신진한국학연구총서 목록**

1. 강혜정, **한국 고시조 영역의 태동과 성장** (2024)
2. 송소라, **20세기 창극의 문화사** (2025)
3. 김태웅, **18세기 후반에서 19세기 초중반 가집의 전개** (2025)